WISO *kompakt*

Wirtschafts- und Sozialkunde zur Prüfungsvorbereitung für gewerbliche Berufe

in sieben Kapiteln jeweils mit
- **Prüfungsanforderungen**
- **Prüfungsstoff**
- **offenen Fragen**
- **Multiple-Choice-Aufgaben**

von Josef Moos und Christine Moos

18., aktualisierte Auflage

Handwerk und Technik • Hamburg

Bildquellenverzeichnis

dpa-Picture-Allicance GmbH, Frankfurt a. M., S. 11; 49; 73
Shutterstock Images LLC, New York, USA: S. 5 (PeopleImages.com – Yuri A.); 16 (MichaelJayBerlin); 36 (New Africe); 48 (Radowitz); 60 (Jeanette Dietl); 62 (Sergey Kohl); 83 (gvictoria); 89 (Monkey Business Images)
stock.adobe.com: S. 24 (VRD)

In diesem Buch sind übrigens immer alle Geschlechter gemeint: Das gilt, wenn männliche und weibliche Formen oder umfassende Formen wie „Auszubildende" genannt werden. Das gilt auch, wenn manchmal wegen der besseren Lesbarkeit nur eine weibliche oder nur eine männliche Form verwendet wird.

ISBN 978-3-582-57481-7 Best.-Nr. 1805

Verlag Handwerk und Technik GmbH,
Lademannbogen 135, 22339 Hamburg; Postfach 63 05 00, 22331 Hamburg – 2024
E-Mail: info@handwerk-technik.de – Internet: www.handwerk-technik.de

Satz und Layout: KCS GmbH · Verlagsservice & Medienproduktion, 21435 Stelle
Druck: Standart Impressa, UAB 02189 Litauen

Anstelle eines Vorwortes eine

Gebrauchsanweisung für dieses Buch

Ihre Berufsabschlussprüfung steht ins Haus – Sie haben nicht mehr viel Zeit.
Nicht alles, was Sie in der Berufsschule gelernt haben, wird von der zuständigen Stelle (der Industrie- und Handelskammer, der Handwerkskammer beziehungsweise der Landwirtschaftskammer) geprüft, sondern nur das, was in der Ausbildungsordnung Ihres Berufs steht. Für die gewerblichen Berufe sind das im Fach Wirtschafts- und Sozialkunde im Wesentlichen die Prüfungsgebiete:

1. Berufsbildung	2. Betrieb	3. Arbeits- und Tarifrecht, Arbeitsschutz	4. Betriebliche Mitbestimmung	5. Gesetzliche Sozialversicherungen	6. Arbeits- und Sozialgerichtsbarkeit	7. Bürgerliches Recht und Vertragsrecht

Diese sieben Prüfungsgebiete stellen das **Grundwissen** für Ihre Prüfung in WISO dar. Hinzu kommen noch weitere Gebiete, über die Sie sich in den aktuellen Prüfungsanforderungen für Ihren speziellen Ausbildungsberuf informieren sollten.

Was müssen Sie zu den einzelnen Prüfungsgebieten wissen?
Informationen dazu finden Sie in einer Übersicht am Anfang eines jeden Kapitels. Dort werden Prüfungsteilgebiete und Prüfungsinhalte aufgeführt.

Wie arbeiten Sie am besten mit diesem Buch?

- Arbeiten Sie den Inhalt von Kapitel 1 **Berufsbildung** durch. Vieles wird Ihnen bekannt sein, haken Sie dies ab und bearbeiten Sie die nächste Seite.
- Am Schluss von Kapitel 1 prüfen Sie Ihr Wissen zuerst anhand der **offenen** Aufgaben. Notieren Sie Ihre Antworten stichwortartig. Wenn Sie alle Aufgaben bearbeitet haben, vergleichen Sie Ihre Antworten mit den Musterlösungen am Ende des Buches.
- Testen Sie dann Ihr Wissen zu Kapitel 1 mit dem Multiple-Choice-Fragebogen. Auch in der Prüfung werden Sie überwiegend Multiple-Choice-Fragen lösen. Die Lösung der Multiple-Choice-Tests am Schluss der sieben Abschnitte steht am Ende des Buches.

Wie geht es weiter?
Nach diesem Vorgehensmuster arbeiten Sie alle sieben Kapitel durch – idealerweise eines pro Woche. Einige Tage vor der Abschlussprüfung in Wirtschafts- und Sozialkunde lösen Sie dann den für Ihre Abschlussprüfung zutreffenden Musteraufgabensatz.

Am Ende des Buches stehen Ihnen – abhängig von Ihrem Ausbildungsberuf – drei alternative Musterprüfungsbögen zur Verfügung. Auch die Lösungen hierzu finden Sie am Ende des Buches.

Wie könnte die Prüfung in WISO aussehen?
Hier bestehen drei Möglichkeiten:

1. Sie erhalten einen Aufgabensatz mit einer knappen Fallbeschreibung eines Vorgangs im Betriebsumfeld eines Auszubildenden. Die Multiple-Choice-Fragen und offenen Fragen haben alle einen Bezug zur Fallbeschreibung. Sie können Aufgaben streichen. Diese Form wurde für einige Berufe mit geteilter Abschlussprüfung eingeführt.
2. Sie erhalten einen Aufgabensatz mit Multiple-Choice-Fragen und offenen Fragen. Sie müssen aber nicht alle Fragen beantworten. Bei zweijährigen Ausbildungsberufen ist der Anteil von WISO an der Berufsabschlussprüfung reduziert – Sie bearbeiten dann nur Multiple-Choice-Aufgaben.
3. Sie erhalten einen Aufgabensatz, bei dem Sie nicht nur auf Ihr erlerntes Wissen zurückgreifen, sondern auch Informationen aus Gesetzestexten, Fallbeschreibungen oder Grafiken entnehmen müssen – oder angebotene Begriffe in einen Lückentext einsetzen oder kleine Berechnungen durchführen müssen. Sie können diese Aufgaben nur lösen, wenn Sie die Aufgabenstellung sorgfältig gelesen haben. Aufgaben dieser Art begegnen Ihnen bei den offenen Aufgaben, die eine höhere Wertung als Multiple-Choice-Fragen haben.

Wenn Sie diese Gebrauchsanweisung beachten, dann sind Sie fit für die Prüfung in WISO.

Inhaltsverzeichnis

1 Berufsbildung

2 Betrieb

3 Arbeits- und Tarifrecht, Arbeitsschutz

WISO kompakt ISBN: 978-3-582-57481-7

7 Bürgerliches Recht und Vertragsrecht

8 Musterprüfungssätze

9 Lösungen zu den Aufgaben

Sachwortverzeichnis

WISO kompakt ISBN: 978-3-582-57481-7

1 Berufsbildung

	Prüfungsgebiet	Prüfungsteilgebiete	Prüfungsinhalte
In der Abschlussprüfung müssen Sie beantworten:	**Berufsausbildung**	**Rechtliche Grundlagen des Berufsausbildungsverhältnisses**	• Berufsbildungsgesetz (BBiG) • Berufsausbildungsvertrag: Partner, Abschluss, Dauer, Beendigung der Ausbildung • Gegenseitige Rechte und Pflichten aus dem Berufsausbildungsvertrag
		Möglichkeiten der Fortbildung und Umschulung	• Maßnahmen der beruflichen Fortbildung und Umschulung • Staatliche Fördermaßnahmen (z. B. SGB 3)

1.1 Die duale Ausbildung – Was ist das?

Nach Artikel 12 des Grundgesetzes hat jeder Deutsche das Recht, Beruf und Arbeitsplatz, insbesondere aber Ausbildungsberuf und -platz, frei zu wählen. In Deutschland wird die gewerbliche Berufsausbildung meist im dualen System durchgeführt.

Dual: Die Ausbildung erfolgt durch **zwei Partner** an **zwei verschiedenen Lernorten:**

im Betrieb	in der Berufsschule
• praktische Ausbildung • Fachbildung • Vermittlung von Fertigkeiten	• berufsbegleitende theoretische Ausbildung • zusätzlich Allgemeinbildung • Vermittlung von fachlichen Kenntnissen

In den beiden Ausbildungsorten gelten unterschiedliche gesetzliche Regelungen:

	Betrieb	Berufsschule
Rechtsgrundlagen	• Berufsbildungsgesetz (BBiG) • Ausbildungsordnung für den jeweiligen Beruf	• Rahmenlehrplan • Schulpflichtgesetze der Länder
Aufsicht / Zuständigkeit	Bundeswirtschaftsministerium (Bundesrecht)	Kultusministerium des einzelnen Bundeslandes (Landesrecht)
Zweck	Güterherstellung bzw. Dienstleistungen	Bildungseinrichtung
Vertrag	Privatrechtlicher Vertrag zwischen Ausbildenden (= Betriebe) und Auszubildenden	öffentlich-rechtliche Schulpflicht

Daneben gibt es noch die Berufsausbildung nur an **einem Lernort,** z. B. die Ausbildung zum Mediengestalter an einer Berufsfachschule sowie eine Verbundausbildung in zwei Betrieben, wenn nur so alle Inhalte der Ausbildungsverordnung abgedeckt werden können.

Problem: Oftmals sind der Lehrplan der Berufsschule und der betriebliche Ausbildungsplan nicht aufeinander abgestimmt. Das ist auch nicht immer möglich, denn in einer Berufsschulklasse sitzen oft Auszubildende aus vielen verschiedenen Ausbildungsbetrieben. Für die Abschlussprüfung ist aber unwichtig, zu welchem Zeitpunkt die Inhalte von WISO gelernt wurden.

1.2 Berufsbildung nach dem Berufsbildungsgesetz (BBiG) – Was bedeutet das?

Das Berufsbildungsgesetz (BBiG) in der Fassung vom 28. März 2021 regelt den gesamten Bereich der beruflichen Bildung im Betrieb. Das BBiG gilt nur für die gewerbliche und kaufmännische Ausbildung und Umschulung in

- Privatbetrieben,
- Betrieben der öffentlichen Hand,
- freien Berufen.

Im Handwerk gilt die Handwerksordnung (HwO). BBiG und HwO gelten **nicht** für die schulische Bildung und Ausbildung, z. B. im Rahmen einer Ausbildung an einer Berufsfachschule oder bei einer Fortbildung zum Techniker an einer Technikerschule.

Das BBiG § 1 unterscheidet

- → **Berufsausbildung**
- → **Berufliche Fortbildung**
- → **Umschulung**
- → **Berufsvorbereitung**

- **Berufsausbildung: Erstausbildung in einem anerkannten Ausbildungsberuf**
  Die Berufsausbildung vermittelt in einem geordneten Ausbildungsgang
  - eine breit angelegte berufliche Grundbildung und
  - die fachlichen Fertigkeiten, Fähigkeiten und Kenntnisse für eine qualifizierte berufliche Tätigkeit.

  Beispiel: Ausbildung zum Industriemechaniker in einer 3,5-jährigen Lehrzeit

Es gibt zurzeit 327 (Stand 2024) staatlich anerkannte Ausbildungsberufe, die 15 Berufsfeldern zugeordnet sind. Für die Berufsausbildung der **Auszubildenden** kann der **Ausbildende** (= Betrieb) fachlich und pädagogisch geschulte **Ausbilder** beauftragen.

Ausbilder müssen
- fachlich und persönlich geeignet sein,
- eine Ausbildereignungsprüfung bzw. Meisterprüfung in ihrem Beruf abgelegt haben und
- eine einschlägige Berufsabschlussprüfung abgelegt haben.

- **Fortbildung: Weiterbildung im erlernten oder ausgeübten Beruf**
  - verbessert die wirtschaftliche Lage des Arbeitnehmers,
  - verhindert unterwertige Beschäftigung,
  - ermöglicht beruflichen Aufstieg,
  - erhält berufliche Mobilität, Flexibilität usw.,
  - passt die beruflichen Kenntnisse der technischen und wirtschaftlichen Entwicklung an.

  Beispiel: Meisterlehrgang, REFA-Lehrgang, CNC-Lehrgang
- **Umschulung: Wechsel des Berufs nach einer Erstausbildung**
  - in eine andere, zukunftssichere Tätigkeit **oder**
  - als Rehabilitationsmaßnahme nach einem Unfall (Reha) **oder**
  - zur Verhinderung von Arbeitslosigkeit

  Beispiel: eine Umschulung vom Bäcker zum Zerspanungsmechaniker

Umschulungsmaßnahmen enden immer mit einer Prüfung vor der Industrie- und Handelskammer (IHK) oder Handwerkskammer (HWK)

- Das **Berufsvorbereitungsjahr** (BVJ) richtet sich an Schüler, die keinen Ausbildungsplatz finden. Sie können durch das BVJ ihre Berufsschulpflicht erfüllen und gleichzeitig den Hauptschulabschluss erwerben bzw. verbessern.

Wichtig! Weiterbildungsmöglichkeiten, z. B. Fernkurse von Fernlehrinstituten usw., werden nicht von den Kammern überwacht. Ihre Abschlüsse sind selten anerkannt und werden selten von den zuständigen Arbeitsagenturen gefördert.

1.3 Der Berufsausbildungsvertrag: Was muss nach BBiG mindestens darin stehen?

- **Art, Beginn und Dauer der Ausbildung:**
  Beispiel: Industriemechaniker, Ausbildungsbeginn 1. September 2023, Dauer 3,5 Jahre
- **zeitliche und sachliche Gliederung der Ausbildung:**
  Beispiel: Dauer und Inhalte von Grund- und Fachausbildung müssen der Ausbildungsordnung entsprechen und dem Ausbildungsvertrag beiliegen.
- **Probezeit:**
  mindestens 1 Monat, höchstens 4 Monate
- **Ausbildungsvergütung:**
  - muss angemessen sein und mindestens einmal jährlich steigen,
  - wird bei Krankheit 6 Wochen weiterbezahlt, anschließend gibt es Krankengeld,
  - richtet sich nach dem Alter des Auszubildenden und der Dauer der Ausbildung und wird spätestens am letzten Arbeitstag des Monats gezahlt.

  Besteht für den Betrieb oder die Branche ein verbindlicher Tarifvertrag, müssen die tariflichen Ausbildungsvergütungen bezahlt werden. Eine Ausbildungsvergütung wird auch für die Zeit in der Berufsschule und in der überbetrieblichen Ausbildung bezahlt.
- **Urlaub:**
  Er richtet sich nach den gesetzlichen Regelungen des Jugendarbeitsschutzgesetzes bzw.

WISO kompakt ISBN: 978-3-582-57481-7

nach dem für den Ausbildungsbetrieb geltenden Tarifvertrag. Wer zu Beginn des Kalenderjahres (Stichtag 1. Januar) noch nicht 18, 17 oder 16 Jahre alt ist, erhält als Mindesturlaub in diesem Jahr 25, 27 oder 30 Werktage (Montag bis Samstag).

- **tägliche Arbeitszeit:**
  - Sie richtet sich nach den üblichen Arbeitszeiten des Betriebs, darf aber für Jugendliche nicht mehr als 8 Stunden täglich und 40 Stunden wöchentlich betragen.
  - In Ausnahmefällen darf auch bis 8,5 Stunden täglich ausgebildet werden. Dann, wenn z. B. die Arbeitszeit am Freitag verkürzt ist. Ein Ausgleich muss aber noch in der gleichen Arbeitswoche erfolgen.
  - Pausen:
    - Ohne Ruhepause darf nicht länger als 4,5 Stunden gearbeitet werden.
    - 4,5 – 6 Stunden Arbeitszeit: insgesamt mindestens 30 Minuten Pause bei einer Pausendauer von mindestens 15 Minuten
    - mehr als 6 Stunden Arbeitszeit: insgesamt mindestens 60 Minuten Pause bei einer Pausendauer von mindestens 15 Minuten
    - Lage der Pausen: frühestens 1 Stunde nach Schichtbeginn, spätestens 1 Stunde vor Schichtende
  - Die Schichtzeit darf maximal 10 Stunden betragen (= Arbeitszeit + Pausen) und muss zwischen 6 Uhr und 20 Uhr, bei Mehrschichtbetrieb zwischen 5:30 Uhr und 23:30 Uhr liegen.
  - Die tägliche Freizeit muss ununterbrochen mindestens 12 Stunden betragen.
  - Bei Samstags- und Sonntagsarbeit, z. B. im Gaststättengewerbe, **müssen** mindestens **2 Sonntage** und **sollen** mindestens **2 Samstage** im Monat arbeitsfrei sein.
- **ergänzende Ausbildungsmaßnahmen:**
  z. B. überbetriebliche Lehrgänge, wenn die Einrichtungen zur Vermittlung von Fertigkeiten nicht im Betrieb vorhanden sind
  Beispiel: EDV-Kurse, Schweißlehrgang
- **Kündigung** (immer schriftlich):
  - vor und in der Probezeit:
    → sofort und ohne Angabe von Gründen
  - nach der Probezeit:
    → nur bei wichtigem Grund sofort, z. B. bei Diebstahl
  - bei Aufgabe des Berufes:
    → 4 Wochen mit Angabe des Grundes
  - in gegenseitigem Einvernehmen:
    → sofort und ohne Fristen (Aufhebungsvertrag)
  - zum Ende der Ausbildung:
    → Aufhebungsvertrag möglich

Wichtig! Ein Ausbildungsverhältnis kann auch vom Ausbildenden gekündigt werden.
Beispiele: bei Diebstahl, vorsätzlicher Missachtung von Unfallverhütungsvorschriften. Voraussetzung für eine Kündigung ist aber, dass diese Missstände **vorher** durch den Ausbildenden abgemahnt wurden.

Wann endet die Berufsausbildung?

Eine Berufsausbildung endet **grundsätzlich mit Vertragsende.** Liegt der Prüfungstermin **vor** dem Vertragsende, endet die Ausbildung mit dem Bestehen des letzten Prüfungsabschnitts, d. h. wenn der Auszubildende definitiv erfährt, dass er die Prüfung bestanden hat.
Ein Auszubildender muss nach bestandener Prüfung nicht vom Betrieb übernommen werden. Wird der Auszubildende nach Ende der Ausbildung ohne besondere Absprache weiterbeschäftigt, entsteht ein unbefristetes Arbeitsverhältnis.
Wer die Abschlussprüfung nicht besteht, kann eine Verlängerung seiner Ausbildung bis zum nächsten Prüfungstermin verlangen. Da es möglich ist, eine Prüfung zweimal zu wiederholen, kann eine Verlängerung der Ausbildung um maximal ein Jahr erfolgen.

Welche Vereinbarungen in einem Berufsausbildungsvertrag sind ungültig bzw. nichtig?
Beispiele:

- die Verpflichtung, nach der Ausbildung weiter im Betrieb tätig zu bleiben,
- der Verzicht auf tarifvertragliche oder gesetzliche Regelungen,
- die Entrichtung einer Gebühr oder Entschädigung für die Ausbildung („Lehrgeld“ gibt es nicht mehr),
- das Leisten einer Entschädigung, z. B. für verlorenes Werkzeug,
- der Verzicht auf bestimmte Fertigkeiten und Kenntnisse, die in der Ausbildungsordnung verbindlich festgelegt sind.

1.4 Registrierung – Wo macht man das?

Ausbildungsverträge müssen schriftlich abgeschlossen und bei der jeweils zuständigen Stelle registriert werden.

Zuständige Stellen für die Ausbildung			
in der Industrie	**im Handwerk**	**bei „freien Berufen“**	**in der Land-/Hauswirtschaft**
Industrie- und Handelskammern	Handwerkskammern (oft delegiert an die zuständige Innung)	berufsständische Kammern, z. B. Anwaltskammer	die jeweiligen Bezirksregierungen
Abschluss: Abschlussprüfung	Abschluss: Gesellenprüfung	Abschluss: Fachprüfung (früher: Gehilfenprüfung)	Abschluss: Fachprüfung (früher: Gehilfenprüfung)

Nach Abschluss eines Berufsausbildungsvertrags muss der Ausbildende **unverzüglich** die Eintragung in das Verzeichnis der Ausbildungsverträge beantragen (im Handwerk ist das die „Lehrlingsrolle“). Sie wird nur dann vorgenommen, wenn der Ausbildungsvertrag dem Berufsbildungsgesetz und der Ausbildungsordnung entspricht. Mit der Eintragung übernehmen die „zuständige Stelle“ und ihr Berufsbildungsausschuss die Pflicht, die Durchführung der Ausbildung zu überwachen und diese durch Beratung der Ausbildenden und Auszubildenden zu fördern.

1.5 Rechte und Pflichten – Was darf ich und was muss ich?

<table>
<tr><th colspan="2">Pflichten</th></tr>
<tr><th>des Auszubildenden</th><th>des Ausbildenden</th></tr>
<tr><td>Der Auszubildende hat sich zu bemühen, die Fertigkeiten und Kenntnisse zu erwerben, die erforderlich sind, um das Ausbildungsziel zu erreichen.</td><td>Der Ausbildende (= Betrieb) hat alles zu tun, damit der Auszubildende sein Ausbildungsziel erreicht.</td></tr>
<tr><th>Der „Azubi“ muss</th><th>Der Betrieb muss</th></tr>
<tr><td>• die ihm im Rahmen seiner Berufsausbildung aufgetragenen Verrichtungen sorgfältig ausführen,
• Kenntnisse und Fertigkeiten nach Ausbildungsordnung erwerben,
• Betriebs- und Geschäftsgeheimnisse wahren,
• Weisungen sorgfältig ausführen, die ihm im Rahmen der Berufsausbildung vom Ausbildenden, vom Ausbilder oder von anderen weisungsberechtigten Personen erteilt werden, z. B. vom Sicherheitsbeauftragten usw.,
• die Betriebsordnung einhalten,
• Werkzeuge, Maschinen usw. pfleglich behandeln,
• am Berufsschulunterricht und an überbetrieblichen Ausbildungsmaßnahmen teilnehmen. Der Ausbildende kann für jeden unentschuldigten Fehltag in der Berufsschule die Vergütung um 1/30 kürzen,
• regelmäßig die Berufsschule besuchen. Bleibt er z. B. wegen Krankheit der Schule fern, muss er dies nicht nur der Berufsschule, sondern auch dem Ausbildenden mitteilen.
• ein Berichtsheft oder einen Ausbildungsnachweis führen.

○ Teilzeitunterricht:
bei mindestens 6 Unterrichtsstunden: Freistellung ganztägig

○ Blockunterricht:
bei mindestens 25 Zeitstunden wöchentlich und Unterricht an 5 Tagen: Freistellung für die ganze Woche, aber zusätzlich sind 2 Stunden in der Woche betriebliche Ausbildung möglich.</td><td>• die Kenntnisse und Fertigkeiten nach Ausbildungsverordnung vermitteln, denn er hat eine Unterweisungspflicht,
• die Ausbildung planmäßig durchführen und zeitlich und sachlich so gliedern, dass das Ausbildungsziel in der vorgesehenen Ausbildungszeit erreicht wird,
• selbst ausbilden oder einen persönlich und fachlich geeigneten Ausbilder beauftragen (mit Prüfung nach Ausbildereignungsverordnung oder Meisterprüfung),
• alle Ausbildungsmittel im Betrieb kostenlos bereitstellen,
• Auszubildende charakterlich fördern und vor sittlichen und körperlichen Gefährdungen bewahren,
• Auszubildende für Berufsschule und überbetriebliche Ausbildungsmaßnahmen freistellen, z. B. für einen Schweißkurs usw.,
• Auszubildende nur mit Arbeiten beschäftigen, die dem Ausbildungszweck dienen. So ist z. B. Akkordarbeit für Auszubildende verboten, es sei denn, sie dient unmittelbar zum Erreichen des Ausbildungsziels,
• von Auszubildenden unter 18 Jahren eine ärztliche Bescheinigung der Eignung verlangen und nach einem Jahr den Nachweis einer Nachuntersuchung verlangen,
• für ein ausgewogenes Verhältnis zwischen Fachkräften und Auszubildenden sorgen,
• das Berichtsheft bzw. den Ausbildungsnachweis regelmäßig einsehen.</td></tr>
</table>

WISO kompakt ISBN: 978-3-582-57481-7

Ein Streik berührt das Ausbildungsverhältnis nicht, denn Auszubildende sind keine Arbeitnehmer im Sinne des Betriebsverfassungsgesetzes und haben deshalb kein Streikrecht. (Dies ist aber zwischen den Tarifpartnern umstritten.)

Wichtig:
Scheitern Auszubildende in der Abschlussprüfung und lässt sich dies auf eine mangelhafte Ausbildung zurückführen, haftet der Ausbildende auf Schadenersatz.

Auszubildende haben auch Rechte, z. B.:

- Recht auf fachliche und pädagogische Anleitung zum Erreichen des Ausbildungsziels,
- Recht auf Freistellung zum Besuch der Berufsschule und überbetriebliche Ausbildungsmaßnahmen,
- Recht auf ein Zeugnis bei Abschluss der Ausbildung:
  - ein **einfaches Zeugnis** enthält:
    Ausbildungsbetrieb, Name des oder der Auszubildenden, Ausbildungsberuf, Dauer der Ausbildung, erworbene Fertigkeiten und Kenntnisse, Datum, Unterschrift des Ausbildenden.
  - ein **qualifiziertes Zeugnis** enthält zusätzlich:
    Angaben über Führung, besondere fachliche Fähigkeiten, Leistung (es muss aber wohlwollend abgefasst sein).

1.6 Prüfungsausschuss: Wer prüft mich?

Die Zwischen- und die Abschlussprüfung nehmen die Prüfungsausschüsse ab. Sie sind an den Kammern als die *zuständigen Stellen* eingerichtet und entscheiden allein über das Bestehen der Prüfung und die vorzeitige Zulassung. In den Prüfungsausschüssen sitzen zu gleichen Teilen Vertreter der Arbeitgeber und der Arbeitnehmer sowie mindestens eine Berufsschullehrkraft. Den Vorsitz hat immer ein Vertreter der Arbeitgeber.

Die Prüfungsanforderungen sind wichtiger Bestandteil der Ausbildungsordnungen. Sie regeln u. a.

- Gegenstand der Prüfung,
- Zeitdauer der Prüfung,
- Prüfungsfächer und Sachgebiete,
- Form der Prüfung.

Die Kammer, als zuständige Stelle, entscheidet über alle *technischen Angelegenheiten der Prüfung* wie

- Prüfungstermine,
- Ort der Prüfung,
- Form des Zeugnisses und
- Bewertungsmaßstab.

1.7 Abschlussprüfung Teil I (früher: Zwischenprüfung) – die erste Hürde!

- Sie ist für die Ausbildenden und die Auszubildenden eine Rückmeldung über den Stand der Kenntnisse zur „Halbzeit“ der Ausbildung.
- In Berufen mit geteilter Abschlussprüfung geht die Note der Abschlussprüfung Teil I mit bis zu 40 % in die Abschlussprüfung ein. Es lohnt sich also, schon auf den 1. Teil der Abschlussprüfung vorbereitet zu sein.
  Hinweis: In der Abschlussprüfung Teil I wird WISO **nicht** geprüft.
- Sie kann in mehrere Teile gegliedert sein.
- Sie muss nicht wiederholt werden, wenn sie nicht bestanden wurde.
- Die Prüfung besteht aus der Ausführung einer komplexen Arbeitsaufgabe, einem Prüfungsgespräch und schriftlichen Aufgaben. Dauer: maximal 8 Stunden.

1.8 Abschlussprüfung Teil II – die letzte Hürde!

Was wird geprüft, z. B. bei Industriemechanikern?

Katalog der Prüfungsinhalte
(siehe Verordnung über die Berufsausbildung in den industriellen Metallberufen)

\+

Stoff der Berufsschule,
soweit er für die Ausbildung wesentlich ist.

Teil 2 der Abschlussprüfung besteht aus den Prüfungsbereichen:
1. Arbeitsauftrag (= Fertigungsprüfung)
2. Auftrags- und Funktionsanalyse
3. Fertigungstechnik
4. Wirtschafts- und Sozialkunde

Wann wurde die Abschlussprüfung bestanden?
Beispiel: Industriemechaniker

Ausreichende Leistungen in der Fertigkeitsprüfung:
ein realer Fertigungsauftrag im Betrieb *oder* ein Prüfungsstück **und** jeweils ein Fachgespräch (mindestens Note 4,5 bzw. 50 % oder 50 von 100 Punkten)

\+

ausreichende Leistungen in der Kenntnisprüfung
(mindestens Note 4,5 bzw. 50 % oder 50 von 100 Punkten)

Mögliches Prüfungsergebnis:
Fertigkeitsprüfung: 70 Punkte = Note 3

Kenntnisprüfung:

Fach	Ergebnis %	Faktor	Punkte
Auftrags- und Funktionsanalyse	50	0,4	20
Fertigungstechnik	60	0,4	24
WISO	80	0,2	16
			Summe: 60 Punkte **= Note 4**

Die Abschlussprüfung wurde bestanden, weil in beiden Prüfungsteilen mindestens die Note ausreichend erreicht wurde. In der Kenntnisprüfung müssen in zwei Prüfungsfächern mindestens die Note 4,5, im dritten Prüfungsfach mindestens die Note 5,5 erreicht werden.

Bei geteilter Abschlussprüfung trägt der Prüfungsteil I (Zwischenprüfung) ein Drittel bzw. 40 % zur Gesamtnote der Abschlussprüfung bei. Die Leistungen, die Sie in der Berufsschule erzielen, gehen nicht in die Noten der Abschlussprüfung ein. Nur in wenigen Ausnahmefällen gibt es eine gemeinsame Prüfung von Kammern und Berufsschulen.

Durchgefallen – Was mach ich nun?
Mündliche Prüfung:
Sie ist auf Antrag des Prüflings **oder** nach Ermessen des Prüfungsausschusses in einzelnen Fächern möglich, wenn durch sie noch ein Bestehen der Prüfung in Aussicht steht.
Die schriftliche Prüfung zählt dann doppelt, die mündliche einfach.

Eine nicht bestandene Prüfung kann **zweimal** wiederholt werden. Wer z. B. die Kenntnisprüfung bestanden hat, muss nur die Fertigkeitsprüfung wiederholen. Der Auszubildende kann vom Betrieb die Verlängerung der Ausbildung aber nur dann verlangen, wenn er die Prüfung **nicht** bestanden hat.

1.9 Ausblick: Überlegen Sie mal!

Welche Vorteile hat die berufliche Bildung?
Sie mindert das Arbeitsplatzrisiko, schafft Aufstiegsmöglichkeiten, sichert die Wettbewerbsfähigkeit der Wirtschaft, erhöht die berufliche Mobilität und Flexibilität und sichert den sozialen Frieden.

Das **Sozialgesetzbuch (SGB III)** unterstützt durch Beratung und finanzielle Förderung u. a. die
- berufliche Fortbildung,
- fachbezogene Berufsberatung,
- Erhaltung und Schaffung von neuen Arbeitsplätzen,
- Vermittlung von Stellen,
- Eingliederung von Menschen mit Behinderung.

Und auch Folgendes sollten Sie sich merken:
- Die Wahl des Ausbildungsberufs ist oft abhängig vom örtlichen Angebot, für eine Ausbildung weit ab vom Wohnort gibt es Mobilitätshilfen von der Arbeitsagentur.

WISO kompakt ISBN: 978-3-582-57481-7

- Sie haben im *Traumberuf* keinen Ausbildungsplatz gefunden? Flexibilität ist gefragt, denn oft ist die 2. Wahl besser als gar nichts.
- Die Lerninhalte von Berufsschule und Betrieb können nicht immer eng aufeinander abgestimmt sein.
- Eine Fachausbildung schützt nicht vor einem Verlust des Arbeitsplatzes und bietet keinen erhöhten Kündigungsschutz. Sie ermöglicht jedoch später meist ein höheres Einkommen, als Ungelernte es erzielen können.
- Auch Fachkräfte müssen sich laufend fortbilden, um mit dem technischen Fortschritt Schritt zu halten.
- Für viele Fortbildungsmaßnahmen, z. B. eine Weiterbildung zum Techniker oder Meister, sind eine abgeschlossene Berufsausbildung und mehrjährige Praxis im Beruf notwendig.
- Arbeitsagenturen fördern eine Fortbildung unter bestimmten Voraussetzungen durch Zuschüsse zu den Lehrgangs-, Fahrt- und Materialkosten. Und: Arbeitsagenturen müssen Interessierte beraten!
- Auskunft über berufliche Fortbildungsmaßnahmen erteilen kostenlos:
  - Ansprechpartner der Kammern,
  - Arbeitsagenturen,
  - Berufsinformationszentren,
  - solche Schulen, die Weiterbildungsmaßnahmen durchführen, z. B. Technikerschulen.
- Zur Abschlussprüfung kann auch zugelassen werden, wer seine Ausbildung in einer Berufsfachschule absolviert hat oder mindestens die eineinhalbfache Zeit in einem Beruf gearbeitet hat, ohne dafür eine Ausbildung zu besitzen.

1.10 Ausbildungsrahmenpläne: Was soll man eigentlich wann lernen?

Für jeden anerkannten Ausbildungsberuf gibt es einen gesetzlich vorgeschriebenen Ausbildungsrahmenplan. Der Ausbildungsrahmenplan beinhaltet eine zeitliche und inhaltliche Gliederung der Berufsausbildung, das heißt, im Ausbildungsrahmenplan steht genau, was man wann lernen soll. Der Ausbildungsrahmenplan ist Teil der Ausbildungsordnung. Die Ausbildungsordnung selbst regelt darüber hinaus die Dauer der Ausbildung, die Struktur und Zielsetzung der Berufsausbildung, die Inhalte von Zwischen- und Abschlussprüfung usw.

1.10.1 Inhalte der Wirtschafts- und Sozialkunde

Die Inhalte, die im Fach Wirtschafts- und Sozialkunde geprüft werden, sind nach Ausbildungsverordnung **vom Ausbildungsbetrieb** während der gesamten betrieblichen Ausbildung zu vermitteln. Sie sind für alle neugeordneten gewerblichen Ausbildungsberufe gleich. Hier ein Auszug daraus:

Nr.	Teilbereiche des Ausbildungsberufsbilds (§ 11 der Ausbildungsverordnung für Industriemechaniker)	Gegenstand der Berufsausbildung sind mindestens die folgenden Qualifikationen
1	**Berufsbildung, Arbeits- und Tarifrecht**	a) Bedeutung des Ausbildungsvertrags, insbesondere Abschluss, Dauer und Beendigung erklären b) gegenseitige Rechte und Pflichten aus dem Ausbildungsvertrag nennen c) Möglichkeiten der beruflichen Fortbildung nennen d) wesentliche Teile des Arbeitsvertrags nennen e) wesentliche Bestimmungen der für den Ausbildungsbetrieb geltenden Tarifverträge nennen f) ...
2	**Aufbau und Organisation des Ausbildungsbetriebes**	a) Aufbau und Aufgaben des ausbildenden Betriebs nennen b) Grundfunktionen des ausbildenden Betriebs wie Beschaffung, Fertigung, Absatz und Verwaltung erklären c) Beziehungen des ausbildenden Betriebs und seiner Belegschaft zu Wirtschaftsorganisationen, Berufsvertretungen und Gewerkschaften nennen d) ...
3	**Sicherheit und Gesundheitsschutz bei der Arbeit**	a) Gefährdung von Sicherheit und Gesundheit am Arbeitsplatz feststellen und Maßnahmen zu ihrer Vermeidung ergreifen b) ...

Die Inhalte des Berufsschulfachs Sozialkunde bzw. Wirtschafts- und Sozialkunde werden von den Kultusministerien der Bundesländer bestimmt und sind deshalb nicht überall gleich. Für die Abschlussprüfung Teil II bestimmt § 14 der Ausbildungsverordnung, welche Inhalte im Prüfungsteil Wirtschafts- und Sozialkunde von den Kammern geprüft werden: **„Der Prüfling soll im Prüfungsbereich Wirtschafts- und Sozialkunde in der Prüfungszeit von höchstens 60 Minuten praxisbezogene handlungsorientierte Aufgaben bearbeiten und**

dabei zeigen, dass er allgemeine wirtschaftliche und gesellschaftliche Zusammenhänge der Berufs- und Arbeitswelt darstellen und beurteilen kann.“

1.10.2 Fachliche Inhalte

Für die fachlichen Inhalte schreibt die Ausbildungsverordnung für die neugeordneten gewerblichen Berufe vor:
„Die Fertigkeiten, Kenntnisse und Fähigkeiten (berufliche Handlungsfähigkeit) sollen prozessbezogen vermittelt werden. Diese Qualifikationen sollen so vermittelt werden, dass die Auszubildenden zur Ausübung einer qualifizierten beruflichen Tätigkeit [...] befähigt werden, die insbesondere selbstständiges Planen, Durchführen und Kontrollieren sowie das Handeln im betrieblichen Gesamtzusammenhang einschließt.“

Dabei wird unterschieden in

- **Kernqualifikationen:** Sie sollen einen Umfang von 21 Monaten haben, über die gesamte Ausbildungszeit integriert sein und auch unter Berücksichtigung des Nachhaltigkeitsaspekts vermittelt werden. Bei Industriemechanikern sind das z. B. ...
  5. Digitalisierung der Arbeit, Datenschutz und Informationssicherheit,
  6. betriebliche und technische Kommunikation,
  7. Planen und Organisieren der Arbeit, Bewerten der Arbeitsergebnisse,
  8. Unterscheiden, Zuordnen und Handhaben von Werk- und Hilfsstoffen,
  9. Herstellen von Bauteilen und Baugruppen,
  10. Warten von Betriebsmitteln,
  11. Steuerungstechnik,
  12. Anschlagen, Sichern und Transportieren,
  13. Kundenorientierung,
  14. Herstellen, Montieren und Demontieren von Bauteilen, Baugruppen und Systemen,
  15. Sicherstellen der Betriebsfähigkeit von technischen Systemen,
  16. Instandhalten von technischen Systemen,
  17. Aufbauen, Erweitern und Prüfen von elektrotechnischen Komponenten der Steuerungstechnik,

- **berufsspezifische Fachqualifikationen:** bei Industriemechanikern sind das beispielsweise die Einsatzgebiete
  1. Feingerätebau oder
  2. Instandhaltung oder
  3. Maschinen- und Anlagenbau oder
  4. Produktionstechnik.

Es muss mindestens eine Fachqualifikation während der Ausbildung vermittelt werden.

Aufgabe des Ausbildungsbetriebs ist es, diese zu vermittelnden Qualifikationen in einen **Ausbildungsrahmenplan** umzusetzen; dabei handelt es sich um eine nähere Beschreibung des Berufsbilds und um den zeitlichen Ablauf.
Die Inhalte der Abschlussprüfung Teil I und Teil II beziehen sich auf Kern- und berufsspezifische Fachqualifikationen und sind ebenfalls in der Ausbildungsverordnung der einzelnen Berufe festgelegt.

Neben den Kern- und den berufsspezifischen Fachqualifikationen können nach § 28 Verordnung über die Berufsausbildung in den industriellen Metallberufen auch folgende **Zusatzqualifikationen** in der Ausbildung vereinbart werden:
1. Systemintegration,
2. Prozessintegration,
3. Additive Fertigungsverfahren,
4. IT-gestützte Anlagenänderung.

Für eine Prüfung in diesen Zusatzqualifikationen gilt:

§ 30 Antrag auf Prüfung der Zusatzqualifikation
(1) Die Zusatzqualifikation wird auf Antrag des oder der Auszubildenden geprüft, wenn der oder die Auszubildende glaubhaft gemacht hat, dass ihm oder ihr die erforderlichen Fertigkeiten, Kenntnisse und Fähigkeiten vermittelt worden sind.
(2) Die Prüfung findet im Rahmen von Teil 2 der Abschlussprüfung als gesonderte Prüfung statt.

WISO kompakt ISBN: 978-3-582-57481-7

Aufgaben

Offene Fragen

Formulieren Sie Ihre Antworten in Stichpunkten und vermeiden Sie es, auf den vorhergehenden Seiten nachzusehen.

1. Beschreiben Sie das *duale System der Berufsausbildung* am Beispiel *Ausbildung zum Werkzeugmechaniker bei der Firma Müller in Coburg (Bayern)*.
   - Lernorte
   - Was wird jeweils vermittelt?
   - Rechtsgrundlagen
2. Nennen Sie die zwei Lernorte und die rechtlichen Vorschriften, die dort gelten.
3. Unterscheiden Sie Berufsausbildung, Fortbildung, Umschulung, Berufsvorbereitung und geben Sie je ein Beispiel an.
4. Ein Industriemechaniker möchte sich beruflich weiterqualifizieren.
   Schlagen Sie ihm drei Möglichkeiten vor.
5. Nennen Sie fünf wichtige Inhalte eines Berufsausbildungsvertrags.
6. Ein Berufsausbildungsverhältnis unterscheidet sich von einem normalen Arbeitsverhältnis.
   Nennen Sie vier Besonderheiten eines Berufsausbildungsverhältnisses.
7. Nennen Sie zwei Vereinbarungen, die ein Berufsausbildungsverhältnis **nicht** enthalten darf.
8. Warum wird in einem Ausbildungsvertrag eine Probezeit vereinbart und wie lange dauert sie?
9. Nennen Sie je vier Pflichten von Ausbildenden und Auszubildenden, die beide im Rahmen eines Berufsausbildungsverhältnisses zu erfüllen haben.
10. Welche Bedeutung hat eine Ausbildungsverordnung für die Auszubildenden?
11. Welchen Zweck hat die Abschlussprüfung Teil I für die Auszubildenden?
12. Entscheiden Sie, ob der Azubi die Abschlussprüfung Teil II (Kenntnisprüfung Industriemechaniker) bestanden hat.

Fall 1:

Fach	Ergebnis %	Faktor	Punkte
Auftrags- und Funktionsanalyse	30	0,4	
Fertigungstechnik	48	0,4	
WISO	90	0,2	
		Summe: Punkte	

Fall 2:

Fach	Ergebnis %	Faktor	Punkte
Auftrags- und Funktionsanalyse	50	0,4	
Fertigungstechnik	50	0,4	
WISO	52	0,2	
		Summe: Punkte	

13. Was unterscheidet ein qualifiziertes Ausbildungszeugnis von einem einfachen Arbeitszeugnis?
14. Eine Auszubildende, über deren Übernahme nie gesprochen wurde, wird am Tag nach ihrer bestandenen Abschlussprüfung von ihrer Chefin wegen hohen Arbeitsaufkommens zur Arbeit in den Betrieb gebeten. Erläutern Sie die Rechtslage.
15. Welche Bedeutung haben *Flexibilität* und *Mobilität* bei der Wahl von Ausbildungsberuf und -ort?

Die Lösungen zum Überprüfen Ihrer Antworten finden Sie auf den Seiten 108 – 109.
Haben Sie alle Antworten richtig beantwortet, dann sind Sie für die Abschlussprüfung im **Prüfungsgebiet 1: Berufsbildung** gut vorbereitet.

Beantworten Sie nun die Multiple-Choice-Fragen.

Multiple-Choice-Fragen – Kreuzen Sie die richtige Lösung an!

1. Wer ist für die Berufsausbildung im Betrieb zuständig?

1. Kultusministerium des Bundeslandes
2. Berufsschule
3. Prüfungsausschuss der Kammer
4. Lehrlingswart der Kammer
5. Ausbildungsbetrieb

2. Was versteht man in der Berufsbildung unter „dualer Ausbildung"?

1. zweijährige Ausbildung
2. zweijährige Fortbildung
3. Ausbildung in zwei Berufen
4. Ausbildung in zwei Betrieben
5. Ausbildung an zwei Lernorten: Betrieb + Berufsschule

3. Nach Artikel 12 des Grundgesetzes haben alle Deutschen das Recht, Beruf und Ausbildungsstätte frei zu wählen. Was ist damit gemeint?

1. jeder Beruf darf frei ausgeübt werden
2. der Ausbildungsplatz ist frei wählbar
3. Wohnort ist frei wählbar
4. es gibt einen Rechtsanspruch auf Arbeit
5. Ausländer müssen einen ihnen zugewiesenen Arbeitsplatz annehmen

4. Welche Vereinbarung in einem Berufsausbildungsvertrag ist nichtig?

1. Ausbildungsbeginn und -dauer
2. jährliche Steigerung der Vergütung
3. Bleibeverpflichtung nach der Ausbildung
4. zeitliche Gliederung der Ausbildung
5. Schadenersatz bei einseitiger Kündigung

5. Was gehört *nicht* zu den Pflichten der Ausbildenden? Die Auszubildenden

1. charakterlich fördern
2. zum Berufsschulbesuch anhalten
3. nach der Ausbildung weiterbeschäftigen
4. für Prüfungen freistellen
5. mit kostenlosen Arbeitsmitteln versorgen.

6. Wer stellt das Ergebnis der Abschlussprüfung fest?

1. Ausbildungsbetrieb
2. Berufsschule
3. Industrie- und Handelskammer
4. Prüfungsausschuss
5. Ausbildungsberater der Kammer

7. Welche Vorteile genießt eine Fachkraft im Vergleich zu einer Anlernkraft *nicht*?

1. höheren Kündigungsschutz
2. höhere Bezahlung
3. höhere berufliche Flexibilität
4. geringeres Arbeitsplatzrisiko
5. berufliche Aufstiegsmöglichkeiten

8. Wozu soll das Dritte Sozialgesetzbuch (SGB III – Arbeitsförderung) u. a. beitragen?

1. Arbeitszeit auf 35 Stunden pro Woche verkürzen
2. Arbeitslosigkeit vermeiden
3. Arbeitsplätze mit geringer Qualifikation vermeiden
4. Vollbeschäftigung in allen Wirtschaftszweigen
5. höhere Wirtschaftlichkeit in der Fertigung

9. Was ist eine berufliche Rehabilitationsmaßnahme?

1. Zweitausbildung wegen Arbeitslosigkeit
2. Weiterbildung zur CNC-Fachkraft
3. Bezahlung einer Teilrente nach Wegeunfall
4. Umschulung nach einer Langzeitarbeitslosigkeit
5. Umschulung zum REFA-Fachmann wegen anerkannter Berufskrankheit

10. Was versteht man unter beruflicher Flexibilität?

1. Wunsch, Wohnort zu wechseln
2. innerbetriebliche Versetzung
3. berufliche Umschulungsmaßnahme
4. Wunsch, Arbeitsplatz zu wechseln
5. Fähigkeit, sich auf wechselnde Anforderungen im Beruf einstellen zu können

WISO kompakt ISBN: 978-3-582-57481-7

11. Welche Zuordnungen sind richtig?

1. Berufsbildungsgesetz = Anweisung der zuständigen Stelle ☐
2. Ausbildungsrahmenplan = Lehrplan der Berufsschule ☐
3. Ausbildungsverordnung = gesetzliche Grundlage für die betriebliche Ausbildung ☐
4. Zusatzqualifikationen = Teil des Berufsbildungsgesetzes ☐
5. Prüfungsanforderungen = Bestandteil der Ausbildungsverordnung ☐

Die Lösungen finden Sie auf Seite 109.

Arbeiten Sie jetzt das **2. Prüfungsgebiet: Betrieb** durch.

Zusatzaufgabe:

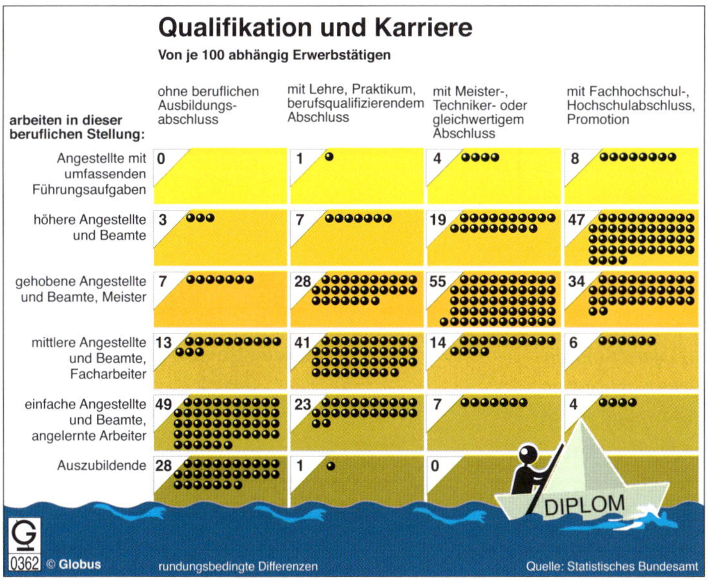

Das Schaubild „Qualifikation und Karriere“ verdeutlicht Ihnen einmal mehr, dass sich eine Aus- und Weiterbildung rechnet.

Beachten Sie folgende Aussage:
Je höher die Qualifikation, desto gehobener ist später in der Regel die berufliche Stellung!

1. Besprechen Sie in Ihrer Klasse und in Ihrem Freundeskreis, inwieweit diese Aussage zutreffend ist.
2. Befragen Sie Bekannte, Verwandte oder Freunde und vergleichen Sie deren berufliche Stellung sowie deren Schul- oder Berufsabschluss miteinander. Zu welchem Schluss kommen Sie?

2 Betrieb

	Prüfungsgebiet	Prüfungsteilgebiete	Prüfungsinhalte
In der Abschlussprüfung müssen Sie beantworten:	**Betrieb**	**Aufbau, Aufgaben und Unternehmensformen eines Betriebs sowie seine Stellung in der Wirtschaft**	• Aufbau eines Industriebetriebs • wesentliche Aufgaben eines Betriebs: Beschaffung, Produktion, Absatz • Stellung des Industriebetriebs in der Wirtschaft • Wesentliche Ziele erwerbswirtschaftlicher und öffentlicher Betriebe: Gewinnerzielung, Kostendeckung, Marktversorgung • Betriebliche Kenngrößen: Produktivität, Wirtschaftlichkeit, Rentabilität
		Wesentliche Unternehmensformen und deren wirtschaftliche Bedeutung	• Einzelunternehmen • OHG, KG • AG, GmbH • Genossenschaften • Wirtschaftliche Verflechtungen
		Aufgaben von Arbeitgeber- und Arbeitnehmerorganisationen	• Arbeitnehmerorganisationen • Arbeitgeberorganisationen

2.1 Aufgaben von Unternehmen: etwas auf dem Markt „unternehmen“

Jedes Unternehmen, ob klein oder groß, mit wenigen oder mit vielen Mitarbeitenden, sucht sich eine Aufgabe in der Volkswirtschaft. Arbeitet es aber nicht konkurrenzfähig, dann sorgen die Marktregeln dafür, dass es verschwindet. Im System der sozialen Marktwirtschaft haben die Unternehmen und Betriebe die Aufgabe, Güter und Dienstleistungen zu erstellen und sie auf dem **Markt** anzubieten. Erwerben die Käufer Waren und Dienstleistungen, so können sie damit ihre Bedürfnisse befriedigen.

Nach dem Psychologen Abraham Harold Maslow (1908 –1970) lassen sich Bedürfnisse in Form einer Pyramide gliedern, wobei die nächsthöhere Stufe innerhalb der Pyramide erst erreicht wird, wenn das Bedürfnis darunter abgedeckt ist.

Das ist auch unmittelbar einsichtig. Nur wer genügend Einkommen bezieht, um Wohnung, Kleidung, Nahrung usw. zu bezahlen, **und** durch Sozialversicherungen gegen Ausgaben für Krankheit, Alter usw. gesichert ist, **nur der/die** kann dann nach Luxusbedürfnissen und mehr streben.

Man unterscheidet:

Zur Befriedigung seiner Bedürfnisse braucht der Mensch **Güter** und **Dienstleistungen.**
Güter und Dienstleistungen werden in der Regel in privaten Betrieben erzeugt. Dabei will jedes private Unternehmen Gewinn erzielen. Gewinne vermehren das Kapital und ermöglichen neue Investitionen.

WISO kompakt ISBN: 978-3-582-57481-7

Die Schaffung neuer Arbeitsplätze ist nur ein Nebenaspekt und nicht Hauptziel unternehmerischer Tätigkeiten.

Ausnahme: z. B. Betriebe der öffentlichen Hand wie eine Stadtverwaltung oder der öffentliche Personennahverkehr. Sie erfüllen gesellschaftspolitische bzw. hoheitliche Aufgaben oder decken elementare Bedürfnisse ab und müssen darum bei der Preisgestaltung soziale Gesichtspunkte berücksichtigen. Ihr Defizit deckt der Bund, das Land oder die jeweilige Stadt aus Steuermitteln.

Grundsätze, die bei der Produktion von Gütern und Dienstleistungen immer beachtet werden müssen:

- Alle wirtschaftlichen Güter sind knapp und stehen nur begrenzt zur Verfügung. Das zwingt zum *wirtschaftlichen* Handeln.
- Der Gewinn wird umso größer, je besser die Produktionsanlagen ausgelastet sind und je niedriger die Kosten gehalten werden können. Ein Betrieb, der Gewinn erzielt, schreibt *schwarze Zahlen,* bei Verlust spricht man von *roten Zahlen.*
- Der zunehmende Kostendruck zwingt die Betriebe zum Einsatz von Maschinen, zur Beschäftigung von Anlernkräften und in der Folge zur Arbeitsteilung – d. h., eine Fachkraft stellt nicht das ganze Erzeugnis her, sondern oft nur einen Arbeitsgang an einem Einzelteil (= **Arbeitsteilung**).
- Der Einsatz von Mitarbeitern, Betriebsmitteln, Werkzeugen und Werkstoffen muss rationell sein, damit sich ein günstiges Verhältnis von Aufwand und Ertrag ergibt. Dies kann nur durch Planung erreicht werden.
- In einem Unternehmen wird geplant und gesteuert, z. B. durch das *Controlling:*
  - Art und Kosten der Produkte,
  - Zahl und Qualifikation der Mitarbeiter,
  - geeignete Fertigungsverfahren,
  - Belegung der Betriebsmittel,
  - notwendiger Bedarf an Energie, Material, Löhnen usw.

Verschiedene **Ordnungsmerkmale** erleichtern den Überblick über die Stellung eines Betriebs im Wirtschaftsgeflecht.

So kann man Betriebe betrachten nach:

- **Produktionsfaktoren:** Welche werden gebraucht?
- **Produktionsformen:** Wie und was wird produziert?
- **Betriebliche Kenngrößen:** Rentiert es sich überhaupt?
- **Unternehmensformen:** Wer ist Eigentümer?
- **Unternehmensverflechtungen:** Wer *gehört* zu wem?

2.2 Notwendige Grundvoraussetzungen – die Produktionsfaktoren

Ganz gleich, was ein Betrieb herstellt – in jedem Fall benötigt er die drei Produktionsfaktoren (= volkswirtschaftlichen Güter) Arbeit, Boden und Kapital.

Arbeit	Boden (Natur)	Kapital
geistige und körperliche Arbeitskraft (Informationsverarbeitung und Muskelkraft)	Betriebsgelände (Standort), Gebrauchsgüter, Rohstoffe, Verbrauchsgüter	1. Geldkapital: z. B. Kassenbestand 2. Sachkapital: z. B. Maschinen, Gebäude

Freie Güter, wie z. B. Luft, haben keinen Preis.

2.3 Was wird produziert? – die Produktionsformen

Je nach Art der Produktion unterscheidet man:

Urproduktion (Primärbereich)	Verarbeitung (Sekundärbereich)	Dienstleistung (Tertiärbereich)
Gewinnung der Rohstoffe	Veredelung der Rohstoffe und Produktion von Gütern	Verteilung der produzierten Güter sowie Dienstleistungen
z. B. Montanindustrie, Landwirtschaft, Fischerei, Steinindustrie	z. B. produzierendes Gewerbe in Handwerk und Industrie	z. B. Handel, Verkehr, öffentlicher Dienst, Schulen, Banken

Je nach Verwendung und Bedeutung der Erzeugnisse teilt man ein in:

Konsumgüter	Investitionsgüter
Sie werden für den Endverbraucher hergestellt.	Mit ihnen werden in Betrieben wiederum Güter produziert.
z. B. Kleidung, Möbel, Privat-Pkw	z. B. Werkzeugmaschinen, Lkw, Schreibtische

Von zentraler Bedeutung für die gesamte Wirtschaft sind Unternehmen der sogenannten **Schlüsselindustrie**. Von ihnen hängen viele andere Betriebe ab. In der Bundesrepublik Deutschland ist z. B. die Pkw-Produktion eine Schlüsselindustrie, da von ihr viele Zulieferbetriebe, aber auch die Mineralölindustrie sowie Straßenbauunternehmen abhängig sind.

Betriebe, die Rohstoffe weiterverarbeiten, gehören zur **Grundstoffindustrie,** z. B. Stahlwerke, Zementfabriken.

Betriebe der Eisen- und Stahlindustrie zählen zur **Schwerindustrie.**
Dienstleister stellen keine Güter her, aber bereits 75,5 % aller Arbeitnehmer sind in Dienstleistungsberufen tätig (Stand: Januar 2024).

Die Güter, die in der Produktion verwendet und verarbeitet werden, sind **nicht** gleichrangig.

Bei den Gütern unterscheidet man

- **Freie Güter**
  haben keinen Marktpreis, sind ausreichend vorhanden und kosten nichts, z. B. Luft.
- **Wirtschaftsgüter**
  für private Haushalte;
  werden auf dem Markt gehandelt, sind oft knapp, Angebot und Nachfrage bestimmen ihren Preis.
  Wirtschaftsgüter können sein
  - **Sachgüter,** die je nach der weiteren Verwendung unterschieden werden in
    - **Gebrauchsgüter** z. B. Möbel
    - **Verbrauchsgüter** z. B. Wurst, Käse
  - **Dienstleistungen** z. B. Vertrieb, Gebäudereinigung usw.
- **Investitionsgüter**
  für Betriebe;
  diese verwenden Investitionsgüter, um damit wieder Güter und Dienstleistungen herzustellen.
  Man unterscheidet
  - **Verbrauchsgüter** z. B. Bleche
  - **Gebrauchsgüter** z. B. Maschinen

2.4 Rentiert sich das überhaupt? – betriebliche Kenngrößen

Jeder Betrieb lässt sich grob in drei Aufgabenbereiche gliedern:

Beschaffung	Produktion	Absatz
kostengünstiger Einkauf der Produktionsmittel	rationelle Fertigung bei geringen Kosten	Reagieren auf Kundenwünsche, Erzielen hoher Verkaufserlöse
z. B. Einkauf, Lager, Rechnungskontrolle	z. B. Teilefertigung, innerbetriebliche Logistik, Montage	z. B. Vertrieb, Service, Nachkalkulation, After-Sales-Service

Kennzeichen des kostenbewussten Wirtschaftens sind der planvolle Einsatz und die zweckmäßige Kombination der drei betrieblichen Aufgabenbereiche in den verschiedenen Abteilungen.

Der Unternehmenserfolg lässt sich dann messen mit den **Kenngrößen**

- **Produktivität,**
- **Wirtschaftlichkeit,**
- **Rentabilität.**

Diese drei Kenngrößen dienen auch dazu, Betriebe miteinander zu vergleichen und die Entwicklung des Betriebes über einen längeren Zeitraum zu beobachten. Diesen Betriebsvergleich nennt man

WISO kompakt ISBN: 978-3-582-57481-7

auch **Benchmarking** (bench: Werkbank; mark: ein Zeichen setzen). Über das Benchmarking wird versucht, einen Prozess der ständigen Verbesserung in Gang zu halten.
Die Abteilung **Controlling** kümmert sich um diesen Bereich und steuert ihn mit Kennzahlen.

2.4.1 Produktivität

$$\textbf{Produktivität} = \frac{\textbf{Betriebsergebnis}}{\textbf{Arbeitseinsatz}}$$

Betrieb A fertigt mit 20.000 Mitarbeitenden (MA) 700 Mittelklasse-Pkws/Tag.

$$P_A = \frac{700 \text{ Pkws}}{20.000 \text{ MA}}$$

$$P_A = \frac{0{,}035 \text{ Pkw}}{\text{MA}}$$

oder: für die Fertigung von 1 Pkw braucht es 28,57 Mitarbeiter.

Betrieb B fertigt mit 8.000 Mitarbeitern 300 Mittelklasse-Pkws/Tag.

$$P_B = \frac{300 \text{ Pkws}}{8.000 \text{ MA}}$$

$$P_B = \frac{0{,}0375 \text{ Pkw}}{\text{MA}}$$

oder: für die Fertigung von 1 Pkw braucht es 26,66 Mitarbeitende.

Betrieb B hat eine höhere Produktivität; Voraussetzung für diese Beurteilung: Die beiden Pkw-Typen sind vergleichbar in Größe, Ausstattung usw.

Die Produktivität ist die wichtigste Kenngröße im Betrieb. Sie vergleicht die erzeugte Menge und den dafür notwendigen Einsatz. So steigt z. B. die Produktivität, wenn durch Rationalisierung an der gleichen Maschine nicht mehr 100 Teile pro Tag, sondern 125 Teile pro Tag gefertigt werden. Die Steigerung der Produktivität wird meist in Prozent angegeben.

Produktivitätssteigerung 3 %:

Das Betriebsergebnis ist bei gleichem Arbeitseinsatz um 3 % gestiegen bzw. mit der gleichen Zahl an Mitarbeitern und den gleichen Maschinen wurden z. B. 3 % mehr Pkws pro Tag produziert.

Ursache:

Es wurden z. B. die Liegezeiten vor den einzelnen Bearbeitungsstationen vermindert.

Die Produktivität lässt sich steigern durch

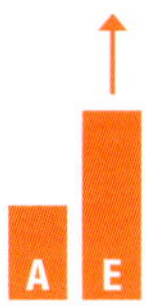

Maximierungsprinzip (Haushaltsprinzip)	**Minimierungsprinzip (Sparprinzip)**
möglichst großes Betriebsergebnis **E** bei konstantem Aufwand **A**	möglichst geringer Aufwand **A** bei konstantem Betriebsergebnis **E**

Steigt die Produktivität in der Wirtschaft und bleiben Arbeitszeit und verfügbare Einkommen konstant, so **kann** dies zu Arbeitslosigkeit führen.

Merke:
Lohnerhöhungen sind nur bei steigender Produktivität möglich,
außer der Anteil der Arbeitgeber am Volkseinkommen verringert sich. Verteilung des Volkseinkommens 2023: Arbeitgeber 28 %, Arbeitnehmer 72 %.

2.4.2 Wirtschaftlichkeit

$$\textbf{Wirtschaftlichkeit} = \frac{\textbf{Ertrag}}{\textbf{Aufwand}}$$

Beispiel: Ein Betrieb erzielt bei einem Aufwand von 25 Mio. € einen Ertrag von 27 Mio. €. Nach Rationalisierungsmaßnahmen steigt der Aufwand auf 30 Mio. €, der Ertrag auf 34 Mio. €.

Wirtschaftlichkeit W_1 **vor** Rationalisierung:
$W_1 = 27$ Mio. € / 25 Mio. €
$\mathbf{W_1 = 1{,}08}$

Wirtschaftlichkeit W_2 **nach** Rationalisierung:
$W_2 = 34$ Mio. € / 30 Mio. €
$\mathbf{W_2 = 1{,}13}$

WISO kompakt ISBN: 978-3-582-57481-7

Die Wirtschaftlichkeit eines Betriebs muss immer größer als 1 sein, d. h., die Verkaufserlöse (Ertrag) müssen die Kosten (Aufwand) übersteigen, sonst schreibt der Betrieb **rote Zahlen**. Wurde wirtschaftlich gearbeitet, hat der Betrieb Gewinn erzielt. Dieser dient wiederum dazu, die Produktionsanlagen zu verbessern, zu rationalisieren; d. h., die Fertigung vernünftiger zu gestalten.
Ist die Wirtschaftlichkeitskennzahl größer als 1, dann wurde neues Kapital gebildet, das für Investitionen verwendet werden kann.

2.4.3 Rentabilität

$$\textbf{Rentabilität} = \frac{\textbf{Gewinn} \cdot \textbf{100}}{\textbf{Kapital}}$$

Beispiel: Ein Betrieb erzielt bei einem Aufwand von 25 Mio. € einen Ertrag von 27 Mio. €.
Das eingesetzte Gesamtkapital beträgt 15 Mio. €.
Nach Rationalisierungsmaßnahmen steigt der Aufwand auf 30 Mio. €, der Ertrag auf 34 Mio. €. Das eingesetzte Gesamtkapital beträgt nun 16 Mio. €.

Rentabilität R_1 **vor** Rationalisierung:

Gewinn $G_1 = 27 - 25 = 2$ Mio. €

$$R_1 = \frac{2 \text{ Mio. €} \cdot 100}{15 \text{ Mio. €}}$$

$$\mathbf{R_1 = 13{,}3\,\%}$$

Rentabilität R_2 **nach** Rationalisierung:

Gewinn $G_2 = 34 - 30 = 4$ Mio. €

$$R_2 = \frac{4 \text{ Mio. €} \cdot 100}{16 \text{ Mio. €}}$$

$$\mathbf{R_2 = 25\,\%}$$

Die **Rentabilität** wird manchmal auch als **Zins** oder **Rendite** bezeichnet. Eine Voraussetzung dafür, dass die Rendite positiv ausfällt, ist ein Gewinn. Betriebe, die keinen Gewinn erzielen, verschwinden vom Markt, sie können kein neues Kapital bilden und deshalb keine Neuinvestitionen mehr tätigen.

Merke:
Die Rentabilität eines Unternehmens hängt von vielen Faktoren ab – nie jedoch von der Größe oder der Unternehmensform.

Wichtig!
Gewinn ist der „Zins“ für das eingesetzte Kapital sowie eine „Entschädigung“ für das Unternehmerrisiko.
Außerdem müssen vom Gewinn auch die Fremdkapitalzinsen bezahlt werden.

Alle unternehmerischen Entscheidungen in Privatbetrieben müssen sich am **Markt** orientieren. Ein Unternehmen muss sich auf dem Markt dem Wettbewerb mit anderen Unternehmen stellen – Angebot und Nachfrage bestimmen den Preis.

Einen guten Überblick über die wirtschaftliche Lage eines Unternehmens liefern die **Bilanz** und die **Gewinn- und Verlustrechnung.** Sie werden jährlich am Schluss des Geschäftsjahres erstellt und dienen zur Beurteilung der Unternehmensentwicklung und des Erfolgs.

Bilanz gibt Auskunft über	
Aktiva: Vorhandene Vermögenswerte	**Passiva:** Finanzierung der Vermögenswerte

Gewinn- und Verlustrechnung gibt Auskunft über	
Aufwand Gewinn	Erträge

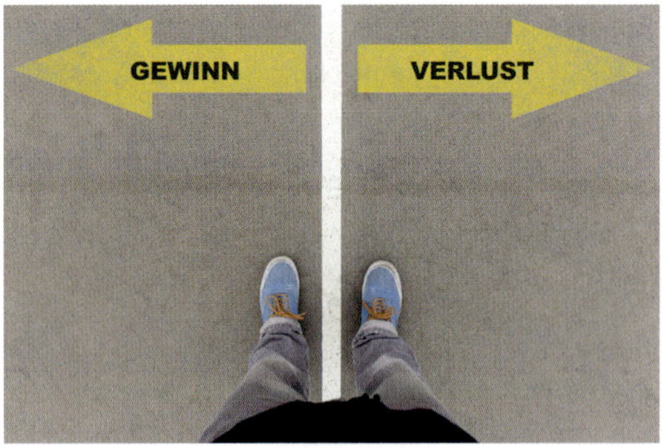

WISO kompakt ISBN: 978-3-582-57481-7

Beispiel: Metallbaubetrieb:

a) Geschäftsergebnis des Vorjahres (in Mio. €):

Bilanz

Aktiva		**Passiva**	
Anlagevermögen z. B. Gebäude, Maschinen	5,60	Eigenkapital	2,50
		Fremdkapital	5,50
Umlaufvermögen z. B. Kasse, Bank	2,40		
Bilanzsumme	8,00		8,00

Gewinn- und Verlustrechnung

Aufwand		**Erträge**	
Löhne	1,20	betriebliche Erträge z. B. Konstruktionen	2,80
Material	0,60	sonstige Erträge z. B. Vermietung: Halle	0,50
Sozialleistungen	0,20		
sonstiger Aufwand	0,70		
Abschreibungen	0,30		
	3,00		
Gewinn	0,30		
Summe	3,30	Summe	3,30

Wirtschaftlichkeit W $= \frac{\text{Ertrag}}{\text{Aufwand}} = \frac{3,30}{3,00} = \mathbf{1,10}$

Gewinn G = Ertrag – Aufwand = 3,30 – 3,00 = **0,30 Mio. €**

Rentabilität R $= \frac{\text{Gewinn} \cdot 100}{\text{eingesetztes Kapital}} = \frac{0,30 \cdot 100}{8,00} = \mathbf{3,75\,\%}$

Metallbaubetrieb:

b) Aktuelles Geschäftsergebnis (in Mio. €)

Bilanz

Aktiva		**Passiva**	
Anlagevermögen z. B. Gebäude, Maschinen	5,90	Eigenkapital	2,60
		Fremdkapital	5,90
Umlaufvermögen z. B. Kasse, Bank	2,60		
Bilanzsumme	8,50		8,50

Gewinn- und Verlustrechnung

Aufwand		**Erträge**	
Löhne	1,30	betriebliche Erträge z. B. Konstruktionen	3,10
Material	0,60	sonstige Erträge z. B. Vermietung: Halle	0,50
Sozialleistungen	0,20		
sonstiger Aufwand	0,70		
Abschreibungen	0,30		
	3,10		
Gewinn	0,50		
Summe	3,60	Summe	3,60

Wirtschaftlichkeit W $= \frac{\text{Ertrag}}{\text{Aufwand}} = \frac{3,60}{3,10} = \mathbf{1,16}$

Gewinn G = Ertrag – Aufwand = 3,60 – 3,10 = **0,50**

Rentabilität R $= \frac{\text{Gewinn} \cdot 100}{\text{eingesetztes Kapital}} = \frac{0,50 \cdot 100}{8,50} = \mathbf{5,88\,\%}$

Wir stellen fest:
1. Die Wirtschaftlichkeit W hat sich von 1,10 auf 1,16 verbessert.
2. Der Gewinn G ist von 0,30 Mio. € auf 0,50 Mio. € gestiegen, das ist eine Steigerung um 66,6 %.
3. Die Rentabilität ist von 3,75 % auf 5,88 % gestiegen.

Die Gewinne aller Unternehmen einer Volkswirtschaft werden in der primären Einkommensverteilung durch Tarifverträge auf Arbeitnehmer und Arbeitgeber aufgeteilt. Die sekundäre Einkommensverteilung nimmt der Staat durch das Steuer- und Sozialsystem vor.

2.5 Betrieb und Fertigung – Wo wird was wie hergestellt?

2.5.1 Private Betriebe

Nach der Zugehörigkeit zur jeweiligen Kammer und der Art der Fertigung unterscheidet man:

Handwerksbetriebe	Industriebetriebe
Merkmale: • Kundennähe • lohnintensive Produktion • oft Einzelfertigung • rasche Anpassung der Fertigung an Kundenwünsche möglich • meist geringer Verwaltungsaufwand	**Merkmale:** • oft fern vom Verbraucher • meist kapitalintensive Produktion • arbeitsteilige Serien- und Massenfertigung • Umstellung der Produktion bei Veränderungen am Markt durch die Größe oft schwierig • oft hoher Verwaltungsaufwand
Beispiele: Metallbaubetrieb, Friseur, Fliesenleger, Installateur	**Beispiele:** Kraftwerk, Pkw-Hersteller, Erdölraffinerie

Nach der **Produktionsmenge** lassen sich unterscheiden:

Einzelfertigung	Serienfertigung	Massenfertigung
Ein Mitarbeiter fertigt das Erzeugnis überwiegend selbst, vom Halbzeug bis zum Fertigprodukt, oft in „handwerklicher" Art und Weise, ohne Arbeitsteilung.	Viele Erzeugnisse werden mit geringen Veränderungen in Arbeitsteilung hergestellt. Ein Mitarbeiter führt oft nur einen Arbeitsgang an einem Einzelteil aus.	Eine unendlich große Stückzahl von immer gleichen Teilen wird meist auf Automaten oder CNC-gesteuerten Maschinen gefertigt.
z. B. Werkzeugmechaniker stellt Spannvorrichtung her (Stückzahl: eins)	z. B. Herstellen von Serienteilen für die Pkw-Produktion (Stückzahl: Größe der Serie)	z. B. Schrauben, Normteile, Pkw-Teile wie Luftfilter (Stückzahl: unendlich)

Sonderfall: Unikatfertigung, z. B. Kunstwerk, Architektenhaus

Nach dem **Ablauf der Fertigung** lassen sich unterscheiden:

Verrichtungsprinzip	Reihenfertigung	Fließfertigung	Verfahrenstechnische Fertigung	Baustellenfertigung
Gleichartige Arbeitsplätze (Verrichtungen) werden an einer Stelle oder Abteilung zusammengefasst; z. B. alle Drehmaschinen.	Die Maschinen werden in der prozessbedingten Fertigungsreihenfolge hintereinander aufgestellt.	Die Maschinen werden in der prozessbedingten Fertigungsreihenfolge hintereinander aufgestellt und starr miteinander verkettet.	Die Fertigung läuft weitgehend selbsttätig ab. Es findet keine Bearbeitung im eigentlichen Sinn statt, sondern automatisierte Verarbeitung.	Alle zur Fertigung notwendigen Betriebsmittel, Mitarbeiter und Materialien müssen zum Arbeitsplatz hin- und zurückgebracht werden.
Die Erzeugnisse werden zur Bearbeitung von einer „Abteilung" zur nächsten transportiert.	Die Erzeugnisse werden zur Bearbeitung an die nächste Maschine weitergegeben.	Die Erzeugnisse gelangen selbsttätig zur nächsten Bearbeitungsstation.	Der Prozess verläuft in Steuer- bzw. Regelkreisen.	Das Erzeugnis entsteht in Einzelfertigung an wechselnden Orten.
z. B. Dreherei, Wärmebehandlung	z. B. Bestückung von Leiterplatten in Reihe	z. B. Fließbandmontage von Pkws	z. B. Herstellung von Mineralölprodukten in einer Raffinerie	z. B. Bau eines Einfamilienhauses, Straßenbau

Ergänzt werden die privaten Betriebe durch
- **Unternehmen der öffentlichen Hand** und
- **öffentlich-rechtliche Anstalten.**

2.5.2 Unternehmen der öffentlichen Hand

- **Unternehmen der öffentlichen Hand:**
  Sie sind in staatlichem oder kommunalem Besitz, haben oft eine Monopolstellung inne und dienen der Deckung von Gemeinbedarf. Privatbetriebe würden damit nichts verdienen, z. B. am **öffentlichen Personennahverkehr.** Er wird deshalb von Unternehmen erbracht, die den Kommunen oder einem Land direkt gehören oder in dessen Mehrheitsbesitz sind.

- **Öffentlich-rechtliche Anstalten:**
  Sie nehmen Aufgaben im gesetzlichen Auftrag wahr und haben in ihrem Bereich ein Monopol, z. B. **Norddeutscher Rundfunk, Bundesagentur für Arbeit** usw. Ihre Pflichtleistungen werden vom Gesetzgeber vorgegeben, sie verwalten sich aber selbst durch gewählte oder von den Parlamenten entsandte Aufsichtsgremien.

WISO kompakt ISBN: 978-3-582-57481-7

2.6 Betriebsorganisation – wie es im Betrieb läuft

Die Betriebsorganisation befasst sich mit der Struktur und den Abläufen in Betrieben. Ziele der Betriebsorganisation sind

- die zweckmäßige Regelung aller betriebsinternen Arbeitsabläufe,
- ein System der eindeutigen Weisungsbefugnis,
- eine reibungslose und kostengünstige Fertigung.

Früher unterschied man nach Hierarchie	Auftragsdurchlauf
Aufbauorganisation	**Ablauforganisation**
• Leitungssystem • Abteilungsgliederung • Entscheidungssysteme	• Materialfluss • Informationsfluss • Auftragsdurchlauf

Heute betrachtet man die Fertigung *prozessorientiert* und unterscheidet
Führungsprozesse z. B. managen, koordinieren
Kernprozesse z. B. Pkws entwerfen und montieren
Unterstützungsprozesse z. B. Prozesse planen, Material bestellen

Die Organisation eines Unternehmens und die Fertigungsprozesse werden heute durch ein nach ISO 9001 zertifiziertes Qualitätsmanagementsystem gesteuert, um zeitnah die Forderungen der Kunden erfüllen zu können.

Merke!
Nicht nur die Organisation eines Unternehmens ist wichtig, sondern auch die Beziehungen zwischen den Mitarbeitenden.

Deshalb ist neben den rein betriebswirtschaftlichen Kenngrößen wie Produktivität und Wirtschaftlichkeit auch die **Humanisierung der Arbeit** ein wichtiges Unternehmensziel.
Wichtig ist auch der im Unternehmen herrschende **Führungsstil.** Im Gegensatz zum früher üblichen patriarchalischen Führungsstil, der sich durch eine strenge Über- und Unterordnung auszeichnete, pflegen heute Unternehmen einen kooperativen Führungsstil. Zusätzlich dient der **Betriebsrat**

- als Vertreter und Vermittler von Arbeitnehmerinteressen gegenüber der Betriebsleitung und
- dem Ausgleich von unterschiedlichen Interessen.

2.7 Unternehmensformen – wem was gehört

Die Unternehmensform gibt Auskunft über die Rechtsform des Unternehmens:

- Wer ist Eigentümer und haftet?
- Wie wird das Unternehmen besteuert?

Die Unternehmensform muss am Firmennamen erkennbar sein. Es wird unterschieden zwischen:

Unternehmen (Rechtsform)	**Betrieb** (Ort der Fertigung)	**Firma** (Name des Unternehmens)
z. B. BMW AG	z. B. Werk Dingolfing	z. B. „BMW“

Die Wahl einer bestimmten Unternehmensform hängt ab von

- der Art und Größe des Unternehmens und
- den Eigentumsverhältnissen.

In großen Unternehmen mit Umsätzen von vielen Millionen € kann das notwendige Betriebskapital nicht mehr von wenigen Privatpersonen aufgebracht werden. Das Unternehmen wird dann in eine Aktiengesellschaft umgewandelt und besorgt sich sein Kapital durch die Ausgabe von Aktien (Anteilscheinen am Unternehmen) an der Börse.

Formelle Beziehungen (Hierarchie) → **beeinflussen zusammen mit den** → **informellen Beziehungen (z. B. Bekanntschaft)** → **das Betriebsklima** → **und bestimmen**
- **die Rolle und**
- **das Selbstwertgefühl der Mitarbeitende**

→ **und damit**
- **Produktivität und**
- **Betriebserfolg**

Nach den **Eigentumsverhältnissen** wird unterschieden in:

Einzelunternehmen (eine Person gründet ein Unternehmen)	**Unternehmensformen** **Gesellschaften** (mehrere Personen gründen ein Unternehmen)					
	Personengesellschaften			**Kapitalgesellschaften**		**Sonderformen**
	OHG (Offene Handelsgesellschaft)	**GbR** (Gesellschaft bürgerlichen Rechts)	**KG** (Kommanditgesellschaft)	**GmbH** (Gesellschaft mit beschränkter Haftung)	**AG** (Aktiengesellschaft)	z. B. **eG** (eingetragene Genossenschaft)
z. B. Hans Huber, Holzhandel	z. B. Huber OHG	z. B. Holzhandel GbR	z. B. Huber KG, Holzhandel	z. B. Holzhandels GmbH	z. B. Holzhandels AG	z. B. Holzhandels eG München West

Sonderformen sind Interessengemeinschaften (IG) und Arbeitsgemeinschaften (Arge). Sie bestehen nur auf Zeit und aus rechtlich selbstständigen Unternehmen, z. B. zum Bau einer U-Bahn.

2.7.1 Einzelunternehmen

Inhaber ist **eine** einzige Person; sie ist Eigentümer, Kapitalgeber und oft auch Betriebsleiter in einer Person.

Vorteile		**Nachteile**			
schnelle, freie Entscheidungen möglich	Anspruch auf ungeteilten Gewinn	alleiniges Risiko	haftet voll mit dem gesamten Firmen- **und** Privatvermögen	muss das notwendige Kapital alleine aufbringen, ist bei Banken oft nur mit Sicherheiten kreditwürdig	Synergieeffekte und Geschäftsimpulse durch weitere Inhaber fehlen

Der Einzelunternehmer kann einen Geschäftsführer oder Prokuristen einsetzen. Der überwiegende Teil der kleinen Handwerks- und Handelsbetriebe wird als Einzelunternehmen geführt.

Beispiel: Hans Müller Bau- und Möbelschreinerei (Vor- und Zuname, Gewerbeangabe möglich), Hans Huber, e. K. (eingetragener Kaufmann). Der Gewinn ist einkommensteuerpflichtig.

2.7.2 Gesellschaften: Personengesellschaften und Kapitalgesellschaften

Nicht eine einzelne Person ist Inhaber des Unternehmens, sondern **mehrere** Personen teilen sich Besitz und Haftung. Dabei unterscheidet man Personengesellschaften und Kapitalgesellschaften. Der Gewinn unterliegt der Einkommensteuer.

Personengesellschaften: OHG, GbR, KG, GmbH & Co. KG

Hier ist das Geschäftsrisiko auf mehrere Personen aufgeteilt, es ist für das Unternehmen leichter, Kapital zu beschaffen – allerdings muss der Gewinn auf die Kapitalgeber aufgeteilt werden.

- **Offene Handelsgesellschaft (OHG)**
  Mindestens zwei Gesellschafter sind Inhaber des Unternehmens. Jedem steht das Unternehmen „offen", jeder haftet voll mit seinem Firmen- und Privatvermögen, auch für den anderen, und hat die gleichen Rechte und Pflichten. Der Gewinn oder Verlust wird im Verhältnis der Gesellschaftsanteile geteilt. Die Gesellschafter sind meist selbst im Unternehmen tätig. Diese Unternehmensform findet sich häufig bei Fa-

WISO kompakt ISBN: 978-3-582-57481-7

milienbetrieben in Handwerk und Handel. Die Gesellschafter sind einkommensteuerpflichtig.
Beispiele: Müller, Meier, Schuster oder Müller OHG (alle Inhaber mit Zuname oder ein Gesellschafter + OHG).

- **Gesellschaft bürgerlichen Rechts (GbR)**
  Mindestens zwei Gesellschafter sind Inhaber des Unternehmens. Sie schließen einen jederzeit kündbaren Vertrag und leisten Anteile zur Geschäftsgründung. Ein Gewinn oder Verlust wird im Verhältnis der Geschäftsanteile aufgeteilt. Jeder haftet voll mit seinem Geschäfts- und Privatvermögen.
  Beispiel: Holzhandel GbR (Geschäftstätigkeit + GbR, Namen der Inhaber müssen nicht im Firmennamen erscheinen).

- **Kommanditgesellschaft (KG)**
  Inhaber des Unternehmens sind ein **Komplementär** (Vollhafter) und mindestens ein **Kommanditist** (Teilhafter).
  Der Komplementär haftet mit seinem Firmen- und Privatvermögen, die Kommanditisten oder Kapitalgeber haften nur mit ihrer Einlage. Geschäftsführer ist meist der Komplementär. Komplementär und Kommanditist(en) sind einkommensteuerpflichtig. Diese Unternehmensform findet sich häufig bei kleinen Industriebetrieben mit mittlerem Kapitalbedarf.
  Eine **KGaA** (Kommanditgesellschaft auf Aktien), die mehr als 500 Arbeitnehmer beschäftigt, muss einen Aufsichtsrat als Kontrollorgan der Geschäftsleitung besitzen.
  Beispiel: Müller KG (Name des Komplementärs + KG + eventuell Geschäftstätigkeit).

Kapitalgesellschaften: GmbH und AG
Das Unternehmen ist eine sogenannte **juristische Person.** Die Gesellschafter bzw. Besitzer des Unternehmens treten in den Hintergrund, alle Rechtsgeschäfte werden mit dem Unternehmen und nicht mit Personen geschlossen. Die Gesellschafter handeln nicht als Personen, sondern durch ihre Organe. Die Haftung beschränkt sich auf das Gesellschaftsvermögen. Kapitalgesellschaften sind körperschaftssteuerpflichtig. Diese beträgt 15% vom Gewinn.

- **Gesellschaft mit beschränkter Haftung (GmbH)**
  Inhaber des Unternehmens ist mindestens ein Gesellschafter. Das Stammkapital oder Mindestkapital einer GmbH beträgt 25.000 € und muss jederzeit verfügbar sein. Die Haftung ist auf das Stammkapital beschränkt. Sind mehrere Gesellschafter vorhanden, so wird auch der Gewinn anteilig nach der Einlage verteilt. Ein oder mehrere Gesellschafter arbeiten als Geschäftsführer. Diese Unternehmensform findet sich häufig bei Unternehmen mit großem Kapitalbedarf und dann, wenn der Kreis der Kapitalgeber nicht anonym – wie im Falle einer Aktiengesellschaft – sein soll. Eine GmbH mit mehr als 500 Mitarbeitern muss laut Drittelbeteiligungsgesetz (DrittelbG) einen Aufsichtsrat haben, durch den die Beschäftigten Mitbestimmungsrechte wahrnehmen können.
  Beispiele: Müller GmbH, Norddeutsche Hausbau GmbH (Name + GmbH oder Geschäftstätigkeit + GmbH).

- **GmbH & Co. KG (Sonderform)**
  Sie ist eine Kombination von Personengesellschaft und kleiner Kapitalgesellschaft. Komplementär ist eine GmbH, die Kommanditisten sind Gesellschafter der GmbH. Die Haftung ist auf das Grundkapital der GmbH beschränkt. Die Gesellschaft ist eine juristische Person und körperschaftssteuerpflichtig.
  Beispiel: Lippische Energieversorgung GmbH & Co. KG (Geschäftstätigkeit + GmbH & Co. KG).

- **Aktiengesellschaft (AG)**
  Eigentümer des Unternehmens sind die Aktionäre im Verhältnis ihrer Anteilscheine (Aktien) am Grundkapital, das mindestens 50.000 € betragen muss. Kaufen die Aktionäre neue Aktien, fließt der Gesellschaft Kapital zu.
  Die Stückelung der Aktien beträgt 5 €, 50 €, 100 € oder ein Vielfaches davon. Aktien werden an der Börse gehandelt, ihr Kurswert spiegelt den Unternehmenserfolg und die Erwartungen der Aktionäre an die Gesellschaft wider. Diese Unternehmensform findet sich häufig bei Unternehmen mit sehr großem Kapitalbedarf. Dieser wird durch Ausgabe *junger Aktien* an der Börse beschafft. Aktionäre haften nur mit ihrem Aktienanteil.

WISO kompakt ISBN: 978-3-582-57481-7

Ein Aktionär hat folgende Rechte:

- Teilnahme- und Rederecht in der Hauptversammlung,
- Stimmrecht in der Hauptversammlung nach Anzahl seiner Aktien,
- Anspruch auf Dividende (Gewinnausschüttung), sofern Gewinn erzielt wird,
- Recht auf Bezug neuer Aktien bei Kapitalerhöhungen.

Eine Aktie repräsentiert einen Anteil am Produktivvermögen, d. h., nicht die Rendite, sondern der Vermögensanteil, seine Wertbeständigkeit und seine Sicherheit stehen für den Aktionär oft im Vordergrund.

Beispiel: Rendite einer Aktie:

Gegeben: Nennwert 50 €
Kurswert 150 €
Dividende 10 %

$$\text{Ertrag} = \frac{\text{Nennwert} \cdot \text{Dividende}}{100}$$

$$\text{Rendite} = \frac{\text{Ertrag} \cdot 100}{\text{Kurswert}}$$

5 € von 150 € = 3,33 % **Rendite**	10 % Dividende von 50 € Nennwert = 5 € **Ertrag**

Beschließt die Hauptversammlung, keine Dividende auszuschütten, so beträgt die Rendite 0 %. Der Anteil am Produktivvermögen der AG bleibt aber dem Aktionär in Höhe des Kurswertes erhalten.

Organe der Aktiengesellschaft sind:

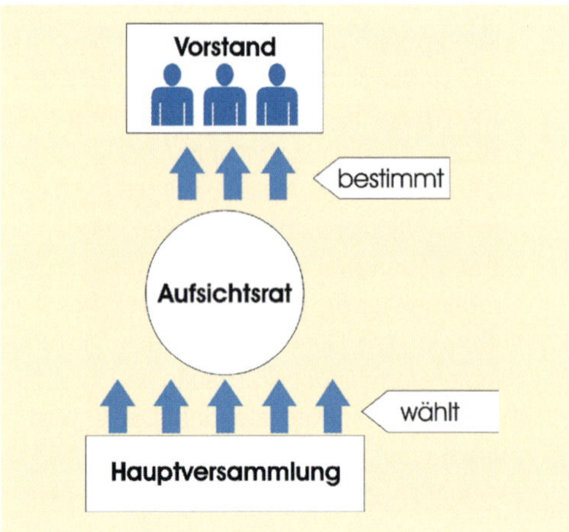

Vorstand bzw. Unternehmensleitung (geschäftsführendes Organ)	**Aufsichtsrat** (überwachendes Organ)	**Hauptversammlung** (beschlussfassendes Organ)
• wird vom Aufsichtsrat auf höchstens 5 Jahre gewählt (Wiederwahl ist zulässig), • führt die Geschäfte, • vertritt das Unternehmen gegenüber der Öffentlichkeit, • hat keine Arbeitnehmerrechte, obwohl er vom Aufsichtsrat bestellt wird. Der Vorstand kann deshalb jederzeit entlassen werden, z. B. dann, wenn er das Unternehmen „in rote Zahlen" steuert. • berichtet dem Aufsichtsrat regelmäßig über seine Tätigkeit, • beruft die Hauptversammlung ein und erstattet einen Geschäftsbericht.	• überwacht und bestellt den Vorstand, • überprüft den Geschäftsbericht, • „haftet" ideell gegenüber den Aktionären für eine ordentliche Geschäftsführung durch den Vorstand. Aufsichtsratsgremien umfassen je 3 bis 21 Mitglieder, davon ein Drittel bis zur Hälfte im Unternehmen Beschäftigte, und erhalten für ihre Tätigkeit Tantiemen.	• Versammlung der Aktionäre, • tagt mindestens einmal im Jahr, • wählt den Aufsichtsrat und entlastet den Vorstand. Jeder Aktionär, der mindestens eine Aktie besitzt, kann an der Hauptversammlung teilnehmen. Ein Aktionär hat so viele Stimmen, wie er Aktien besitzt. Meist lassen sich Aktionäre von der Bank vertreten, bei der sie ihre Aktien deponiert haben. Diese übt dann das sogenannte Depotstimmrecht aus.

Genossenschaften (eG)

Genossenschaften sind Unternehmen, die nicht unbedingt Gewinn erzielen wollen, sondern den besonderen Zielen der Genossen (Anteilseigner) dienen, z. B. Bau preisgünstiger Wohnungen, Vermarktung ihrer Erzeugnisse.

Mindestens drei Genossen müssen je einen Geschäftsanteil zeichnen. Eine Genossenschaft, die im Genossenschaftsregister eingetragen ist, bezeichnet sich als eingetragene Genossenschaft (eG). Es wird unterschieden zwischen:

Genossenschaften mit *unbeschränkter* Haftung (eGmuH)	**Genossenschaften mit *beschränkter* Haftung (eGmbH)**

WISO kompakt ISBN: 978-3-582-57481-7

Organe der Genossenschaft sind:

Vorstand (Vertretung der Genossenschaft nach außen)	**Aufsichtsrat** (Kontrollorgan für den Vorstand)	**Generalversammlung** (Versammlung der Anteilseigner)
mindestens 2 Genossen, gewählt von der Generalversammlung	mindestens 3 Genossen, gewählt von der Generalversammlung	jeder Genosse hat **eine** Stimme, unabhängig von der Anzahl seiner Gesellschaftsanteile

2.8 Unternehmenszusammenschlüsse – Wirtschaftsmacht durch Größe

Unternehmenszusammenschlüsse sind wirtschaftliche Verflechtungen.

Folgende Zusammenschlüsse werden unterschieden:

ohne **Kapitalbeteiligung**	*mit* **Kapitalbeteiligung**
z. B. Kartelle, Arbeitsgemeinschaften, Interessengemeinschaften	z. B. Holding, Konzern, Fusionen

Unternehmenszusammenschlüsse werden vom Bundeskartellamt, dem Bundeswirtschaftsministerium und der EU-Kommission überwacht und sind in der Regel genehmigungspflichtig.

- **Kartelle**

Treffen zwei oder mehrere marktbeherrschende Unternehmen Absprachen oder Verträge über Preise, Mengen oder Liefergebiete, so spricht man von einem **Kartell.** Ein Kartell kann vom Bundeskartellamt untersagt werden, wenn es eine marktbeherrschende Stellung zum Schaden des Verbrauchers hat. Der Bundesminister für Wirtschaft und Energie kann dagegen Kartelle genehmigen, wenn dies im gesamtwirtschaftlichen Interesse ist.

Kartelle stören auf jeden Fall den Wettbewerb.

Bei verbotenen Kartellen können das Bundeskartellamt oder der EU-Kommissar für Wettbewerb als Wettbewerbshüter Geldbußen verhängen.

- **Konzerne**

Das sind Zusammenschlüsse von rechtlich selbstständigen Unternehmen zu wirtschaftlichen Einheiten auf nationaler oder multinationaler Ebene. Dabei ist zu unterscheiden zwischen:

vertikaler Konzentration	**horizontaler Konzentration**	**diagonaler Konzentration**
Alles in einer Hand vom Urprodukt bis zum Fertigprodukt, z. B. von der Braunkohleförderung bis zur Energieerzeugung in Kraftwerken und der Energieverteilung.	Herstellung und Vertrieb einer ganzen Erzeugnisgruppe, z. B. Elektromotoren, Kraftwerksturbinen, elektrische Küchengeräte.	Viele Unternehmen verschiedener Wirtschaftszweige schließen sich zusammen, z. B. Brauereien, Reedereien, Lebensmittelindustrie.

Je nach dem Grad der Verschmelzung wird unterschieden zwischen:

Holding	**Konzern**	**Fusion**
Dachgesellschaft, bei der die Zentrale Einfluss auf die Einzelunternehmen nimmt. Diese bleiben juristisch selbstständig, sind aber wirtschaftlich in die Holding-Gesellschaft eingebunden.	Mehrere rechtlich selbstständige (Tochter-) Unternehmen werden unter einer einheitlichen Geschäftsführung, der Muttergesellschaft, zusammengefasst.	Die Verschmelzung von rechtlich selbstständigen Unternehmen zu einer neuen Einheit bei Verlust der Selbstständigkeit. Diese neue Einheit wird auch als **Trust** bezeichnet. Hat ein Unternehmen nach der Fusion mehr als 20 % Marktanteil oder mehr als 10.000 Mitarbeiter, so muss die Fusion vom Bundeskartellamt genehmigt werden.
Z. B. Media-Saturn-Holding GmbH.	Z. B. Volkswagen Pkw, Audi u.a. innerhalb der Volkswagen AG.	Z. B. Fa. Krupp und Fa. Thyssen zur Thyssenkrupp AG.

WISO kompakt ISBN: 978-3-582-57481-7

Konzernbildungen und Fusionen werden aufgrund des **Gesetzes gegen Wettbewerbsbeschränkungen** (GWB bzw. „Kartellgesetz") dann untersagt, wenn daraus **Oligopole** oder **Monopole** entstehen könnten, die dann den freien Wettbewerb stören.

Monopole entstehen dann, wenn am Markt **nur ein Anbieter** oder **ein Nachfrager** auftritt.	**Oligopole** entstehen dann, wenn am Markt **wenige Anbieter** oder **wenige Nachfrager** auftreten.
Beispiel: Energieversorgungsunternehmen sind in einer Region oft Angebotsmonopolisten; industrielle Lebensmittelverarbeiter, wie Zuckerfabriken, sind für Landwirte oft Nachfragemonopolisten.	**Beispiel:** Große Pkw-Hersteller wirken gegenüber ihren Zulieferbetrieben oft als Nachfrageoligopole.

Ideal für den Markt sind **Polypole:** Viele Anbieter stehen vielen Nachfragen gegenüber.

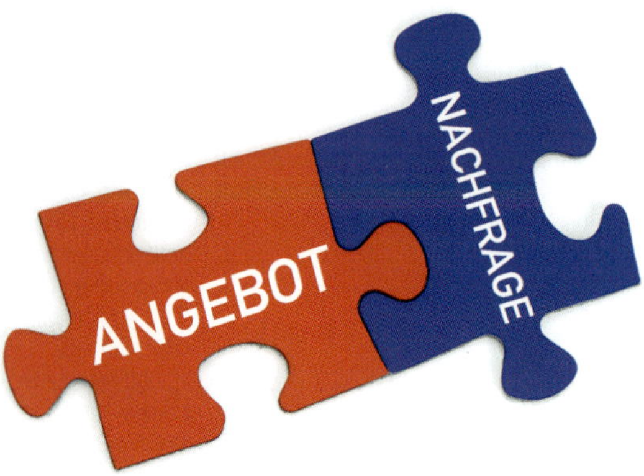

2.9 Interessenverbände – gemeinsam sind wir stärker

Arbeitgeber als Eigentümer der Produktionsmittel haben andere Interessen als ihre lohnabhängigen Beschäftigten. Niemand kann seine Interessen allein und individuell gegenüber anderen durchsetzen, er braucht einen Interessenverband, der für ihn kämpft. Vielfältige Interessenverbände sammeln, bündeln, organisieren und vertreten diese Interessen und stellen sie in der Öffentlichkeit dar.

Interessenverbände sind durch Artikel 9 GG (Koalitionsfreiheit) besonders geschützt.

für Arbeitgeber bzw. Unternehmen	**für Arbeitnehmer**
• Bundesverband der Deutschen Industrie (BDI) • Bundesvereinigung der Deutschen Arbeitgeberverbände (BDA) • Deutscher Industrie- und Handelstag (DiHT) (= Spitzenorganisation der Industrie- und Handelskammern) • Zentralverband des Deutschen Handwerks (= Spitzenorganisation der Handwerkskammern)	• Einzelgewerkschaften bzw. Industriegewerkschaften mit ihrem Dachverband „Deutscher Gewerkschaftsbund" (DGB) • Spartengewerkschaften, z. B. Gewerkschaft Deutscher Lokführer (GDL) • Berufsständische Organisationen, z. B. Verein Deutscher Ingenieure (VDI) • Deutscher Beamtenbund (DBB)

Folgende Eigenschaften sind allen Interessenverbänden gemeinsam:

- Sie müssen **nicht parteipolitisch neutral** sein, sondern dürfen eine bestimmte politische Richtung vertreten;
- sie erhalten für ihre Arbeit keine Zuschüsse von staatlicher Seite;
- sie wirken mit bei der Vorbereitung von Gesetzen und Verwaltungsentscheidungen durch Anregungen, Vorschläge und Stellungnahmen;
- ihr Prinzip ist die freiwillige Mitgliedschaft, sie kommt durch freie Willenserklärung zustande;
- sie müssen über ihre Finanzen keine öffentliche Rechenschaft ablegen;
- ihre Spitzenverbände sind in der Regel im Bundestag in der Lobbyistenliste eingetragen und haben Zugang zu den Abgeordneten, zur Staatsverwaltung und zur Ministerialbürokratie;
- als Tarifpartner wirken einige Verbände beim Aushandeln von Tarifen und Arbeitsbedingungen und bei Arbeitskämpfen mit.

WISO kompakt ISBN: 978-3-582-57481-7

Nach den Mitgliedern, Aufgaben und den Zielsetzungen unterscheidet man:

- **Arbeitgeberverbände**
- **Wirtschaftsverbände**
- **Kammern**
- **Gewerkschaften**

2.9.1 Arbeitgeberverbände

Sie vertreten die sozial- und tarifpolitischen Belange ihrer Mitgliedsunternehmen, handeln Löhne und Arbeitsbedingungen mit den Gewerkschaften aus und vertreten die Interessen der Arbeitgeber in den Selbstverwaltungsorganen der Sozialversicherungen. Sie wirken durch entsandte ehrenamtliche Richter auch in der Arbeits- und Sozialgerichtsbarkeit mit.

Gemeinsame Ziele aller Arbeitgeberverbände sind:
- Abwehr gewerkschaftlicher Forderungen
- Abschaffung von staatlichen Subventionen für einzelne Unternehmen
- Einschränkung der Mitbestimmung
- Privatisierung aller staatlichen Wirtschaftstätigkeit
- Reform der gesetzlichen Sozialversicherungen
- Beseitigung sozialpolitischer Elemente aus Arbeitsverträgen
- Schaffung von unternehmerfreundlichen Rahmenbedingungen
- investitionsfördernde Steuerpolitik

Der Zusammenschluss aller Arbeitgeberverbände ist die **Bundesvereinigung der Deutschen Arbeitgeberverbände** (BDA):
- Die BDA ist auf Bundesebene die Spitzenorganisation aller Arbeitgeberverbände aus Handel, Industrie, Handwerk, Banken usw. Sie vertritt als Dachorganisation über 800 Arbeitgeberverbände aus allen Wirtschaftszweigen.
- Der BDA gehören keine Personen und Einzelbetriebe, sondern nur Verbände an.
- Die BDA vertritt die gemeinsamen Interessen der Unternehmer als Arbeitgeber, d. h., sie unterstützt ihre Mitglieder in tarifpolitischen Auseinandersetzungen und ist vor allem sozialpolitisch tätig.
- Die BDA ist auch zuständig für die Benennung von Arbeitgebervertretern im Bundesarbeits- und Bundessozialgericht.
- Die BDA ist nicht tariffähig, dies sind nur die einzelnen Arbeitgeberverbände. Sie handeln mit den Gewerkschaften Tarifverträge aus.

Ungefähr 90 % der Arbeitgeber sind Mitglied in ihren Verbänden. Die Verbände finanzieren sich durch Beiträge der Firmen, bezogen auf die Lohn- bzw. Gehaltssumme.

2.9.2 Wirtschaftsverbände

Sie vertreten die wirtschaftspolitischen Belange ihrer Mitgliedsunternehmen oder -verbände gegenüber Staat und Öffentlichkeit, z. B. der **Bundesverband der Deutschen Industrie** (BDI).
- Der BDI vertritt als Gesamtverband aller industriellen Interessen vor allem die wirtschaftspolitischen Interessen der Industrie, z. B. Wirtschafts- und Steuerpolitik. Er ist nicht tariffähig.
- Dem BDI gehören keine Einzelpersonen, sondern die Spitzenverbände der Industrie an, z. B. Verband der Automobilindustrie e.V.
- Der BDI gilt von seinem Einfluss her als der mächtigste Verband in Deutschland.

In der Öffentlichkeit können Wirtschaftsverbände, ebenso wie Arbeitgeberverbände und Gewerkschaften, ihre Standpunkte und Meinungen einseitig und subjektiv aus ihrer Sicht darstellen. Sie sind nicht wie die Kammern zur Objektivität und Zurückhaltung verpflichtet.

2.9.3 Kammern (IHK und HWK)

Die Kammern sind im Gegensatz zu den Mitgliedsverbänden des BDI und der BDA keine Vereine, sondern Körperschaften des öffentlichen Rechts und werden von ihren Mitgliedern selbst verwaltet. Sie nehmen die Interessen ihrer Mitgliedsbetriebe wahr, fördern die gewerbliche Wirtschaft und sollen dabei die wirtschaftlichen Interessen der einzelnen Gewerbezweige und Betriebe abwägend und ausgleichend berücksichtigen. Es herrscht Zwangsmitgliedschaft.

Die Kammern
- unterliegen keinen staatlichen Weisungen, aber der Staatsaufsicht,
- sind „Körperschaften des öffentlichen Rechts",
- nehmen für den Staat Aufgaben wahr, z. B. die Durchführung von Berufsabschlussprüfungen.

	Industrie- und Handelskammer	Handwerkskammer
Mitglieder	jedes Industrie- und Handelsunternehmen im jeweiligen Kammerbezirk	jeder selbstständige Handwerker im jeweiligen Kammerbezirk, unabhängig von der Betriebsgröße (beitragsfrei bis 5200 €/a Gewinn)
Spitzen-organisation	Deutscher Industrie- und Handelskammertag (DIHK)	Deutscher Handwerkstag (DHT)
Beitrag	Grundbeitrag plus Umlage bwz. Zusatzbeitrag, Kleinbetriebe sind oft beitragsfrei	
Aufgaben	• beraten ihre Mitglieder in Vertrieb, Handelsrecht, Patentrecht; • unterstützen die Staatsverwaltung durch Anregungen, Gutachten, Berichte; • erstellen Gutachten für Gerichte und informieren Schiedsstellen bei Problemen mit Handwerkern; • beraten in der betrieblichen Berufsausbildung, z. B. durch Ausbildungsberater; • führen Zwischen- und Abschlussprüfungen, Meister- und Umschulungsprüfungen durch; • führen das Verzeichnis der Ausbildungsverhältnisse (im Handwerk „Lehrlingsrolle" genannt).	

Bei den Kammern sind die **Prüfungsausschüsse für Zwischen- und Abschlussprüfungen** eingerichtet. Sie
- legen die Prüfungsinhalte nach dem Berufsbild fest,
- führen die Prüfungen durch und
- entscheiden über das Prüfungsergebnis.

Eine Besonderheit sind die **Schiedsstellen** der Kammern:
Sie schlichten vor einem Arbeitsgerichtsverfahren Streitigkeiten, die sich aus Berufsausbildungsverhältnissen zwischen Ausbildenden (Betrieb) und Auszubildenden ergeben.

In den Kammern ist auch der **Berufsbildungsausschuss** eingerichtet, der nach dem BBiG Rechtsvorschriften der Berufsausbildung beschließt, z. B. die Prüfungsordnung.

2.9.4 Innungen

Eine Besonderheit im Rahmen der Interessenverbände des Handwerks sind die **Innungen.**
Innungen sind freiwillige fachliche Vereinigungen von selbstständigen Handwerksmeistern einer Branche; so können sich beispielsweise die Schreiner eines Bezirks oder einer Stadt zu einer Schreinerinnung zusammenschließen.
Die Handwerkskammern übertragen den Innungen oft die Durchführung von Gesellenprüfungen im Handwerk. In den Prüfungsausschuss der prüfenden Innung müssen dann neben den Meistervertretern zusätzlich Arbeitnehmer (Gesellen) und eine Berufsschullehrkraft berufen werden.
Auf Landesebene schließen sich die Innungen zum Landesinnungsverband zusammen, z. B. dem Landesverband Bayern Metall.
Auf Kreisebene schließen sich die fachlich organisierten Innungen zu berufsständischen **Kreishandwerkerschaften** zusammen. Ein Handwerksmeister ist verpflichtet, dort Mitglied zu sein. Die Kreishandwerkerschaften bilden auf Regierungsbezirksebene die **Handwerkskammern,** die sich auf Bundesebene zum **Zentralverband des Deutschen Handwerks** zusammengeschlossen haben.

Aufgaben der Innungen:
- Pflege von Berufstradition und Gemeinsinn (Hinweis: Vorläufer der Innungen waren die Zünfte),
- Schlichten und Vermitteln bei Klagen von Kunden über mangelhafte Handwerksarbeit,
- Durchführen von Zwischen- und Abschlussprüfungen im Handwerk,
- Überwachen der Lehrlingsausbildung,
- Organisieren von Fortbildungsveranstaltungen für Meister, Gesellen und sonstige Fortbildungswillige.

Eine Besonderheit gilt bei Innungen und Handwerkskammern:
In der Mitgliederversammlung, in den Ausschüssen (z. B. für Berufsbildung) und im Vorstand sind immer zu einem Drittel Gesellen aus den innungs- bzw. kammerzugehörigen Betrieben vertreten. Das entspricht der alten Zunfttradition, in der es neben der Meisterlade immer auch eine Gesellenlade gab (Lade: Truhe, in der wichtige Schriftstücke sowie Unterstützungsgelder verwahrt wurden – und die bei Versammlungen geöffnet vor dem Obermeister oder Altgesellen stand).

WISO kompakt ISBN: 978-3-582-57481-7

2.9.5 Gewerkschaften

Gewerkschaften entstanden im 19. Jahrhundert als *Kampforganisation und Interessenvertretung* der Arbeiter gegenüber den Fabrikbesitzern. Im Interesse ihrer Mitglieder verfolgen sie heute

- wirtschaftliche,
- soziale,
- berufliche und
- kulturelle Interessen.

Sie treten für eine Verbesserung der Arbeits- und Lebensbedingungen der abhängig Beschäftigten ein.
Sie wollen nicht nur die Arbeitnehmer vertreten, sondern ebenso wie die Arbeitgeberverbände **in die Gesellschaft hineinwirken.**

Aufgaben der Gewerkschaften

- Aushandeln von Lohn- und Manteltarifverträgen mit den Arbeitgeberverbänden oder einzelnen Betrieben
- Wahrnehmung von Arbeitnehmerinteressen in der Öffentlichkeit, in Gesetzgebung, Verwaltung und gegenüber Unternehmerverbänden
- Mitwirkung bei Gesetzesvorhaben durch Anträge, Beratungen, Stellungnahmen
- Mitwirkung in den Selbstverwaltungsorganen der Sozialversicherungsträger
- Unterstützen der Mitglieder (ideell und finanziell) bei Streiks und Aussperrungen
- Vorschlagen von Arbeits- und Sozialrichtern
- Beratung und Rechtshilfe bei Verfahren vor Arbeits- und Sozialgerichten
- Unterstützen von bedürftigen Mitgliedern und Gewähren von Stipendien
- Umsetzen der Mitbestimmung durch Entsenden von Mitgliedern in Aufsichtsräte und als Arbeitsdirektoren
- Mitwirkung in Aufsichtsgremien von Anstalten des öffentlichen Rechts, z. B. als Rundfunkräte

Deutscher Gewerkschaftsbund (DGB)

Er ist der Dachverband von acht Einzelgewerkschaften mit ungefähr 5,6 Millionen Mitgliedern. Nicht einzelne Beschäftigte bzw. Personen sind Mitglieder des DGB, sondern die acht Einzelgewerkschaften.

Der DGB

- ist nicht tariffähig, dies sind nur die Einzelgewerkschaften, z. B. die IG Metall,
- darf sich nicht an Arbeitskampfmaßnahmen beteiligen, jedoch gewerkschaftliche Interessen koordinieren und die Einzelgewerkschaften in Arbeitskämpfen unterstützen,
- ist den Einzelgewerkschaften gegenüber nicht weisungsbefugt,
- vertritt die sozialpolitischen und wirtschaftlichen Interessen der Arbeitnehmerschaft als Ganzes gegenüber Regierung, Parlament, Behörden, Wirtschaft, Gesellschaft und Bildungswesen,
- beteiligt sich zur Sicherung seines Vermögens an Unternehmen und ist dort dann Arbeitgeber.

Die Einzelgewerkschaften im DGB

- vertreten die Interessen der Arbeitnehmer eines Wirtschaftszweiges,
- arbeiten nach dem **Prinzip der Industriegewerkschaft,** das heißt, in einem Betrieb und Industriezweig ist nur eine Gewerkschaft des DGB tätig. So kann z. B. der Kantinenkoch in einem Automobilwerk nur der IG Metall beitreten, nicht der IG NGG (Nahrung, Genussmittel, Gaststätten).

> **Wichtig!**
> Der Wirtschaftszweig des Unternehmens bestimmt die Zugehörigkeit zu einer bestimmten Industriegewerkschaft.

- verstehen sich als **Einheitsgewerkschaften,** d. h., sie organisieren Mitglieder ohne Rücksicht auf deren parteipolitische und weltanschauliche Richtung; das Gegenteil der Einheitsgewerkschaft wäre die **Richtungsgewerkschaft** oder eine **Berufsgewerkschaft,** z. B. für Mechaniker, Transportarbeiter, Meister usw., wie sie z. B. in den USA üblich sind,
- sind tariffähig,
- gewähren ihren Mitgliedern Rechtsschutz und Rechtsberatung,
- fördern die berufliche, allgemeine und arbeitsrechtliche Bildung ihrer Mitglieder,
- leisten Unterstützung bei organisierten Arbeitskämpfen, z. B. Streikgeld bei Arbeitskampfmaßnahmen. Das Streikgeld richtet

sich nach Höhe und Anzahl der in der Vergangenheit bezahlten Beiträge,
- sind **vor Ort**, in den Betrieben, durch ihre **Vertrauensleute** vertreten.

Hinweis:
Ein Betriebsrat darf nicht einseitig die Interessen einer Gewerkschaft vertreten, er ist der gesamten Belegschaft eines Betriebes verpflichtet – auch den Mitarbeitenden, die nicht in einer Gewerkschaft organisiert sind.

Durch das **Prinzip der Industriegewerkschaft** kann **auch in einem Betrieb nur ein Tarifvertrag** gelten, für ein Pkw-Herstellerwerk z. B. in Bayern also nur der zwischen IG Metall und VBM (Verband der Bayerischen Metall- und Elektroindustrie) abgeschlossene Tarifvertrag. Existieren in einem Unternehmen mehrere Tarifverträge mit unterschiedlichen Gewerkschaften, so gilt der, dessen Gewerkschaft die meisten Mitglieder organisiert hat („Tarifkollision" nach § 4a TVG).

Ausnahme:
Das Unternehmen wird in einzelne, rechtlich selbstständige GmbHs aufgespalten, z. B. Automobilwerk, Betriebskantine usw.

Neben der zuständigen Industriegewerkschaft des DGB kann in einem Betrieb auch eine Konkurrenzgewerkschaft des DGB tätig sein, z. B. der Christliche Gewerkschaftsbund (CGB), oder eine **Spartengewerkschaft**, z. B. die Gewerkschaft Deutscher Lokomotivführer (GDL) für das Fahrpersonal der Deutschen Bahn AG und bei privaten Bahnen.

Der Organisationsgrad der Arbeitnehmer beträgt in der Bundesrepublik zurzeit (nur) 12–13 %, der Monatsbeitrag zu einer Gewerkschaft meist 1 % des monatlichen Bruttoverdienstes.
Der Organisationsgrad der Arbeitnehmer sinkt seit vielen Jahren, das bedeutet: Immer weniger Arbeitnehmer sind Mitglied einer Gewerkschaft. So gab es 2023 in Deutschland ungefähr 46 Millionen Beschäftigte, davon 35 Millionen sozialversicherte. Hingegen weisen alle Gewerkschaften zusammen nur ca. 5,6 Millionen Mitglieder auf.
Überlegen Sie – im Hinblick auf Ihre Berufstätigkeit nach der Ausbildung – welche Auswirkungen ein weiter sinkender Organisationsgrad der Arbeitnehmer
- für Sie persönlich,
- für die Rechte der Arbeitnehmer in Betrieben und
- für den sozialen Frieden in Deutschland und in der Europäischen Union haben könnte.

Einzelgewerkschaften im DGB und ihre Mitgliederzahlen (insgesamt rund 5,64 Millionen, Stand: 2023)

IG Metall	**ver.di**	**IG BCE**	**IG Bau – Agrar**	**EVG**	**GEW**	**NGG**	**GdP**
Industriegewerkschaft Metall	Vereinigte Dienstleistungsgewerkschaften, vormals: ÖTV + DAG	Industriegewerkschaft Bergbau, Chemie, Energie	Industriegewerkschaft Bau, Agrar, Umwelt	Eisenbahn- und Verkehrsgewerkschaft	Gewerkschaft Erziehung und Wissenschaft	Gewerkschaft Nahrung-Genuss-Gaststätten	Gewerkschaft der Polizei
ca. 2,14 Mio.	**ca. 1,85 Mio.**	**ca. 0,58 Mio.**	**ca. 0,21 Mio.**	**ca. 0,18 Mio.**	**ca. 0,27 Mio.**	**ca. 0,18 Mio.**	**ca. 0,2 Mio.**
organisiert sind Beschäftigte in							
der Metall-, Elektro-, Holz- und Bekleidungsindustrie und des entsprechenden Handwerks	Handel, Banken, Versicherungen, öffentlichem Dienst	Bergbau, Chemieindustrie, Energiewirtschaft	Bauindustrie und Bauhandwerk, Landwirtschaft und im Umweltschutz	der Deutschen Bahn AG und den privaten Verkehrsbetrieben	Schulen, Hochschulen	Gaststätten, Hotels, Lebensmittelindustrie, Genussmittelherstellung	Polizei und Bundesgrenzschutz
z. B. Industriemechanikerin bei der Fa. BMW	z. B. Trambahnfahrer	z. B. Bergleute	z. B. Betonbauer	z. B. Busfahrerin, Zugbegleiter	z. B. Lehrkräfte, Hochschullehrer	z. B. Köche, Servicepersonal	z. B. Polizeibeamte

WISO kompakt ISBN: 978-3-582-57481-7

Aufgaben

Offene Fragen

Formulieren Sie Ihre Antworten in Stichpunkten und vermeiden Sie es, auf den vorhergehenden Seiten nachzusehen.

1. Der Mensch hat sehr unterschiedliche Bedürfnisse – gemeinsam ist allen, dass sie Geld kosten.
Nennen Sie vier Bedürfnisse und geben Sie jeweils an, welche Bedeutung das Bedürfnis für Sie hat (von *ganz wichtig* bis *darauf könnte man verzichten*).
2. Nennen Sie drei Grundsätze, die immer bei der Herstellung von Gütern und Dienstleistungen beachtet werden müssen.
3. Nennen Sie je ein Beispiel für die drei volkswirtschaftlichen Produktionsfaktoren, die bei der Herstellung von Stahl gebraucht werden.
4. Ordnen Sie jeweils die richtige Produktionsform zu:
Urproduktion = [A]
Verarbeitung = [B]
Dienstleistung = [C]
   - Berufsschule = ☐
   - Ölraffinerie = ☐
   - Herstellung von PC-Chips = ☐
   - Pkw-Wartung = ☐
   - Drehmaschinenherstellung = ☐
   - U-Bahn = ☐
   - Schneeräumdienst = ☐
   - Brot backen = ☐
   - Getreideanbau = ☐
   - Großhandel = ☐
5. Nennen Sie je drei Beispiele für Konsum- und für Investitionsgüter.
6. Versuchen Sie die drei genannten Güter möglichst genau zu bezeichnen:
   - Möbel im Privathaushalt
   - Möbel in einem Büro
   - Tiefziehblech für die Pkw-Fertigung
7. Ein Möbelhersteller gibt bekannt: „Im letzten Geschäftsjahr stieg die Produktivität um 3 %!“
Was bedeutet das?
8. Begründen Sie, warum die Wirtschaftlichkeit W immer größer als 1 sein muss.
9. Ordnen Sie die genannten Abteilungen eines Pkw-Herstellers richtig zu:
Beschaffung = [A]
Produktion = [B]
Absatz = [C]
   - Endmontage = ☐
   - Einkauf = ☐
   - Qualitätsprüfung = ☐
   - Gießerei = ☐
   - Lagerverwaltung = ☐
   - Arbeitsvorbereitung = ☐
   - Eingangsprüfung = ☐
   - Kundencenter = ☐
   - Bandmontage = ☐
   - Forschung und Entwicklung = ☐
   - Teilefertigung = ☐
   - Konstruktion = ☐
10. Ein Spielwarenhersteller hatte im letzten Geschäftsjahr Erträge in Höhe von 56 Mio. € und einen Aufwand von 42 Mio. €. In diesem Jahr erwartet er bei gleichem Aufwand Erträge in Höhe von 58 Mio. €.
Berechnen Sie die Wirtschaftlichkeit W für beide Geschäftsjahre.
11. Von einem Unternehmen sind bekannt: Aufwand: 18 Mio. €, Ertrag: 19,5 Mio. €, eingesetztes Kapital: 9 Mio. €. Berechnen Sie Wirtschaftlichkeit W und Rentabilität R.
12. Nennen Sie je zwei Erzeugnisse der Einzel-, Serien- und Massenfertigung.
13. Geben Sie jeweils die Rechtsform des Unternehmens an und stellen Sie dar, wer haftet:
   - Hans Müller KG
   - WMB AG
   - Hans Müller, Werkzeugbau
   - Werkzeugbau GmbH
14. Nennen Sie je zwei Vorteile von Handwerks- und Industriebetrieben.
15. Nennen Sie drei Rechte, die Sie als Aktionär haben.
16. Sie hören Folgendes:
A: „Die Busunternehmer einer Region bilden ein Kartell.“
B: „Die Busunternehmer einer Region fusionieren.“
C: „Der Busunternehmer XY hat in der Region ein Monopol.“
Was ist der Unterschied zwischen A, B und C?

17 Für jedes Interesse gibt es bei uns einen Verband, z. B. für Arbeitgeber, Arbeitnehmer, Autofahrer, Steuerzahler, Bienenzüchter, usw.
Nennen Sie fünf Merkmale, die allen Interessenverbänden gemeinsam sind.

18 Arbeitgeberverbände vertreten die Interessen von Arbeitgebern, Gewerkschaften die Interessen von Arbeitnehmern.
Stellen Sie die unterschiedlichen Interessen in einer Übersicht gegenüber.

19 Was unterscheidet die Kammern, z. B. eine IHK, von einem Arbeitgeberverband?
Nennen Sie fünf Merkmale.

20 Gewerkschaften haben eine Vielzahl von Aufgaben und Zielen.
Nennen Sie fünf Vorteile, die Sie durch die Mitgliedschaft in einer Gewerkschaft haben.

21 Nennen Sie je einen Vorteil von Industriegewerkschaft und Einheitsgewerkschaft.

22 Welche Folgen kann es für Arbeitnehmer haben, wenn in einem einzelnen Unternehmen mehrere Gewerkschaften Tarifverträge mit dem Arbeitgeber aushandeln können, z. B. EVG und GDL?

Die Lösungen zum Überprüfen Ihrer Antworten finden Sie auf den Seiten 110 – 112.
Haben Sie alle Antworten richtig beantwortet, dann sind Sie für die Abschlussprüfung im **Prüfungsgebiet 2: Betrieb** gut vorbereitet.

Beantworten Sie nun die Multiple-Choice-Fragen.

Multiple-Choice-Fragen – Kreuzen Sie die richtige Lösung an!

1. Was ist *kein* Grundbedürfnis?
1 Nahrung ☐
2 Kleidung ☐
3 Wohnung ☐
4 Mobiltelefon ☐
5 Freiheit der Person ☐

2. Was ist *kein* Existenzbedürfnis?
1 Ferienreisen ☐
2 Kleidung ☐
3 Wohnung ☐
4 Nahrung ☐
5 Trinkwasser ☐

3. Was kann man als *freies Gut* bezeichnen?
1 elektrische Energie ☐
2 Trinkwasser ☐
3 Grundstücke ☐
4 Tageslicht ☐
5 Erdöl ☐

4. In welchem Fall handelt es sich um ein Konsum- *und* gleichzeitig Gebrauchsgut?
1 Fernlastzug ☐
2 Privat-Pkw ☐
3 CNC-Maschine ☐
4 Lebensmittel ☐
5 Exzenterpresse ☐

5. Welche Abteilung gehört zum Bereich *Beschaffung* eines Betriebs?
1 Einkauf ☐
2 Teilefertigung ☐
3 Montage ☐
4 Qualitätswesen ☐
5 Arbeitsvorbereitung ☐

6. Welcher Wirtschaftszweig betreibt Urproduktion?
1 Landwirtschaft ☐
2 Krankenhäuser ☐
3 Maschinenbau ☐
4 Anlagenbau ☐
5 Schiffsbau ☐

WISO kompakt ISBN: 978-3-582-57481-7

7. Welche Folgen im Betrieb sollte Rationalisierung auf jeden Fall haben?

1. geringe Rendite ☐
2. höhere Produktivität ☐
3. Erleichterung der Arbeit für Mitarbeitende ☐
4. geringes Arbeitsplatzrisiko ☐
5. Senkung der Kapitalkosten ☐

8. Was muss bekannt sein, um die Wirtschaftlichkeit W berechnen zu können?

1. Umsatz, Gewinn ☐
2. Aufwand, Gewinn ☐
3. Ertrag, Aufwand ☐
4. Produktionsmenge, Schichtzeit ☐
5. Eigenkapital, Fremdkapital ☐

9. Eine Aktie zum Nennwert von 50 € wird an der Börse mit 225 € gehandelt, die AG schüttet 7,50 € Dividende aus. Wie hoch ist die Rendite?

1. 15 % ☐
2. 4,5 % ☐
3. 3,33 % ☐
4. 0,45 % ☐
5. 0,15 % ☐

10. Welches Merkmal kennzeichnet einen Industriebetrieb?

1. hoher Verwaltungsaufwand ☐
2. arbeitsteilige Fertigung ☐
3. geringer Kapitalbedarf ☐
4. Kundennähe ☐
5. Einzelfertigung ☐

11. Welcher Betrieb muss nicht unbedingt in Kundennähe liegen?

1. Friseursalon ☐
2. Blockheizkraftwerk ☐
3. Erdölraffinerie ☐
4. Kiosk ☐
5. Getränkemarkt ☐

12. Was bedeutet die Aussage „Der Betrieb schreibt schwarze Zahlen“?

1. Er arbeitet unwirtschaftlich. ☐
2. Aufwand = Ertrag ☐
3. Es wird Gewinn erzielt. ☐
4. Es wurden Verluste erwirtschaftet. ☐
5. Die Gewinne sind stark gestiegen. ☐

13. Ein Industriebetrieb kann im Gegensatz zu einem Handwerksbetrieb …

1. schneller auf Kundenwünsche reagieren. ☐
2. schneller Entscheidungen fällen. ☐
3. einfacher große Stückzahlen fertigen. ☐
4. Vorteile der Arbeitsteilung nutzen. ☐
5. mit wenig Kapitaleinsatz fertigen. ☐

14. Unternehmen der öffentlichen Hand …

1. wirtschaften rationeller. ☐
2. zahlen höhere Löhne/Gehälter. ☐
3. müssen bei der Preisgestaltung soziale Gesichtspunkte beachten. ☐
4. dürfen keinen Gewinn erwirtschaften. ☐
5. beschäftigen nur Gewerkschaftsmitglieder. ☐

15. Welche Betriebe haben oft die Rechtsform Einzelunternehmen?

1. Supermarktketten ☐
2. kleine Handelsgeschäfte ☐
3. Montanbetriebe ☐
4. Versicherungen ☐
5. Banken ☐

16. In welcher Unternehmensform bringen Vollhafter und Teilhafter das Betriebskapital auf?

1. Genossenschaft ☐
2. GmbH ☐
3. AG ☐
4. KG ☐
5. OHG ☐

17. In welcher Unternehmensform haben alle Kapitaleigner gleiche Rechte und gleiche Pflichten?

1. GmbH & Co. KG ☐
2. GmbH ☐
3. KG ☐
4. AG ☐
5. OHG ☐

18. Welches Organ einer Aktiengesellschaft bestellt und kontrolliert den Vorstand?

1. Aufsichtsrat ☐
2. Gläubigerversammlung ☐
3. Vorstandsvorsitzende ☐
4. Betriebsrat ☐
5. Wirtschaftsausschuss ☐

WISO kompakt ISBN: 978-3-582-57481-7

19. Welches öffentlich-rechtliche Unternehmen arbeitet nach dem Kostendeckungsprinzip?

1. Berufsschule ☐
2. städtisches Theater ☐
3. öffentliches Schwimmbad ☐
4. Stadtverwaltung ☐
5. Bundesbank ☐

20. Welche Fertigungsart könnte automatisiert werden?

1. Massenfertigung von Schrauben ☐
2. Kleinserienfertigung ☐
3. Unikatfertigung ☐
4. Einzelfertigung ☐
5. Baustellenfertigung ☐

21. Was ist oberstes Ziel bei der Humanisierung der Arbeit?

1. Erhöhen des Gewinns ☐
2. Senken der Fertigungskosten bei Serienfertigung ☐
3. Kürzung der täglichen Arbeitszeit ☐
4. Abbau von Überstunden ☐
5. Verringerung der körperlichen und psychischen Belastungen am Arbeitsplatz ☐

22. Mehrere Unternehmen beschließen, für ihre Erzeugnisse bestimmte Mindestpreise zu verlangen. Diese Vereinbarung nennt man

1. Kartell ☐
2. Fusion ☐
3. Konzern ☐
4. Syndikat ☐
5. Oligopol ☐

23. Das Bundeskartellamt hat primär die Aufgabe,

1. die Wirtschaft zu kontrollieren. ☐
2. Preisabsprachen zu verhindern. ☐
3. Preise stabil zu halten. ☐
4. Preisempfehlungen auszusprechen. ☐
5. den Export zu fördern. ☐

24. Zwei Unternehmen schließen sich zu einer wirtschaftlichen und rechtlichen Einheit zusammen. Es ist ein(e)

1. Syndikat, ☐
2. Interessengemeinschaft, ☐
3. Konzern, ☐
4. Fusion, ☐
5. Kartell. ☐

25. Was wird durch das Kartellgesetz verboten?

1. Zahlung übertariflicher Löhne ☐
2. vergleichende Werbung ☐
3. Vereinbarungen über Mindestpreise ☐
4. Export in Krisengebiete ☐
5. gemeinsame Forschung für mehrere Unternehmen ☐

26. Welche Behörde überwacht die Gesetze, die den Wettbewerb sichern sollen?

1. Industrie- und Handelskammer ☐
2. Gewerbeaufsichtsamt ☐
3. Bundesagentur für Arbeit ☐
4. Bundeskartellamt ☐
5. Gewerkschaft ☐

27. In welchem Fall handelt es sich um einen Monopolbetrieb?

1. Ein Getränkevertrieb beliefert nur einen bestimmten Stadtbezirk. ☐
2. Ein Unternehmen hat das alleinige Recht, Briefe zu befördern. ☐
3. Ein Paketdienst beliefert nur Städte mit über 20.000 Einwohnern. ☐
4. Ein Pkw-Hersteller schließt mit einem Zulieferer einen langfristigen Vertrag. ☐
5. Zwei Omnibushersteller verwenden Motoren eines Lieferanten. ☐

28. Was trifft zu für die Interessenverbände von Arbeitgebern und Arbeitnehmern?

1. Sie unterstehen der Aufsicht des Bundesministers für Arbeit und Soziales. ☐
2. Sie müssen ihre Ein- und Ausgaben offenlegen. ☐
3. Sie wirken mit bei der Vorbereitung und Beratung von Gesetzen. ☐
4. Sie müssen jedermann als Mitglied aufnehmen. ☐
5. Sie haben ein Monopol bei der Vertretung ihrer Mitglieder. ☐

29. In welchem Verband herrscht Zwangsmitgliedschaft?

1. Industrie- und Handelskammer ☐
2. Berufsverband ☐
3. Wirtschaftsverband ☐
4. Innung ☐
5. Gewerkschaft ☐

WISO kompakt ISBN: 978-3-582-57481-7

30. Welche Aufgaben haben u. a. die Industrie- und Handelskammern?

1. Durchführen von Berufs-/Zwischen-/Abschlussprüfungen ☐
2. Überwachen von Unfallverhütungsvorschriften ☐
3. Abschließen von Tarifverträgen mit Gewerkschaften ☐
4. Vertretung der Mitglieder bei Arbeitsgerichten ☐
5. Genehmigen von Zeit- und befristeten Arbeitsverträgen ☐

31. Welcher Verband vertritt ausschließlich Interessen von Arbeitgebern?

1. ver.di ☐
2. BDA ☐
3. ULA ☐
4. VDI ☐
5. CGB ☐

32. Welche Zuordnung ist falsch?

1. BDA – sozial- und tarifpolitische Belange von Arbeitgebern ☐
2. BDI – wirtschaftspolitische Belange von Arbeitgebern ☐
3. Zentralverband des Handwerks – Spitzenorganisation der IHKs ☐
4. DGB – Dachverband der Einzelgewerkschaften ☐
5. ver.di – sozialpolitische Belange von Arbeitnehmern ☐

33. Der Begriff *Einheitsgewerkschaft* bedeutet:

1. In einem Betrieb ist nur eine Gewerkschaft des DGB tätig. ☐
2. Nur **eine** Gewerkschaft für Arbeiter **und** Angestellte. ☐
3. Ein Arbeitnehmer darf nur einer Gewerkschaft als Mitglied beitreten. ☐
4. Gewerkschaften vertreten eine einheitliche politische Meinung. ☐
5. Gewerkschaften verpflichten sich, nur einheitliche Forderungen zu stellen. ☐

34. Welchen Vorteil hat man durch Mitgliedschaft bei einer Gewerkschaft?

1. erhöhten Kündigungsschutz ☐
2. Beratung im Arbeitsrecht ☐
3. höheren Lohn ☐
4. Anspruch auf Bildungsurlaub ☐
5. Unterstützung im Alter ☐

35. In welchem Fall kommt es zu einer Tarifkollision?

1. Es existiert kein Tarifvertrag. ☐
2. Der Arbeitgeber verbietet die Mitgliedschaft in einer Gewerkschaft. ☐
3. Es sind zu wenige Arbeitnehmer organisiert. ☐
4. Der Arbeitgeber ist nicht Mitglied in einem Arbeitgeberverband. ☐
5. In einem Unternehmen schließen zwei Gewerkschaften Tarifverträge ab. ☐

36. Was bedeutet die Aussage „Der Verband ist tariffähig“?

1. Für den Verband gilt ein Tarifvertrag. ☐
2. Der Verband hat das Recht, Tarifverhandlungen zu führen. ☐
3. Der Verband ist in allen Tarifbezirken vertreten. ☐
4. Der Verband organisiert nur tarifgebundene Mitglieder. ☐
5. Es handelt sich um eine Gewerkschaft bzw. einen Konzernbetriebsrat. ☐

37. Wie hoch ist etwa der Organisationsgrad der Arbeitnehmerinnen und Arbeitnehmer in Deutschland?

1. ca. 5,5 % ☐
2. ca. 12,5 % ☐
3. ca. 30 % ☐
4. ca. 75,5 % ☐
5. ca. 95 % ☐

38. Was bedeutet der Begriff Industriegewerkschaft?

1. Es gibt eigene Gewerkschaften für Industriebetriebe. ☐
2. In einem (Industrie-)Betrieb ist nur eine Gewerkschaft des DGB tätig. ☐
3. Gewerkschaften beteiligen sich zur Sicherung ihres Vermögens an Industriebetrieben. ☐
4. Gewerkschaften sind in Industriebetrieben besonders stark vertreten. ☐
5. Tarifverhandlungen werden nur für die Industriearbeiter geführt. ☐

39. Welcher Gewerkschaft kann ein Kantinenkoch eines Pkw-Herstellers beitreten?

1. einer beliebigen Gewerkschaft ☐
2. IG Metall ☐
3. IG Nahrung, Genussmittel, Gaststätten ☐
4. ausschließlich der Gewerkschaft ver.di ☐
5. nur dem DGB selbst ☐

40. Welche Forderungen werden vom DGB *nicht* gestellt?

1. Verbot der Aussperrung ☐
2. Verbot von Kartellen und Monopolen ☐
3. Einführung von Karenztagen ☐
4. Senkung der Wochenarbeitszeit ☐
5. Einführung lohnsteigernder Mitarbeiterbeurteilungen ☐

41. Was ist die wichtigste Aufgabe der Gewerkschaften?

1. Organisieren und Durchführen von Arbeitskampfmaßnahmen ☐
2. Schulung und Weiterbildung der Mitglieder ☐
3. Rechtsschutz für Mitglieder in Arbeits- und Sozialgerichtsverfahren ☐
4. Vermögenssicherung durch Industriebeteiligungen ☐
5. Vertreten der sozialpolitischen Interessen der Arbeitnehmer ☐

42. Wie können Arbeitgeber- und Arbeitnehmerverbände die wirtschaftlichen Interessen ihrer Mitglieder am nachhaltigsten durchsetzen?

1. Abschluss von Lohn- und Manteltarifverträgen ☐
2. maßvolle Arbeitskampfmaßnahmen ☐
3. Solidaritätsopfer der Mitglieder ☐
4. Anzeigenkampagnen in der Presse ☐
5. Einwirken auf das Bundesministerium für Wirtschaft und Energie ☐

43. Wie finanzieren sich die Einzelgewerkschaften im DGB hauptsächlich?

1. Mitgliedsbeiträge ☐
2. Zuschüsse der Bundesanstalt für Arbeit ☐
3. Zuwendungen des Bundesarbeitsministers ☐
4. Einkünfte aus Kapitalvermögen ☐
5. Sonderumlagen bei Mitgliedern ☐

44. In welchem Fall spricht man von einem Warnstreik?

1. Betriebsrat ruft zu einem Streik auf, um vor Lohnkürzungen zu warnen. ☐
2. Arbeitgeberverbände warnen vor zu hohen Lohnforderungen. ☐
3. Gewerkschaftsmitglieder üben durch einen kurzen Streik „sanften Druck“ bei Tarifverhandlungen aus. ☐
4. Gewerkschaftsmitglieder streiken aus Sympathie für ausgesperrte Kollegen. ☐
5. Streik der Gewerkschaftsmitglieder als Warnung vor zu hohen Tarifabschlüssen. ☐

Die Lösungen finden Sie auf Seite 112.

Arbeiten Sie jetzt das **3. Prüfungsgebiet: Arbeits- und Tarifrecht, Arbeitsschutz** durch.

WISO kompakt ISBN: 978-3-582-57481-7

3 Arbeits- und Tarifrecht, Arbeitsschutz

	Prüfungsgebiet	Prüfungsteilgebiete	Prüfungsinhalte
In der Abschlussprüfung müssen Sie beantworten:	**Arbeits- und Tarifrecht, Arbeitsschutz**	**Wesentliche Bereiche des Arbeitsvertrags, des Arbeitsrechts und des Arbeitsschutzes**	• Lohn und Gehalt • Arbeitszeit und Arbeitszeitordnungen • Gewerbeaufsicht, technischer Arbeitsschutz • Kündigung und Kündigungsschutz • Jugendarbeitsschutz • Frauenarbeitsschutz/Mutterschutz • Schwerbehindertenschutz • Urlaub
		Bedeutung und Aufgabe von Tarifverträgen und des Tarifrechts	• Tarifautonomie • Tarifvertragsparteien • Tarifverträge • Laufzeit, Friedenspflicht • Verbindlichkeit von Tarifverträgen • Streik, Aussperrung, Schlichtung

3.1 Arbeitsrecht – Regelungen auf vielen Ebenen

Das **Arbeitsrecht** regelt alle Beziehungen zwischen Arbeitgeber und Arbeitnehmer. Es ist nicht in einem einheitlichen Gesetzeswerk, sondern in mehreren Einzelgesetzen geregelt und das Ergebnis einer über 100-jährigen Entwicklung.

Rangfolge der Rechtsquellen im Arbeitsrecht

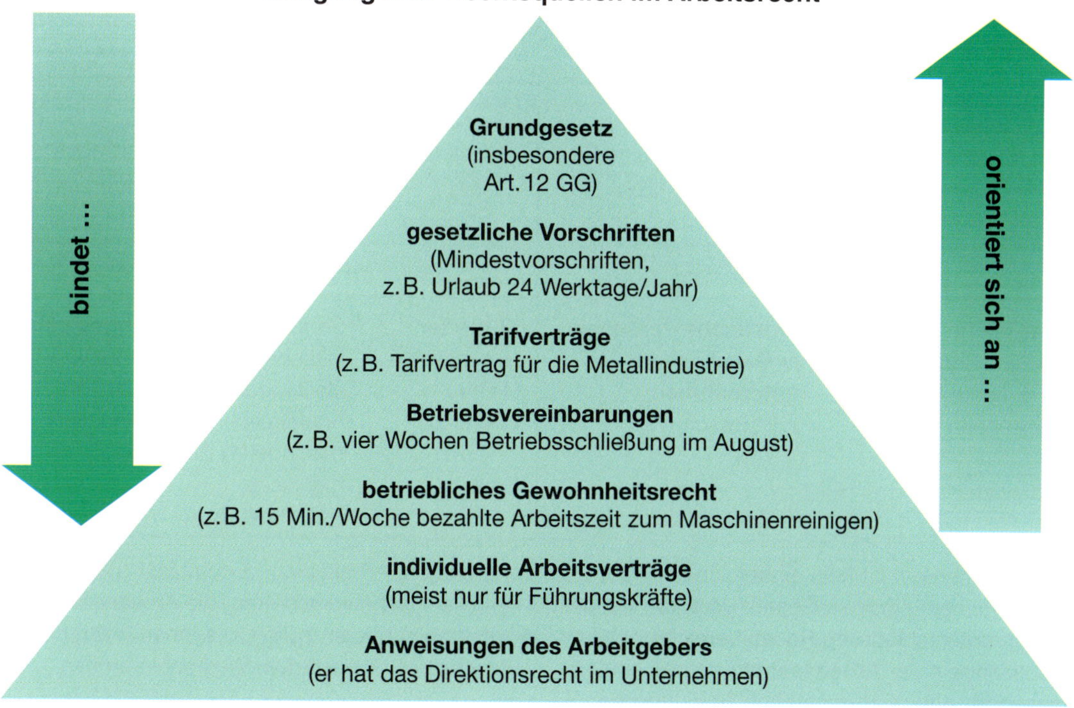

Die gesetzlichen Bestimmungen sind Mindestnormen, die durch Tarifverträge ergänzt und verbessert werden. Vereinbarungen im individuellen Einzelarbeitsvertrag, die günstiger sind als die Tarifvertragsinhalte und die gesetzlichen Bestimmungen, dürfen von den Vertragspartnern jederzeit vorgenommen werden. Die Wirksamkeit des Arbeitsrechts hängt davon ab, ob und wie die Arbeitnehmer ihre Rechte auch in Anspruch nehmen.
Die Zuständigkeit für alle Arbeitsschutz- und alle Arbeitsrechtsvorschriften liegt beim Bund, daneben tragen die folgenden Institutionen zum Arbeitsschutz und -recht bei:

- Bundesministerium für Arbeit und Soziales
- Bundesanstalt für Arbeitsschutz und Arbeitsmedizin
- Arbeitsgerichte, durch Weiterentwicklung der Rechtsprechung
- Betriebsräte, durch Betriebsvereinbarungen mit ihrer Unternehmensleitung
- TÜV, VDE und Berufsgenossenschaften im technischen Arbeitsschutz

Keine Zuständigkeit für Arbeitsschutz und Arbeitsrecht haben die Industrie- und Handelskammern bzw. Handwerkskammern.

Betroffen vom Arbeitsrecht sind Arbeitnehmer und Arbeitgeber:

Merke:
Bereits das Mitnehmen von sehr geringwertigen Gütern des Arbeitsplatzes kann zur fristlosen Kündigung führen und damit zu einem Fall vor dem Arbeitsgericht werden – auch wenn der Diebstahl vom Strafrecht aufgrund von Geringfügigkeit nicht verfolgt wird.

Arbeitgeber		Arbeitnehmer		
alle, die andere als Arbeitnehmer gegen eine Gegenleistung beschäftigen		alle, die aufgrund eines Arbeitsvertrages abhängige Arbeit leisten		
das können sein		**das können sein**		
natürliche Personen in Einzelunternehmen z. B. Grete Huber, Gartenbau	**juristische Personen in Gesellschaftsunternehmen** z. B. Bosch AG	**Arbeiter** im gewerblichen Bereich	Sonderform: leitende Angestellte, das sind Angestellte mit besonderen Befugnissen, z. B. Prokura	**Angestellte** in Verwaltung und Dienstleistung

Das Arbeitsrecht ist kein einheitliches Recht und nicht in einem einzigen Gesetz geregelt. Es lässt sich in unterschiedliche Rechtsbereiche gliedern. Insbesondere der **Arbeitsschutz** enthält eine umfassende, öffentlich-rechtliche Regelung der Sicherheit am Arbeitsplatz. Er umfasst die Gesamtheit aller Rechtsvorschriften, die Arbeitnehmer vor Gefahren schützen sollen, die ihnen während der Berufsarbeit und auf dem Weg dahin drohen.

WISO kompakt ISBN: 978-3-582-57481-7

Das Arbeitsrecht lässt sich gliedern in

<table>
<tr><td>• individuelles Arbeitsrecht
enthält die zwischen Arbeitnehmer und Arbeitgeber frei ausgehandelten Arbeitsbedingungen.</td><td>• kollektives Arbeitsrecht</td><td colspan="2">• Arbeitsschutzrecht
Arbeitsschutz bewahrt vor Überanstrengungen, vorzeitigem Verschleiß der Arbeitskraft und Gefahren am Arbeitsplatz.</td></tr>
<tr><td>z. B. Arbeitsvertrag</td><td>z. B. Tarifvertragsrecht, Betriebsvereinbarungen</td><td>Arbeitszeitschutz
u. a. Bestimmungen zur Feiertagsarbeit, Höchstarbeitszeit und zu Ruhepausen</td><td>Gefahrenschutz
u. a. Vorschriften zur Verhütung von Betriebsunfällen und Berufskrankheiten</td></tr>
<tr><td>Es liegt beim Einzelnen, günstige Bedingungen in seinem Arbeitsvertrag auszuhandeln. Individuelles Arbeitsrecht spielt bei der Masse der Arbeitnehmer keine Rolle, da sie als Einzelne in der schwächeren Position gegenüber dem Arbeitgeber sind.</td><td>Eine Interessenvertretung handelt für die Arbeitnehmer die Arbeitsbedingungen aus, das kann sein:
• eine Gewerkschaft für eine Branche in einem Tarifbezirk,
• der Betriebsrat für einen Betrieb oder Konzern.</td><td colspan="2">Der Staat erfüllt diese Aufgabe durch Arbeitsschutzgesetze und durch die Berufsgenossenschaften als Träger der gesetzlichen Unfallversicherung. Es ist auch privatrechtliche Pflicht des Arbeitgebers, durch sichere Gestaltung des Arbeitsplatzes und der Arbeitsabläufe vor Gefahren zu schützen.</td></tr>
</table>

3.2 Arbeitsrecht am Arbeitsplatz – Das betrifft jeden direkt

Im Rahmen eines Arbeitsvertrages haben Arbeitgeber und Arbeitnehmer wechselseitige Rechte und Pflichten. Diese leiten sich aus dem Arbeitsrecht, aber auch aus anderen Gesetzen ab, z. B. dem Bürgerlichen Gesetzbuch (BGB).

Pflichten des Arbeitgebers gegenüber dem Arbeitnehmer:	Pflichten des Arbeitnehmers gegenüber dem Arbeitgeber:
• **Fürsorgepflicht,** z. B. für Leben und Gesundheit des Arbeitnehmers im Betrieb, z. B. für das Eigentum des Arbeitnehmers im Betrieb. • **Gleichbehandlung,** z. B. 13. Monatsgehalt für alle Beschäftigten; nicht aber gleicher Lohn für alle, denn der ungleiche Lohn liegt im Rahmen der Vertragsfreiheit. • **Bezahlung** als Vergütung für geleistete Arbeit. • **Beschäftigungspflicht** gemäß der im Arbeitsvertrag vereinbarten Tätigkeit. • **Übernahme jeder Haftung** aus der Tätigkeit des Arbeitnehmers; hier bestehen Ausnahmen, z. B. wenn der Arbeitnehmer grob fahrlässig oder vorsätzlich handelt. • **Pflicht, ein Zeugnis auszustellen.**	• **Arbeitspflicht** gemäß der im Arbeitsvertrag vereinbarten Tätigkeit. • **Treuepflicht,** d. h., für die Interessen des Betriebes zu arbeiten und alles zu unterlassen, was diesem schaden könnte. • **Gehorsamspflicht** gegenüber dem Direktionsrecht des Arbeitgebers, der Arbeitsinhalt, Arbeitsbedingungen und Arbeitsleistung sowie das Verhalten des Arbeitnehmers im Betrieb bestimmen kann. Das Direktionsrecht berechtigt den Arbeitgeber, Weisungen zu erteilen, denen der Arbeitnehmer aufgrund der Gehorsamspflicht nachkommen muss, soweit sie nicht gegen Gesetze, Arbeitsvertrag, die guten Sitten oder gegen die Fürsorgepflicht verstoßen. • **Verschwiegenheitspflicht** bei Geschäfts- und Betriebsgeheimnissen. • **Wettbewerbsbeschränkungen,** z. B. Verbot, mit Betriebseigentum Geschäfte auf eigene Rechnung zu tätigen. Sie müssen schriftlich vereinbart werden.

3.2.1 Arbeitsvertrag – Vertrag ist Vertrag

Der Arbeitsvertrag kommt, wie jeder andere Vertrag auch, durch Einigung der Vertragsparteien zustande. Er ist nach § 611 BGB eine Unterart eines Dienstvertrages und regelt die privatrechtlichen Beziehungen zwischen Arbeitgeber und Arbeitnehmer.

Ein Arbeitsvertrag

- muss immer schriftlich abgeschlossen werden.
- muss dem Arbeitnehmer spätestens vier Wochen nach Arbeitsaufnahme ausgehändigt werden.
- muss eingehalten werden, ansonsten kann Schadenersatz für Stellenanzeigen und kurzfristige Aushilfen verlangt werden.
- beginnt meist mit einer Probezeit, die 6 Monate nicht überschreiten darf. Sie muss ausdrücklich vereinbart sein. Während der Probezeit gelten verkürzte Kündigungsfristen.
- wird grundsätzlich auf Dauer abgeschlossen, doch es sind auch Zeitverträge möglich.

Wichtig!
Gesetzliche Bestimmungen sind immer Mindestbestimmungen; sie müssen in jedem Arbeitsverhältnis eingehalten werden.
Tarifbestimmungen gelten nur dann, wenn der Tarifvertrag allgemein verbindlich ist oder wenn beide Vertragspartner organisiert sind.

Bei Arbeitsverträgen hat der Betriebsrat **Mitwirkungsrechte**: Wurde z. B. vor einer Kündigung oder Einstellung der Betriebsrat nicht gehört, so ist diese unwirksam. (Für Leiharbeitnehmer ist nur der Betriebsrat des Verleihunternehmens zuständig.)
Der Betriebsrat muss aber der Kündigung oder Einstellung nicht zustimmen, wirksam wird sie trotzdem, der Arbeitnehmer kann aber binnen drei Wochen eine Kündigungsschutzklage beim Arbeitsgericht einreichen.

Eine Besonderheit ist Zeitarbeit. Betroffen sind **befristete Arbeitsverträge** nach § 14 des Gesetzes über Teilzeitarbeit und befristete Arbeitsverträge. Sie erlauben eine Befristung bis zu zwei Jahren ohne sachlichen Grund. Ansonsten sind sie ohne zeitliche Begrenzung wirksam, wenn ein sachlicher Grund besteht, etwa wenn ein Arbeitnehmer neu eingestellt wird oder unmittelbar im Anschluss an eine Berufsausbildung nur vorübergehend weiterbeschäftigt werden kann, weil z. B. kein Dauerarbeitsplatz zur Verfügung steht.
Daneben ist die Vereinbarung eines **Probearbeitsverhältnisses** möglich; hier wird ein auf sechs Monate befristetes Arbeitsverhältnis geschlossen.

Nichtig bzw. ungültig ist ein Arbeitsvertrag nur dann, wenn zwingende Vorschriften von Gesetzen oder Tarifverträgen nicht beachtet oder ausgeschlossen werden. Ein Arbeitnehmer kann nicht auf gesetzliche Vorschriften verzichten.

Ein Arbeitsvertrag endet durch

- Aufhebung (Vereinbarung zwischen Arbeitgeber und Arbeitnehmer, das Arbeitsverhältnis im gegenseitigen Einvernehmen zu beenden),
- Tod des Arbeitnehmers,
- Erreichen der Altersgrenze,
- Eintritt von Berufs- oder Erwerbsunfähigkeit,
- Kündigung.

Sonderfall: Aussperrung
Hier wird das Arbeitsverhältnis für begrenzte Zeit „suspendiert“ (ausgesetzt, unterbrochen), es endet aber nicht.

Sonderfall: Wechsel des Betriebsinhabers
Ein Wechsel des Betriebsinhabers oder der Verkauf des Unternehmens berührt den Arbeitsvertrag nicht.

Sonderfall: Leiharbeit, auch Arbeitnehmerüberlassung genannt
Bei diesem Beschäftigungsmodell sind die Arbeitnehmer bei einem Verleihunternehmen unbefristet angestellt. Dieses verleiht sie für eine bestimmte Zeit an ein Unternehmen. Der Verleiher ist Arbeitgeber mit allen Rechten und Pflichten, inklusive der Entlohnung.

3.2.2 Lohn und Gehalt – Was und wie viel wird gezahlt?

Gewerbliche Arbeitnehmer werden meist im Stundenlohn beschäftigt. In der Verwaltung von Unternehmen und im Öffentlichen Dienst ist ein festes gleichbleibendes Monatsgehalt üblich.
Daneben gibt es noch **Mischformen,** besonders zwischen Zeitlohn und Prämienlohn sowie Beteiligungslohn.

WISO kompakt ISBN: 978-3-582-57481-7

Man unterscheidet:

Fixgehalt (z. B. Zeitlohn)	Entlohnung mit Zulagen (z. B. Prämienlohn)	Leistungsentlohnung (z. B. Akkordlohn)
Bruttolohn = Stundenlohn x Anzahl der geleisteten Arbeitsstunden pro Monat oder fester Lohn für jeden Monat	Bruttolohn = Stundenlohn x Anzahl der geleisteten Arbeitsstunden pro Monat + Prämie für unterschiedliche Ziele, z. B. Menge, Qualität, Termintreue	Bruttolohn = Leistungslohn, dessen Höhe i. d. R. von der Mengenleistung abhängt. Basis ist der Akkordrichtsatz, er entspricht einer Mengenleistung von 100 % (= Normalleistung)
Vorteile des Zeitlohns: • einfache Abrechnung • der Betrag des Einkommens ist gesichert und nicht von Leistungsschwankungen beeinflusst • er ist für Tätigkeiten geeignet, für die keine Vorgabezeit möglich ist und wenn Qualität und schonende Maschinenbehandlung wichtig sind	**Vorteile des Prämienlohns** • es ist eine Schwerpunktbildung möglich, z. B. Qualität • es bestehen Leistungsanreize für den Mitarbeiter • reine Mengenleistung ohne Rücksicht auf Qualität und Termin werden vermieden	**Vorteile des Akkordlohns:** • höhere Leistung steigert den Lohn sofort • die Istmengenleistung ist meist größer als bei Zeit- und Prämienlohn • die Fertigungslohnkosten können genauer als beim Zeitlohn kalkuliert werden • ist für Serien- und Fließfertigung als Einzel- oder Gruppenakkord geeignet
Nachteile des Zeitlohns: • eine höhere Leistung wirkt sich nicht direkt auf das Einkommen aus • die Leistungsbeurteilung erfolgt nicht über Stückzahlen, sondern subjektiv durch den Vorgesetzten	**Nachteile des Prämienlohns:** • oft schwierig festzulegen und zu ermitteln • für Mitarbeiter oft nicht einsichtig **Beispiel:** Eine kombinierte Mengen-/Qualitätsprämie wird nicht bezahlt, wenn zwar die Menge, nicht aber 100 % Qualität erreicht wird	**Nachteile des Akkordlohns:** • Gefahr der Überanstrengung der Arbeitnehmer • Werkzeuge und Maschinen werden stärker beansprucht • es ist eine aufwändige Arbeitsvorbereitung für Zeitstudien und mehr Aufwand für die Qualitätssicherung notwendig

Zeitlohn und Akkordrichtsatz sind in Lohntarifverträgen festgelegt, die Gestaltung des Prämienlohns meist in Tarifvereinbarungen. Ein Arbeitnehmer wird je nach Vorbildung, Berufserfahrung und vor allem Tätigkeit in eine bestimmte Lohngruppe *eingruppiert*, ist das ERA-System eingeführt in eine ERA-Stufe (ERA = Entgelt-Rahmen-Abkommen). Es gilt für alle Mitarbeitenden in diesen Unternehmen.

Daneben können Beschäftigte noch erhalten
- Lohnzuschläge, z. B. für Überstunden, Nacht- und Sonntagsarbeit und nach Entgeltrahmenabkommen (ERA), das aber nur für die Metallindustrie gilt, Belastungsentgelt, z. B. bei Arbeit in Schmutz, Kälte, Hitze.
- Leistungsentgelt, das die persönliche Leistung im Rahmen der Arbeitsaufgabe widerspiegelt.

Dazu kommen übertarifliche Zulagen und Zuschläge, die sich aus der Leistungsbeurteilung ergeben und das Gehalt um bis zu 20 % steigern können. Ausbildungsvergütungen unterscheiden sich nach Wirtschaftszweig und Ausbildungsjahr.

Bei Löhnen und Gehältern unterscheidet man:
- **Bruttolohn/-gehalt:** Lohn bzw. Gehalt **vor** Abzug von Steuern und Sozialversicherungsbeiträgen.
- **Nettolohn/-gehalt:** Lohn bzw. Gehalt **nach** Abzug von Steuern und Sozialversicherungsbeiträgen.
- **Tariflohn/-gehalt:** Lohn bzw. Gehalt, das im Tarifvertrag für den entsprechenden Wirtschaftszweig vereinbart wurde. Anspruch auf Tariflohn/-gehalt besteht aber nur, wenn
  - der Tarifvertrag allgemein verbindlich ist

    oder
  - Arbeitgeber und Arbeitnehmer Mitglieder in ihren tariffähigen Verbänden sind.
- **Effektivlohn/-gehalt:** tatsächlich bezahlter Bruttolohn bzw. bezahltes Gehalt; muss auf jeden Fall mindestens dem Tariflohn/-gehalt entsprechen.
- **Nominallohn/-gehalt:** Betrag des gezahlten Lohns bzw. des Gehalts ohne Berücksichtigung der Kaufkraft.
- **Reallohn/-gehalt:** Kaufkraft von Lohn oder Gehalt; steigt der Nominallohn um 5 %, die Preise um 4 %, so ist der Reallohn nur um ungefähr 1 % gestiegen.

- **übertarifliches Gehalt:** Gehalt, das höher als das zwischen den Tarifvertragsparteien ausgehandelte Gehalt ist. Hinweis: Bei Arbeitskräftemangel werden in der Regel übertarifliche Löhne und Gehälter gezahlt.
- **außertarifliches Gehalt:** Es wird an Angestellte mit besonders schwierigen oder verantwortungsbewussten Tätigkeiten gezahlt, für die die Tarifgehälter der Höhe nach nicht ausreichend erscheinen. Außertariflich bezahlte Angestellte erhalten deshalb frei vereinbarte Gehälter, außerdem müssen sie alle anderen Arbeitsbedingungen in Arbeitsverträgen frei vereinbaren. Die „AT-Grenze" wird in Tarifverträgen vereinbart.

Merke:
Mindestlohn
In Deutschland gilt seit dem 1. Januar 2015 in allen Wirtschaftszweigen ein gesetzlicher Mindestlohn. Er beträgt zum 01.01.2024 12,41 €/ Std. und steigt zum 01.01.2025 auf 12,82€/Std. brutto. Ausgenommen davon sind aber z. B. Auszubildende, Praktikanten und Langzeitarbeitslose in den ersten sechs Beschäftigungsmonaten. Die Einhaltung des Mindestlohns überprüft der Zoll.

Der Modus der Lohnzahlung, bar oder bargeldlos durch Überweisung auf ein Girokonto, wird durch eine Betriebsvereinbarung, durch den Tarifvertrag oder individuell im Arbeitsvertrag geregelt.

3.2.3 Lohnfortzahlung – auch bei Krankheit!

Die Lohnfortzahlung ist im Entgeltfortzahlungsgesetz geregelt.
Im Krankheitsfall erhalten solche Arbeitnehmer eine Lohnfortzahlung von 6 Wochen,
- die einen gültigen Arbeitsvertrag besitzen,
- seit mindestens 4 Wochen beschäftigt sind und
- krankheitsbedingt arbeitsunfähig sind.

Keine Lohnfortzahlung im Krankheitsfall erhalten Arbeitnehmer, wenn sie
- ihre Verletzung selbst herbeigeführt haben, z. B., wenn sie sich als Täter bei einer Straftat verletzt haben,
- grob fahrlässig bei einem Verkehrsunfall zu Schaden gekommen sind, z. B. den Sicherheitsgurt nicht angelegt hatten oder „zu viel Promille" hatten,
- an gefährlichen Sportarten teilgenommen und sich verletzt haben oder z. B. bei Schwarzarbeit zu Schaden gekommen sind.

Eine **Sonderform** der Lohnfortzahlung liegt vor, wenn der Beschäftigte teilnimmt an
- Betriebsräteseminaren,
- Gerichtsverfahren als Zeuge, Schöffe, Arbeits- oder Sozialrichter.

In diesen Fällen ist die Lohnfortzahlung ebenso wie bei Krankheit gesetzlich geregelt.
Erkrankt ein AN während seines Urlaubs, so gilt dieser als unterbrochen. Er muss aber seinen AG sofort informieren und angeben, an welchem Ort er sich befindet und die Krankheit muss ärztlich nachgewiesen werden.

Betriebe mit bis zu 20 Beschäftigten erhalten die Aufwendungen für die Lohnfortzahlung aus der Risikokasse der Krankenkasse ersetzt, in die die Arbeitgeber 2,6 % der Krankenkassen-Bruttobeiträge einzahlen müssen.

3.2.4 Arbeitszeit – 40 Stunden sind genug

Die Arbeitszeit ist im Arbeitszeitgesetz (ArbZG) sowie in den Tarifverträgen der einzelnen Wirtschaftszweige festgelegt. Die gesetzliche Regelarbeitszeit darf 8 Stunden pro Tag und 48 Stunden pro Woche nicht überschreiten. Längere Arbeitszeit muss durch das Gewerbeaufsichtsamt genehmigt werden. Ausnahmen gelten für die Landwirtschaft und für leitende Angestellte.
In den meisten Tarifverträgen ist eine wöchentliche Regelarbeitszeit von 35 – 42 Stunden vereinbart. Beschränkungen in der Arbeitszeit und ihrer Verteilung auf den Tag gelten für Jugendliche, werdende und stillende Mütter sowie für Schwerbehinderte (ab 50 % Behinderung).

Regelungen:
- Auf keinen Fall darf eine Arbeitszeit 10 Stunden pro Tag überschreiten.
- Eine Verlängerung über 8 Stunden kann das Gewerbeaufsichtsamt genehmigen.
- Zwischen zwei Arbeitsschichten müssen mindestens 11 Stunden Ruhezeit liegen, bei mehr als 6 Stunden Arbeitszeit ist eine Pause von mindestens 30 Minuten oder zwei Pausen von je 15 Minuten zu gewähren.

WISO kompakt ISBN: 978-3-582-57481-7

- Für Jugendliche gelten besondere Regelungen (siehe JArbSchG).
- An Sonn- und Feiertagen herrscht grundsätzlich Arbeitsruhe. Die Ruhezeit beträgt im Allgemeinen 24 Stunden, bei zwei aufeinanderfolgenden Sonn- und Feiertagen 36 Stunden, zu Weihnachten, Ostern und Pfingsten 48 Stunden.

Die tägliche Höchstarbeitszeit beträgt			
an Werktagen grundsätzlich	ohne Genehmigung des Gewerbeaufsichtsamts an 30 Tagen pro Jahr für besondere Fälle maximal	mit Genehmigung des Gewerbeaufsichtsamts bei Nachweis von dringendem Bedarf	in wenigen Ausnahmefällen mit Genehmigung der Gewerbeaufsicht mehr als
8 Std.	**10 Std.**	**10 Std.**	**10 Std.**
	z. B. für Instandsetzungsaufgaben	z. B. für Sonderschichten	z. B. bei Notfällen und Katastrophen

Die tägliche Arbeitszeit ist die Zeit vom Beginn bis zum Ende der täglichen Beschäftigung ohne die Ruhepausen.

3.3 Arbeitsschutz – Risiken und Gefahren am Arbeitsplatz vermeiden

Die Vorschriften und Gesetze zum Arbeitsschutz dienen zur Erhaltung von Leben und Gesundheit der Arbeitnehmer im Betrieb. Die Unfallverhütungsvorschriften der Berufsgenossenschaften ergänzen Gesetze. Auch Tarifverträge und Betriebsvereinbarungen zwischen Arbeitgebern und Betriebsrat entwickeln Unfallverhütungsvorschriften.

Man unterscheidet:

Technische Schutzvorschriften

z. B.
- **Geräte- und Produktsicherheitsgesetz:** regelt die Sicherheit technischer Arbeitsmittel, z. B. Schutzvorrichtung an Pressen
- **Arbeitssicherheitsgesetz:** regelt Stellung und Aufgaben von Sicherheitsfachkräften und Betriebsärzten, z. B. Rechte einer Sicherheitsfachkraft und die Mitwirkung des Betriebsrats in allen Fragen des Arbeitsschutzes
- **Gefahrenstoffverordnung:** regelt den Umgang und die Kennzeichnung von gefährlichen Stoffen, z. B. Beizen
- **Arbeitsstättenverordnung:** regelt die menschengerechte (ergonomische) Gestaltung von Arbeitsplätzen, z. B. Beleuchtung, Belüftung

Soziale Schutzvorschriften

z. B.
- **Kündigungsschutzgesetz:** regelt den Modus, wie ein Beschäftigungsverhältnis beendet wird
- **Urlaubsgesetz:** regelt den gesetzlichen Urlaubsanspruch (in der Regel 24 Werktage; in Tarifverträgen in der Regel 6 Wochen)
- **Schwerbehindertengesetz:** regelt die Rechte von Schwerbehinderten und ihre Eingliederung in das Erwerbsleben
- **Mutterschutzgesetz:** regelt den Schutz von Müttern und werdenden Müttern
- **Jugendarbeitsschutzgesetz:** begründet Schutzvorschriften für Jugendliche im Arbeitsleben (Jugendliche sind alle Menschen im Alter von 15 bis 18 Jahren)
- **Bundeselterngeld- und Elternzeitgesetz (BEEG):** regelt seit 2007 den Anspruch auf bezahlte Elternzeit und Freistellung nach der Geburt eines Kindes

Über die Einhaltung der Schutzvorschriften wachen Gewerbeaufsichtsämter und der Außendienst der Berufsgenossenschaften. Das Gewerbeaufsichtsamt als staatliche Behörde überprüft nicht nur Arbeitsstätten, Maschinen, Anlagen und Arbeitsmittel, sondern überwacht auch die Einhaltung von Jugendarbeitsschutzbestimmungen und hat alle Ausnahmen zu genehmigen, z. B. die Verlängerung der täglichen Arbeitszeit.

3.3.1 Kündigung – Wenn man sich trennen will, was dann?

Der **Kündigungsschutz** umfasst alle Rechtsnormen, die Arbeitnehmern aus sozialen Gründen ihren Arbeitsplatz sichern und ihnen eine Nachprüfung der Kündigung durch das Arbeitsgericht erlauben. Er gilt für Betriebe, die 10 oder mehr Arbeitnehmer beschäftigen.

Kündigungsschutz gliedert sich in

individualrechtlichen Kündigungsschutz	besonderen Kündigungsschutz	Kündigungsschutz bei Massenentlassungen

Eine Kündigung
- ist die *einseitige Erklärung*, das Arbeitsverhältnis beenden zu wollen,
- kann nicht einseitig zurückgenommen werden.

- Eine Kündigung ist dann wirksam, wenn der Vertragspartner davon Kenntnis erhält. § 623 BGB verlangt, dass die Schriftform gewahrt wird.
- Die Kündigungsgründe muss der Arbeitgeber beweisen.
- Der Arbeitnehmer muss nachweisen, dass ein anderer Arbeitnehmer eventuell sozial weniger schutzwürdig ist und statt seiner entlassen werden könnte.

Ein Arbeitsverhältnis kann beendet werden

- in beiderseitigem Einvernehmen, ohne die Einhaltung von Fristen – hierzu bedarf es keiner Kündigung,
- gegen den Willen eines Vertragspartners – hier ist eine Kündigung notwendig. Es wird unterschieden zwischen
  - **ordentlicher Kündigung** (fristgemäß) und
  - **außerordentlicher Kündigung** (fristlos),
- durch Vertragsende, z. B. bei Zeitarbeitsverträgen.

Kündigungsgründe, -fristen und -form sind durch Manteltarifverträge geregelt, die oft weit über die gesetzlichen Vorschriften hinausreichen. Besonders für ältere Arbeitnehmer mit längerer Betriebszugehörigkeit gelten besondere Schutzvorschriften.

Ordentliche Kündigung	Fristlose Kündigung
Kündigung mit Einhaltung der geltenden Kündigungsfristen. Sie muss, um wirksam zu werden, **sozial gerechtfertigt** sein.	außerordentliche Kündigung ohne Einhaltung von Kündigungsfristen – **sofort**
Sie ist dann sozial gerechtfertigt, wenn die Kündigungsgründe • in der Person des Gekündigten liegen, z. B. bei Verlust der Arbeitsfähigkeit, ungenügender Leistung, • im Verhalten des Gekündigten begründet liegen, z. B. Unpünktlichkeit, Mobbing, • **betriebsbedingt** sind, z. B. Auftragsmangel, Rationalisierung **und** die Kündigung durch Umschulung oder innerbetriebliche Umsetzung des Arbeitnehmers nicht abgewendet werden kann.	Sie ist möglich z. B. bei • grober Pflichtverletzung durch einen der beiden Partner, z. B. bei Diebstahl, • Verrat von Betriebsgeheimnissen gegen Entgelt, z. B. Verkauf von Konstruktionszeichnungen, • Verweigerung des Lohnes, z. B. wenn der Arbeitgeber einem Akkordlöhner Ausschussteile nicht bezahlen will. **Der Verursacher der fristlosen Kündigung ist schadenersatzpflichtig.** Die Kündigung muss innerhalb von zwei Wochen erfolgen.

Ein Arbeitnehmer, dem gekündigt wurde, kann binnen 3 Wochen Klage beim **Arbeitsgericht** einlegen, wenn er davon überzeugt ist, dass seine Kündigung sozial ungerechtfertigt ist. Ist die Klage erfolgreich, das Vertrauensverhältnis aber so weit gestört, dass keiner Seite mehr eine Arbeitsaufnahme im Betrieb zugemutet werden kann, so hat der Arbeitnehmer Anspruch auf Abfindung von bis zu maximal 12 Monatsgehältern. Verzichtet der Arbeitnehmer auf eine Kündigungsschutzklage, so hat er Anspruch auf eine Abfindung, wenn der Arbeitgeber diese anbietet. Üblich sind 0,5 Monatsverdienste für jedes Jahr Betriebszugehörigkeit.

- **Kündigungsschutzklagen** sichern nicht den Arbeitsplatz, sondern sind meist Klagen auf Abfindung.
- Kann über die Klage nicht innerhalb der Kündigungsfrist beim Arbeitsgericht verhandelt werden, scheidet der Arbeitnehmer auf jeden Fall aus dem Betrieb aus.

Der Arbeitgeber hat dem Arbeitnehmer aber innerhalb der Kündigungszeit eine angemessene Freizeit zu gewähren, damit sich dieser eine neue Stelle suchen kann.

Massenentlassungen müssen nach § 17 KSchG der zuständigen Agentur für Arbeit 30 Tage vorher angezeigt werden.

Betriebsgröße (Mitarbeiter) →	Zahl der Kündigungen
20 – 59	mehr als 5 Beschäftigte
60 – 499	10 % der Beschäftigten oder mindestens 26
500 und mehr	mindestens 30 Beschäftigte

Bei Massenentlassungen ist der Betriebsrat **vorher** durch die Betriebsleitung umfassend zu informieren.

Sonderform:
Die **Änderungskündigung** durch den Arbeitgeber. Sie soll eine Fortsetzung des Arbeitsverhältnisses unter geänderten Bedingungen bewirken, z. B. die Versetzung innerhalb des Unternehmens, den Übergang von Zeitlohn zu Akkordlohn usw.
Bei Änderungskündigungen prüft das Arbeitsgericht im Fall einer Kündigungsschutzklage, ob die Kündigung sozial gerechtfertigt war – ist sie es nicht, so ist sie unwirksam.

WISO kompakt ISBN: 978-3-582-57481-7

Wird ein Unternehmen oder Betriebsteil wegen Konkurs geschlossen und die Belegschaft entlassen, so stellen Unternehmensleitung und Betriebsrat einen **Sozialplan** auf, gemäß dem die Beschäftigten je nach Alter und Betriebszugehörigkeit finanzielle Abfindungen oder Rentenzuschüsse erhalten.

Kündigungsfristen
können im Arbeitsvertrag vereinbart werden. Wird nichts vereinbart und ist dazu nichts im Tarifvertrag geregelt, so gilt die gesetzliche Regelung:

Kündigt der Arbeitnehmer,	**Kündigt der Arbeitgeber,**
betragen die Mindestkündigungsfristen nach der Probezeit für Arbeitnehmer vier Wochen zum 15. eines Monats oder zum Monatsende.	so verlängern sich die Kündigungsfristen mit der Dauer der Betriebszugehörigkeit auf bis zu 7 Monate (nach 20 Jahren) zum Quartalsende.

Wird ein Arbeitsvertrag schon beim Abschluss nur für eine bestimmte Zeit oder eine bestimmte Arbeit vereinbart **(Zeitarbeitsvertrag)**, dann endet das Arbeitsverhältnis mit Erfüllung des Zwecks, ohne dass es einer Kündigung bedarf, z.B. Ende der Spargelernte.

Erhöhter Kündigungsschutz
Nach dem **Kündigungsschutzgesetz (KSchG)** von 1969 genießen einige Gruppen einen besonderen, kollektiv gültigen Kündigungsschutz – jedoch **nicht bei fristlosen Kündigungen** –, z.B.:
- Wahlvorstände bei Betriebsratswahlen während der Amtszeit
- Betriebsratsmitglieder und Jugendvertreter bis ein Jahr nach Ablauf der Amtszeit
- Schwerbehinderte; nach dem Schwerbehindertengesetz nur mit Zustimmung der Hauptfürsorgestelle
- werdende Mütter bis 4 Monate nach der Entbindung **(Mutterschutzgesetz [MuSchG])**
- Mütter oder Väter während der Elternzeit; sie können sich die Elternzeit auch teilen

Ist dem AG die Schwangerschaft zum Zeitpunkt der Kündigung nicht bekannt, so kann die werdende Mutter das ihrem AG innerhalb von zwei Wochen mitteilen. Die Kündigung ist dann unwirksam.

Für Schwerbehinderte gilt:
Schwerbehindert ist, wer mindestens mit 50 % erwerbsgemindert ist. Das **Sozialgesetzbuch (SGB IX)** gewährt neben dem erhöhten Kündigungsschutz noch folgende Rechte:
- 5 Tage Zusatzurlaub pro Jahr,
- einen Behinderten-Vertrauensmann, der an allen Betriebsratssitzungen teilnehmen kann (bei mindestens 5 Schwerbehinderten ein Vertrauensmann),
- Betriebe mit mehr als 20 Beschäftigten müssen 5 % ihrer Arbeitsplätze mit Schwerbehinderten besetzen. Wird diese Quote nicht erreicht, so müssen sie eine Ausgleichsabgabe leisten. Diese orientiert sich an der Betriebsgröße sowie der Zahl der nicht besetzen Stellen für Schwerbehinderte und liegt zwischen 140 € und 360 €.

3.3.2 Urlaub: erholen – ausspannen – relaxen

Der Urlaub dient der Erholung und der Erhaltung der Arbeitskraft und ist deshalb möglichst zusammenhängend zu nehmen. Bei der Aufstellung des Urlaubsplans hat der Betriebsrat ein Mitbestimmungsrecht. Die Urlaubswünsche des Arbeitnehmers sind zu berücksichtigen, soweit dem nicht betriebliche Belange entgegenstehen. Auch gehen die Urlaubswünsche solcher Arbeitnehmer vor, die unter sozialen Gesichtspunkten den Vorrang verdienen, z. B. Väter und Mütter vor Singles.

Urlaubsdauer und Urlaubsgeld sowie sonstige Vorschriften sind im **Bundesurlaubsgesetz (BUrlG)** von 1963 und in Tarifverträgen festgelegt:
- Jeder Arbeitnehmer hat nach dem BUrlG Anspruch auf mindestens 24 Werktage Urlaub (Werktag: jeder Kalendertag außer Sonn- und Feiertagen). In den Tarifverträgen wird der Urlaub oft nach Arbeitstagen gerechnet.
- Urlaubsanspruch besteht erst nach sechsmonatiger Beschäftigung. Nach dieser Wartezeit kann der volle Jahresurlaub genommen werden.
- Für die Urlaubszeit erhält der Arbeitnehmer ein Urlaubsentgelt, das nach dem durchschnittlichen Verdienst der letzten 13 Wochen berechnet wird (manche Tarifverträge sehen noch ein zusätzliches Urlaubsgeld vor).

WISO kompakt ISBN: 978-3-582-57481-7

- Scheidet ein Arbeitnehmer vor dem 30. Juni aus dem Betrieb aus, so hat er nur Anspruch auf Teilurlaub, d. h. für jeden Beschäftigungsmonat auf 1/12 seines Gesamturlaubs.
- Nicht beanspruchter Urlaub kann bis zu 3 Monate in das nächste Kalenderjahr übertragen werden. Eine Abgeltung ist nur in Ausnahmefällen beim Ausscheiden aus dem Betrieb möglich.
- Erkrankt ein Arbeitnehmer während des Urlaubs, so werden die ärztlich nachgewiesenen Krankheitstage nicht auf den Urlaub angerechnet.
- **Vorsicht:** *Schwarzarbeit* während des Urlaubs kann die fristlose Kündigung zur Folge haben.

In Tarifverträgen sind Bestimmungen über **Sonderurlaub** enthalten. Zusätzlich zum Jahresurlaub erhalten Arbeitnehmer diese bezahlten Freistellungen u. a. für

- die Eheschließung, nicht aber für Scheidung,
- Niederkunft der Ehefrau,
- Erkrankung,
- Tod von nahen Angehörigen,
- aber auch, um sich nach einer ordentlichen Kündigung eine neue Stelle zu suchen.

Ein **Bildungsurlaub** ist nur in sehr wenigen Tarifverträgen vereinbart. Außer in Bayern, Baden-Württemberg, Sachsen und Thüringen haben AN einen gesetzlichen Anspruch auf Bildungsurlaub.

3.3.3 Mutterschutz – wenn Nachwuchs kommt

Das **Mutterschutzgesetz (MuSchG)** von 2017 gilt für Frauen in einem Arbeits- oder Ausbildungsverhältnis und soll Mutter und Kind besonders vor den Risiken und Gefahren des Arbeitslebens bewahren.

Wichtige Schutzvorschriften sind:

- Beschäftigungsverbot während der Schutzfrist, das sind 6 Wochen vor und 8 Wochen nach der Entbindung.
- Mutterschaftsgeld während der Schutzfrist.
- Verbot der Akkordarbeit und von Arbeiten, die Mutter und Kind gefährden könnten.
- Elternzeit, bis das Kind das 3. Lebensjahr vollendet hat (auch für Väter oder aufgeteilt möglich).
- Verbot einer Kündigung während der Schwangerschaft, bis 4 Monate nach der Entbindung und während der Elternzeit.
- Freistellung für erforderliche Untersuchungen während der Schwangerschaft.

Voraussetzung dafür, dass die Rechte aus dem MuSchG in Anspruch genommen werden können, ist die Vorlage eines ärztlichen Zeugnisses über die Schwangerschaft.
Das Mutterschutzgesetz wird durch das BEEG von 2006 ergänzt (siehe S. 41).

3.3.4 Arbeitszeugnis – auch in der Arbeitswelt gibt es Zeugnisse

Verlässt ein Arbeitnehmer einen Betrieb endgültig, so hat er Anspruch auf ein schriftliches Arbeitszeugnis. Es muss vom „Wohlwollen des Arbeitgebers getragen sein" und darf keine negativen Bemerkungen enthalten.

Man unterscheidet:

einfaches Zeugnis (Arbeitszeugnis)	**qualifiziertes Zeugnis (Führungszeugnis)**
• Personalien • Art der Beschäftigung • Dauer der Beschäftigung • Es ist nur ein Beschäftigungsnachweis.	• Personalien • Art der Beschäftigung • Dauer der Beschäftigung • Angaben über Führung und Leistung

- Im Zeugnis muss der Kündigungsgrund nicht genannt werden. Ein Arbeitnehmer kann jederzeit ohne Angabe von Gründen ein *Zwischenzeugnis* verlangen.
- Üblich geworden sind verklausulierte Formulierungen in Arbeitszeugnissen, z. B. „... er bemühte sich ...".
- Nach dem Ausscheiden eines Arbeitnehmers aus einem Betrieb muss ihm der Arbeitgeber folgende Unterlagen aushändigen:
  - Arbeitszeugnis (ein qualifiziertes nur auf Verlangen),
  - Bescheinigung über den Verdienst im Kalenderjahr und die abgeführten Lohn- und Kirchensteuern sowie die Sozialabgaben,
  - Urlaubsbescheinigung,
  - Entgeltbescheinigung für die Rentenversicherung.
- Hat der Arbeitnehmer noch Lohn- oder Gehaltsforderungen, so muss er diese innerhalb von drei Kalenderjahren anmelden, da diese sonst verjähren. Tarif- und Arbeitsverträge oder Betriebsvereinbarungen sehen häufig aber kürzere Fristen vor.

WISO kompakt ISBN: 978-3-582-57481-7

3.3.5 Jugendarbeitsschutzgesetz: exklusiv – nur für Jugendliche!

Das **Jugendarbeitsschutzgesetz (JArbSchG)** von 1960 gilt für alle jugendlichen Beschäftigten bis zum vollendeten 18. Lebensjahr und soll sie vor Entwicklungsschäden und Ausbeutung schützen. Im Gesetz wird zwischen Kindern und Jugendlichen unterschieden. Als Kinder gelten alle, die noch der Vollzeitschulpflicht unterliegen.

Die wichtigsten **Vorschriften des JArbSchG** sind:

- **Kinderarbeit:** Sie ist grundsätzlich verboten. Ausnahmen bestehen z.B. ab dem 13. Lebensjahr beim Austragen von Zeitungen bis 2 Stunden am Tag usw.
- **Arbeitszeit:** höchstens 8 Stunden pro Tag und 40 Stunden die Woche oder 8,5 Stunden, wenn an einem Arbeitstag die Arbeitszeit verkürzt wird; in der Landwirtschaft während der Ernte 9 Stunden pro Tag bzw. 85 Stunden die Doppelwoche
- **Pausen:** 30 Minuten bei 4,5 bis 6 Stunden Arbeitszeit, 60 Minuten bei mehr als 6 Stunden Arbeitszeit
- **Freizeit:** mindestens 12 Stunden ununterbrochen, regelmäßige Beschäftigung nur zwischen 6 Uhr und 20 Uhr, Ausnahmen sind jedoch möglich
- **Schichtzeit:** maximal 11 Stunden einschließlich der Pausen in Gastgewerbe und Landwirtschaft
- **Wochenende:** Samstags-, Sonntags- und Nachtarbeit sind zu vermeiden. Ausnahmen: Bäckereien, Handel, Kfz-Werkstätten. Es sollen aber zwei Samstage und es müssen zwei Sonntage pro Monat beschäftigungsfrei bleiben.
- **Berufsschule:** gilt als Arbeitszeit
  - bei **Teilzeitunterricht:** bei mindestens 6 Unterrichtsstunden: Freistellung ganztägig
  - bei **Blockunterricht:** bei mindestens 25 Zeitstunden wöchentlich und Unterricht an 5 Tagen: Freistellung für die ganze Woche; **aber:** es sind zusätzlich 2 Stunden pro Woche betriebliche Ausbildung möglich
- **Ärztliche Untersuchung:** frühestens 14 Monate vor und dann 1 Jahr nach Aufnahme der Beschäftigung
- **Beschäftigungsverbot:** keine gefährlichen Arbeiten und solche, die die sittliche Entwicklung gefährden könnten; Akkordarbeit ist nur zulässig, wenn sie der Ausbildung dient
- **Urlaub:** gestaffelt nach Alter (Stichtag: 1. Januar des Jahres)
  bis 16 Jahre: 30 Werktage (Mo – Sa)
  bis 17 Jahre: 27 Werktage (Mo – Sa)
  bis 18 Jahre: 25 Werktage (Mo – Sa)
  Tarifverträge bieten oft bessere Urlaubsregelungen für alle Arbeitnehmer.
- **Bußen:** bis zu 30.000 € für denjenigen, der die Verstöße anordnet und sich dadurch wirtschaftlich bereichert; bei dreimaliger Geldbuße droht ein Beschäftigungsverbot für Jugendliche.

3.4 Tarifrecht – Nicht nur das Einkommen muss gesichert sein

Der **Artikel 9 des Grundgesetzes** und das **Tarifvertragsgesetz (TVG)** von 1969 sichern den Tarif- oder Sozialpartnern die **Tarifautonomie.** Das bedeutet, sie können die Lohn- und Arbeitsbedingungen in Tarifverträgen frei von staatlicher Einmischung oder Vorgaben aushandeln. Nicht in Gesetzen geregelt sind aber der Ablauf von Tarifverhandlungen und die Regeln für Arbeitskampfmaßnahmen – sie sind ein sogenanntes **Gewohnheitsrecht.**

Tarif- oder Sozialpartner sind:

auf Arbeitnehmerseite	auf Arbeitgeberseite
• tariffähige Gewerkschaften im DGB, z.B. IG Metall, ver.di • Spartengewerkschaften. z.B. GDL, Vereinigung Cockpit e.V.	regionale Arbeitgeberverbände, z.B. Verband der Norddeutschen Metallindustrie **oder** einzelne Unternehmen mit „Haustarifverträgen“, z.B. Volkswagenwerk

3.4.1 Tarifverträge – … haben viele Funktionen

Tarifverträge sind privatrechtliche Verträge zwischen tariffähigen Sozialpartnern. Sie müssen

- immer schriftlich abgeschlossen werden,
- dürfen nicht gegen staatliches Recht verstoßen,
- dürfen keine Verschlechterung der Arbeitsbedingungen gegenüber Gesetzen enthalten.

WISO kompakt ISBN: 978-3-582-57481-7

Die Mitglieder der Tarifvertragsparteien sind an die Vereinbarungen des Tarifvertrags gebunden. Beim Bundesministerium für Arbeit und Soziales wird ein Tarifvertragsregister geführt, in das Abschluss, Änderung und Aufhebung von Tarifverträgen eingetragen werden. **Öffnungsklauseln** in Tarifverträgen gestatten Arbeitgebern, bei wirtschaftlichen Krisen die Tarifbestimmungen zu unterschreiten, nicht aber den Tarifvertrag außer Kraft zu setzen.

Funktionen von Tarifverträgen

Schutzfunktion	Ordnungsfunktion	Friedensfunktion
Da die tarifvertraglichen Arbeitsbedingungen nicht unterschritten werden dürfen, sind Arbeitnehmer gegen einseitige Festlegungen durch die Arbeitgeber geschützt – Arbeitsbedingungen und Lohn können nicht willkürlich geändert werden. Die Mindestarbeitsbedingungen sind für die Laufzeit des Tarifvertrags garantiert.	Während der Laufzeit eines Tarifvertrags sind alle davon erfassten Arbeitsverhältnisse gleichartig geregelt. Arbeitnehmer mit gleicher Tätigkeit, gleicher Berufserfahrung und gleicher Verantwortung sind gleich *eingruppiert* und somit gleichgestellt.	Während der Laufzeit eines Tarifvertrages gilt die **Friedenspflicht,** dadurch sind Arbeitskämpfe wie Streiks und Aussperrungen sowie neue Forderungen und Nachforderungen zu tarifvertraglichen Abmachungen während der Geltungsdauer eines Tarifvertrags bis 4 Wochen nach Ablauf ausgeschlossen.

Jeder Tarifvertrag hat einen räumlichen, betrieblichen, fachlichen, persönlichen und zeitlichen Geltungsbereich und enthält Regularien für seine Kündigung. In Deutschland gibt es ca. 87.041 Tarifverträge (Stand 31.12.2023).

Tarifverträge unterscheiden sich

- in der **Branche,** für die sie gelten, z. B. Metallindustrie, chemische Industrie;
- im **Geltungsbereich,** z. B. sind sie für ein Werk gültig (= Firmentarifvertrag), als Flächentarifvertrag regional, landesweit oder bundesweit gültig;
- in ihrem **Inhalt,** z. B. Lohntarifvertrag, Manteltarifvertrag, Rahmentarifvertrag, Einzeltarifvertrag;
- nach der **Gültigkeit,** z. B. für Arbeiter, Angestellte.

Die Gewerkschaften streben **Einheitstarifverträge** auf der Basis von Entgeltrahmenabkommen (ERA) an. Diese sind aber bisher nur in wenigen Wirtschaftsbereichen eingeführt.

Tarifverträge enthalten immer Mindestbestimmungen, die gelten, wenn

Arbeitnehmer **und** Arbeitgeber **organisiert** sind	**oder**	der Tarifvertrag für **allgemein verbindlich** erklärt worden ist.

Wird der Tarifvertrag auf Antrag eines Sozialpartners vom Landes- oder Bundesarbeitsminister für **allgemein verbindlich erklärt,** so gilt er für **alle** Arbeitnehmer und Arbeitgeber des betreffenden Wirtschaftszweiges und Tarifbezirks und hat Gesetzeskraft. Es gibt 219 allgemeinverbindliche Tarifverträge (Stand: Januar 2024). Allgemein verbindliche Tarifverträge müssen im Betrieb ausgelegt werden.

Inhalte von Tarifverträgen

Lohntarifvertrag (LTV):	Manteltarifvertrag (MTV), Rahmentarifvertrag:
Tariflohn nach Lohngruppen, Tarifgehälter nach Gehaltsgruppen, ERA-Monatsentgelte, Ausbildungsvergütungen, Akkordrichtsätze **Laufzeit:** meist 1 Jahr	Alle Rahmenbedingungen des Arbeitslebens wie Urlaub, Arbeitszeit, Zulagen, Akkordgrundsätze, Arbeitsbeispiele zur Eingruppierung u. a. **Laufzeit:** meist mehrere Jahre

3.4.2 Tarifverhandlungen – Rituale und Ergebnisse

Läuft ein Tarifvertrag aus oder wird er von einem Tarifpartner fristgerecht gekündigt, meist von der Gewerkschaft, kommt es zu Verhandlungen über einen neuen Tarifvertrag. Die Tarifpartner benennen dazu Tarifkommissionen, die in den Tarifverhandlungen ihre Forderungen bzw. Angebote nennen.

WISO kompakt ISBN: 978-3-582-57481-7

Oft organisieren in dieser Phase einzelne Belegschaften spontane **Warnstreiks.** Dabei handelt es sich um kurze Arbeitsunterbrechungen, die dezent Druck auf die Arbeitgeber ausüben sollen.

Einigen sich die Tarifvertragsparteien, so schließen sie einen neuen Tarifvertrag ab. Das ist in der überwiegenden Zahl der Tarifauseinandersetzungen die Regel.

Einigen sich die Sozialpartner nicht, folgt das **Schlichtungsverfahren,** um einen Arbeitskampf zu vermeiden. Die Tarifpartner benennen ihre Vertreter für die Schlichtungskommission und einigen sich auf einen neutralen Schlichter. Dieser muss einen kompromissfähigen Vorschlag unterbreiten, der beiden Seiten gerecht wird.
Kommt es trotzdem zu keiner Einigung, so wird das Schlichtungsverfahren als gescheitert erklärt.

> **Wichtig!**
> Erst nach gescheiterter Schlichtung sind Arbeitskampfmaßnahmen erlaubt.

3.4.3 Streik und Aussperrung – Kampfmaßnahmen

Stimmen in der – nach gescheiterter Schlichtung – folgenden **Urabstimmung** mehr als 75 % der Gewerkschaftsmitglieder des Tarifbezirks für einen Streik, dann kann die Gewerkschaftsführung zum Streik aufrufen. Abstimmen dürfen nur die organisierten Arbeitnehmer der betroffenen Branche des Tarifbezirks, z. B. nur die in Niedersachsen in der Metallindustrie beschäftigten Mitglieder der IG Metall, wenn die IG Metall Tarifverhandlungen führt.
Meist werden nur einige Betriebe bestreikt, man spricht von einem **Schwerpunktstreik.** Die Antwort der Arbeitgeber darauf ist die Abwehraussperrung. Sie muss aber **verhältnismäßig** sein, d. h., streiken weniger als 10 % der Arbeitnehmer des Tarifbezirks, dürfen auch nur 10 % der Arbeitnehmer dieses Tarifbezirks ausgesperrt werden.

Für einen Streik gelten folgende **Spielregeln,** die aber nicht gesetzlich verankert sind:

- Ein Streik löst das Arbeitsverhältnis nicht, es **ruht** nur, ebenso die Lohnzahlungspflicht des Arbeitgebers.
- Streikende Arbeitnehmer dürfen Arbeitswillige nicht mit Gewalt hindern, den Betrieb zu betreten. Sie können nur versuchen, mit Worten zu überzeugen, am Streik teilzunehmen.
- Ein Streik, der nicht von einer Gewerkschaft geführt wird, ist ein **wilder Streik.** Wer sich daran beteiligt, kann fristlos entlassen werden.
- Schließen sich Arbeitnehmer außerhalb des betroffenen Tarifgebiets den Streikmaßnahmen an, so spricht man von **Sympathiestreik.**
- Während des Streiks ruht der Anspruch auf Arbeitslosengeld. Wer nicht Gewerkschaftsmitglied ist und deshalb keine Streikunterstützung erhält, ist auf Sozialhilfe angewiesen. Das **Streikgeld** der Gewerkschaften beträgt in der Regel zwei bis drei Monatsbeiträge pro Streiktag.
- Streikende sind beitragsfrei krankenversichert, jedoch nicht unfall- und rentenversichert.
- Der Betriebsrat als gewählte Institution aller Arbeitnehmer muss sich bei einem Streik **neutral** verhalten.
- Nach Beendigung des Arbeitskampfes müssen Arbeitgeber ausgesperrte Arbeitnehmer wieder einstellen.
- Ein **Generalstreik** zur Durchsetzung politischer Ziele ist verboten.

Die Antwort der Arbeitgeber auf einen Streik ist die **Aussperrung.** Dabei werden alle Arbeitnehmer, auch Nichtstreikende, vom Betrieb und von der Arbeit ausgeschlossen.

Bisherige Arbeitskämpfe und die Rechtsprechung des Bundesarbeitsgerichts haben folgende **Regeln zur Aussperrung** entwickelt:

- Es ist verboten, nur Mitglieder der streikenden Gewerkschaft auszusperren, nicht organisierte Arbeitnehmer aber arbeiten zu lassen.
- Als Antwort auf einen Schwerpunktstreik ist eine Abwehraussperrung erlaubt. Sie muss verhältnismäßig sein.
- Kommt es aufgrund eines **Schwerpunktstreiks** zu Produktionsausfällen in anderen Branchen, so wird dort **kein** Kurzarbeitergeld bezahlt.

Streik und Aussperrung sind **letzte Mittel** zur Durchsetzung von Forderungen und sollen den jeweils anderen Partner nicht wirtschaftlich vernichten, sondern an den Verhandlungstisch zwingen.

Die **Gewerkschaftskassen** werden durch Streikgeld und Unterstützung für Ausgesperrte belastet.	Die **Arbeitgeber** haben Einbußen durch den Produktionsausfall.
Arbeitnehmer streiken mit der Absicht, durch gemeinsame, planmäßige Arbeitsniederlegung eine Verbesserung der Arbeitsbedingungen zu erreichen.	Arbeitgeber verwehren **allen** Arbeitnehmern den Zutritt zum Betrieb und wollen so die Solidarität der Arbeitnehmer untereinander untergraben.

Arbeitskampfmaßnahmen sind **legale Mittel** zur Durchsetzung von Forderungen. Kommt eine Einigung zustande, so müssen nach den meisten Gewerkschaftssatzungen nur noch 25 % der Gewerkschaftsmitglieder dem Verhandlungsergebnis in einer Urabstimmung zustimmen, um den Streik zu beenden.

Die Regeln für Urabstimmung, Streik und Aussperrung variieren in den einzelnen Wirtschaftszweigen, weil sie in Satzungen von Gewerkschaften und Arbeitgeberverbänden unterschiedlich geregelt sind. Verordnungen des Bundesministeriums für Arbeit und Soziales und die höchstrichterliche Rechtsprechung des Bundesarbeitsgerichts beeinflussen ebenfalls das **Arbeitskampfrecht.**

Nach den Vorschriften des Bürgerlichen Gesetzbuchs (BGB) kann ein Arbeitgeber bei einem rechtswidrigen Streik Schadenersatz verlangen:

- von der Gewerkschaft, die den Streik ausgerufen hat, oder
- direkt von den streikenden Arbeitnehmern.

Das kommt aber in der Realität praktisch nicht vor.

3.5 Einkommens- und Vermögensverteilung – Streben nach Gerechtigkeit

Die Einkommensverteilung durch Tarifverträge ist sowohl für die Arbeitnehmer als auch für die gesamte Volkswirtschaft von großer Bedeutung:

Löhne und Gehälter sind

für die Volkswirtschaft	**für Arbeitnehmer**	**für Unternehmen**
Teil des Bruttoinlandsprodukts und damit eine Maßzahl für die Leistungsfähigkeit einer Volkswirtschaft.	**Einkommen** Sie bestimmen deren Kaufkraft und damit die Gesamtnachfrage auf dem Markt.	**Kostenbestandteile,** wie Material- oder Maschinenkosten. Sie beeinflussen mit den Lohnnebenkosten Gewinn und Investitionsbereitschaft.

Bei guter Konjunkturlage sind die Arbeitgeber eher zu Zugeständnissen bereit, weil sie die Kosten der Lohnerhöhungen leichter auf die Preise ihrer Erzeugnisse abwälzen können.
Die Position der Gewerkschaften ist stark, da die Unternehmen in der Hochkonjunktur keine Unterbrechung der Produktion durch Streiks wünschen. Weil die Löhne steigen, kann sich eine **Lohn-Preis-Spirale** in Gang setzen, die dazu führen kann, dass die Reallöhne gleich bleiben.

Bei schlechter Konjunkturlage wehren sich die Unternehmen gegen Lohnerhöhungen, weil sie Kostensteigerungen durch Löhne nicht auf Preise abwälzen können.
Die Position der Gewerkschaften ist schwach, sie müssen befürchten, dass sie durch hohe Lohnforderungen in Unternehmen Rationalisierungsmaßnahmen in Gang setzen, die die Lohnkostensteigerungen auffangen; Arbeitslosigkeit wäre die Folge.

Nicht die Tarifvertragsparteien allein bestimmen die Einkommens- und Vermögensverteilung, sondern der Staat greift korrigierend zugunsten der sozial Schwachen ein.

WISO kompakt ISBN: 978-3-582-57481-7

Man spricht von der **sekundären Einkommensverteilung** durch steuerliche und sozialstaatliche Maßnahmen gegenüber der **primären Einkommensverteilung** durch Tarifverhandlungen.

Steuerliche Maßnahmen (sekundäre Umverteilung) der Staat **nimmt,** z. B. durch	**Steuern** Man unterscheidet dabei zwischen	**Sozialstaatliche Maßnahmen** (sekundäre Umverteilung) der Staat **gibt,** z. B.
• Steuerklassen mit unterschiedlichen Steuertarifen je nach Familienstand • Steuerprogression: Wer viel verdient, zahlt einen höheren Steuerprozentsatz als Geringverdiener	• direkten Steuern: Der Steuerschuldner bezahlt sie direkt, z. B. Lohnsteuer, Erbschaftssteuer; • indirekten Steuern: Sie sind im Preis der Ware oder Dienstleistung enthalten, z. B. Mineralölsteuer, Tabaksteuer, Mehrwertsteuer.	• Kindergeld • Wohngeld • Wohnungsbauprämie • vermögenswirksame Leistungen • Sozialwohnungen • Sozialhilfe • Stipendien für Schüler und Studenten • Zuschüsse zur Rentenversicherung • usw.
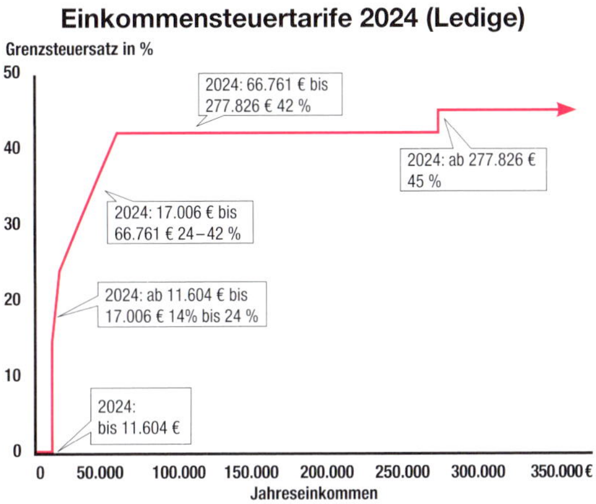	Steuern können der Bund, die Länder und die Gemeinden festsetzen. Das gesamte Steueraufkommen betrug 2023 ca. 900 Mrd. Euro, davon Mehrwertsteuer ca. 290 und Lohnsteuer ca. 230 Mrd. Euro.	Eine Sonderform staatlicher Maßnahmen ist das Kurzarbeitergeld. Es erlaubt Unternehmen, Mitarbeiter bei schlechter Auftragslage weiter in Teilzeit zu beschäftigen. Die Differenz zum regulären Einkommen wird bis zu 90 % von den Arbeitsagenturen bezahlt. Die dafür notwendigen Mittel werden direkt aus dem Bundeshaushalt an die Arbeitsagenturen überwiesen.

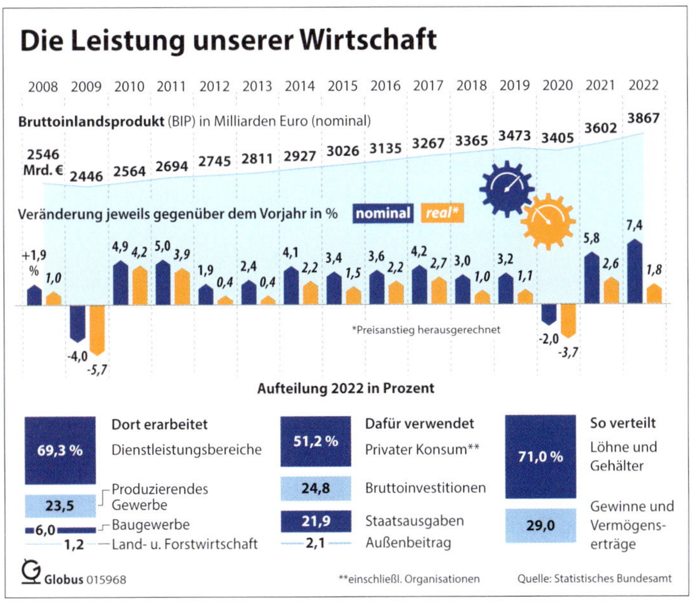

Einkommen entsteht immer nur durch den Einsatz der Produktionsfaktoren Arbeit, Kapital und Rohstoffe. Addiert man die Ergebnisse aller drei Einsätze, so erhält man „die Leistung unserer Wirtschaft“.

Aus dem Schaubild können Sie entnehmen, dass

- das BIP laufend ansteigt und
- die realen (= wirklichen) Zuwächse stark schwanken.

Überlegen Sie anhand der drei Säulen „Aufteilung 2022 in %“

1. in welchem Bereich Sie zum BIP beitragen,
2. wie Sie persönlich vom Staatskonsum profitieren und
3. wer die Verteilung auf Arbeitnehmer und Arbeitgeber festlegt und so Ihren persönlichen Anteil am BIP bestimmt.

Aufgaben

Offene Fragen

Formulieren Sie Ihre Antworten in Stichpunkten und vermeiden Sie es, auf den vorhergehenden Seiten nachzusehen.

1. Bringen Sie die Vorschriften und Verträge entsprechend ihrer Bedeutung in die richtige Reihenfolge:
   - individueller Arbeitsvertrag
   - Artikel 12 Grundgesetz
   - Lohntarifvertrag
   - Mutterschutzgesetz
   - Gewohnheitsrecht
   - Manteltarifvertrag
2. Erläutern Sie näher: Fürsorgepflicht, Verschwiegenheitspflicht.
3. Nennen Sie jeweils drei Pflichten für Arbeitgeber und Arbeitnehmer im Rahmen eines Arbeitsvertrags.
4. Sie schließen nach der Ausbildung mit einem Arbeitgeber einen unbefristeten Arbeitsvertrag ab. Wie kann dieser wieder beendet werden?
5. Nennen Sie je eine Besonderheit des befristeten Arbeitsverhältnisses und des Probearbeitsverhältnisses.
6. Nennen Sie je zwei Vorteile von Zeit-, Prämien- und Akkordlohn.
7. Erläutern Sie die Begriffe Reallohn, Nominallohn, Tariflohn.
8. Nennen Sie zwei Fälle, in denen Sie im Falle einer Erkrankung keine Lohnfortzahlung erhalten würden.
9. Bei Arbeitsschutzvorschriften unterscheidet man technische und soziale Schutzvorschriften. Nennen Sie jeweils zwei technische und soziale Schutzvorschriften sowie den *Bereich*, den diese Gesetze regeln.
10. Nennen Sie je zwei Gründe, für die gekündigt werden kann:
    a) ordentlich
    b) fristlos
11. Nennen Sie drei Personengruppen mit erhöhtem Kündigungsschutz und geben Sie jeweils eine Begründung für deren erhöhten Kündigungsschutz an.
12. Nennen Sie fünf Vorschriften, die Sie im Rahmen des Bundesurlaubsgesetzes beachten müssen.
13. Entwerfen Sie für Ihre Tätigkeit ein qualifiziertes Zeugnis (bitte eigenes DIN-A4-Blatt benutzen).
14. Nennen Sie fünf wichtige Vorschriften aus dem Jugendarbeitsschutzgesetz.
15. Unterscheiden Sie Lohntarifvertrag und Manteltarifvertrag.
16. Definieren Sie den Begriff und erläutern Sie den Zweck von
    a) Schwerpunktstreik,
    b) Sympathiestreik,
    c) Warnstreik,
    d) Aussperrung.
17. Welche Funktionen haben Tarifverträge?
18. Er gibt auch rechtswidrige Streiks. Nennen Sie hierfür zwei Beispiele.
19. Man spricht von Umverteilung und Ausgleich durch
    a) tarifvertragliche Maßnahmen,
    b) steuerliche Maßnahmen,
    c) sozialpolitische Maßnahmen.
    Erläutern Sie dies anhand des Schaubildes auf Seite 49 und geben Sie je zwei Beispiele an.

Die Lösungen zum Überprüfen Ihrer Antworten finden Sie auf den Seiten 112 – 114. Haben Sie alle Antworten richtig beantwortet, dann sind Sie für die Abschlussprüfung im **Prüfungsgebiet 3: Arbeits- und Tarifrecht, Arbeitsschutz** gut vorbereitet.

Beantworten Sie nun die Multiple-Choice-Fragen.

WISO kompakt ISBN: 978-3-582-57481-7

Multiple-Choice-Fragen – Kreuzen Sie die richtige Lösung an!

1. Das kollektive Arbeitsrecht

1. soll Einkommensunterschiede ausgleichen. ☐
2. schützt vor Kündigung. ☐
3. garantiert sichere Arbeitsplätze. ☐
4. gilt nur in tarifgebundenen Betrieben. ☐
5. ist für Arbeitgeber und Arbeitnehmer verbindlich. ☐

2. Was gehört *nicht* zu den Pflichten eines Arbeitgebers?

1. allen Beschäftigten gleichen Lohn zu zahlen ☐
2. für Unfallsicherheit am Arbeitsplatz zu sorgen ☐
3. für das persönliche Eigentum des Arbeitnehmers im Betrieb Sorge zu tragen ☐
4. für die Beschäftigten Sozialräume bereitzustellen ☐
5. Sozialversicherungsbeiträge und Lohnsteuern abzuführen ☐

3. Was gilt für Arbeitsverträge?

1. sie sind formfrei ☐
2. Kündigungsschutz darf ausgeschlossen werden ☐
3. bei Nichterfüllung droht Schadenersatz ☐
4. tarifvertragliche Regelungen sind immer bindend ☐
5. gesetzliche Regelungen dürfen unterschritten werden ☐

4. Zu den Pflichten eines Arbeitnehmers im Rahmen seines Arbeitsvertrags gehört es,

1. regelmäßig Überstunden zu leisten. ☐
2. bei Auftragsmangel unbezahlten Urlaub zu nehmen. ☐
3. zum Betriebserfolg beizutragen. ☐
4. den Urlaub immer zur gleichen Zeit zu nehmen. ☐
5. auf Arbeitsgerichtsverfahren zu verzichten. ☐

5. Was gehört *nicht* zu den Arbeitnehmerpflichten im Rahmen eines Arbeitsvertrags?

1. Arbeitspflicht ☐
2. Treuepflicht ☐
3. Verschwiegenheitspflicht ☐
4. Pflicht, mit Maschinen sorgsam umzugehen ☐
5. Pflicht zur unentgeltlichen Arbeitsleistung in Notzeiten ☐

6. Welche Auswirkungen auf bestehende Arbeitsverträge hat ein Besitzerwechsel im Unternehmen?

1. keinerlei Auswirkungen ☐
2. alle Arbeitsverträge sind nichtig ☐
3. Betriebszugehörigkeit beginnt bei 0 Jahren ☐
4. alle Arbeitsverträge müssen erneuert werden ☐
5. Angestellte werden übernommen, Arbeiter nicht ☐

7. Welche Vereinbarungen in Arbeitsverträgen sind nichtig?

1. Die Probezeit beträgt $^1/_2$ Jahr. ☐
2. Es werden Tariflöhne bezahlt. ☐
3. Kündigungsfristen richten sich nach dem Kündigungsschutzgesetz. ☐
4. Verzicht auf Kündigungsfristen. ☐
5. Der Arbeitsvertrag ist auf 1 Jahr befristet. ☐

8. Welchen Vorteil hat ein Unternehmen, wenn es Leiharbeiter beschäftigt?

1. Die Gesamt-Lohnkosten sinken. ☐
2. Auftragsspitzen können kurzfristig abgearbeitet werden. ☐
3. Leiharbeiter sind meist höher qualifiziert. ☐
4. Die Produktivität steigt. ☐
5. Die Agenturen für Arbeit übernehmen die Lohnkosten. ☐

9. Wie lang ist die nach dem ArbZG zulässige, durchschnittliche wöchentliche Arbeitszeit?

1. 35 Std. ☐
2. 37,5 Std. ☐
3. 40 Std. ☐
4. 48 Std. ☐
5. 60 Std. ☐

WISO kompakt ISBN: 978-3-582-57481-7

10. An wie viel Tagen im Jahr darf die tägliche Arbeitszeit ohne Genehmigung des Gewerbeaufsichtsamtes 10 Stunden betragen?

1. 5 Tage ☐
2. 10 Tage ☐
3. 15 Tage ☐
4. 30 Tage ☐
5. 60 Tage ☐

11. Wer kann eine Ausnahme vom ArbZG, z. B. 9 Stunden Arbeitszeit täglich, genehmigen?

1. Gewerbeaufsichtsamt ☐
2. Gewerkschaft ☐
3. Berufsgenossenschaft ☐
4. Industrie- und Handelskammer ☐
5. Arbeitsamt ☐

12. Leiharbeiter werden bezahlt

1. mit Bürgergeld. ☐
2. vom Unternehmen, in dem sie arbeiten. ☐
3. vom Bund aus Steuermitteln. ☐
4. von der Bundesagentur für Arbeit. ☐
5. vom Verleihunternehmen. ☐

13. In welchem Fall handelt es sich um Leistungslohn?

1. Monatsgehalt ☐
2. Monatslohn ☐
3. Wochenlohn ☐
4. Stundenlohn ☐
5. Akkordlohn ☐

14. Was gilt für den Akkordlohn?

1. Eine höhere Mengenleistung wirkt sich sofort lohnsteigernd aus. ☐
2. Ein höheres Arbeitstempo hat keinen Einfluss auf den Lohn. ☐
3. Er bevorzugt den Leistungsschwächeren. ☐
4. Es besteht die Gefahr, dass mehr Fehlprodukte gefertigt werden. ☐
5. Es erübrigen sich Qualitätskontrollen in der Fertigung. ☐

15. Von welchem Lohn werden die Sozialversicherungsbeiträge berechnet?

1. Bruttolohn ☐
2. Nettolohn ☐
3. Realnettolohn ☐
4. Kaufkraftlohn ☐
5. Durchschnittsnettolohn ☐

16. Wie lange hat ein Arbeitnehmer Anspruch auf Lohnfortzahlung, wenn er 12 Wochen krank ist?

1. 3 Wochen ☐
2. 4 Wochen ☐
3. 6 Wochen ☐
4. 10 Wochen ☐
5. 12 Wochen ☐

17. Was gehört *nicht* zu den Pflichten eines Arbeitnehmers während einer Erkrankung?

1. ärztliche Weisungen zu beachten ☐
2. den Arbeitgeber über Art der Krankheit zu informieren ☐
3. spätestens am 3. Krankheitstag eine Arbeitsunfähigkeitsbescheinigung vorzulegen ☐
4. Arbeitgeber über die voraussichtliche Krankheitsdauer zu informieren ☐
5. dem Arbeitgeber sofort die Arbeitsunfähigkeit zu melden ☐

18. Ein Arbeitnehmer scheidet am 1. März nach einer Probezeit von 6 Wochen aus dem Betrieb aus. Hat er Anspruch auf Urlaub?

1. Nein, für Probezeit besteht kein Urlaubsanspruch. ☐
2. Ja, anteilig für die Probezeit. ☐
3. Ja, auf den halben Jahresurlaub. ☐
4. Nein, er ist noch keine 6 Monate im Betrieb beschäftigt. ☐
5. Ja, auf den gesamten Jahresurlaub. ☐

19. In welchem Gesetz ist die Tätigkeit von Fachkräften für Arbeitssicherheit geregelt?

1. Arbeitssicherheitsgesetz ☐
2. Maschinenschutzgesetz ☐
3. Betriebsverfassungsgesetz ☐
4. Arbeitszeitgesetz ☐
5. Jugendarbeitsschutzgesetz ☐

20. In welchen Fällen sind *keine* Kündigungsfristen einzuhalten? Bei

1. ordentlicher Kündigung ☐
2. Aufhebung des Arbeitsvertrags ☐
3. Abschluss eines Zeitarbeitsvertrags ☐
4. Kündigung eines Auszubildenden ☐
5. Kündigung eines Zeitarbeitsvertrags ☐

WISO kompakt ISBN: 978-3-582-57481-7

21. Mit welcher Frist kann einem Arbeitnehmer, 20 Jahre alt, außerordentlich gekündigt werden?

1. sofort ☐
2. 14 Tage ☐
3. 1 Monat ☐
4. 6 Wochen ☐
5. 6 Wochen zum Quartalsende ☐

22. Eine Kündigung ist unwirksam, wenn

1. sie sozial ungerechtfertigt ist. ☐
2. der Betriebsrat nicht beteiligt wurde. ☐
3. sie in den ersten drei Monaten des Jahres erfolgt. ☐
4. nur Arbeiter und keine Angestellten trifft. ☐
5. nur jüngere, unverheiratete Mitarbeiter trifft. ☐

23. Welche Gruppe genießt *keinen* besonderen Kündigungsschutz?

1. Auszubildende ☐
2. Jugendvertreter ☐
3. Betriebsräte ☐
4. Vertrauensleute ☐
5. werdende Mütter ☐

24. In welchem Fall ist eine außerordentliche Kündigung berechtigt? Ein Mitarbeiter

1. kandidiert für ein politisches Amt. ☐
2. ist seit 8 Wochen erkrankt. ☐
3. beschwert sich über Arbeitsbedingungen. ☐
4. organisiert einen wilden Streik. ☐
5. fordert die Einrichtung eines Betriebsrats. ☐

25. Eine Arbeitnehmerin zieht nach zwei Wochen ihre ordentliche Kündigung wieder zurück. Was gilt?

1. Die Kündigung kann nicht zurückgenommen werden. ☐
2. Der Betriebsrat muss der Rücknahme zustimmen. ☐
3. Die Kündigung gilt als nichtig. ☐
4. Die Kündigung ist wirkungslos. ☐
5. Die Kündigung wird zur Änderungskündigung. ☐

26. Was begünstigt die Eingliederung schwerbehinderter Menschen in das Arbeitsleben?

1. Sie erhalten 6 Tage zusätzlich Urlaub pro Jahr. ☐
2. Sie erhalten Steuervergünstigungen.
3. Betriebe müssen eine Pflichtquote an Schwerbehinderten beschäftigen. ☐
4. Sie wählen einen Vertrauensmann, der an Betriebsratssitzungen teilnehmen kann. ☐
5. Schwerbehinderten darf nur mit Zustimmung der Hauptfürsorgestelle gekündigt werden. ☐

27. Wer bezahlt die ausfallende Arbeitszeit eines Jugendvertreters, der eine Sprechstunde für Jugendliche anbietet?

1. Jugendvertreter selbst ☐
2. Gewerkschaft ☐
3. Betriebsrat ☐
4. Arbeitgeber ☐
5. Berufsgenossenschaft ☐

28. Für welche Gruppe gilt das Jugendarbeitsschutzgesetz?

1. alle Auszubildenden im Betrieb ☐
2. jugendliche Beschäftigte bis 21 Jahre ☐
3. Studierende ☐
4. Arbeitnehmer unter 21 Jahren ☐
5. jugendliche Beschäftigte bis 18 Jahre ☐

29. Bis zu welchem Alter gilt das Jugendarbeitsschutzgesetz?

1. 15 Jahre ☐
2. 16 Jahre ☐
3. 18 Jahre ☐
4. 21 Jahre ☐
5. 24 Jahre ☐

30. Welche Pausenzeit hat ein Jugendlicher bei 8 Stunden Arbeitszeit pro Tag?

1. mindestens 15 Minuten ☐
2. mindestens 30 Minuten ☐
3. mindestens 60 Minuten ☐
4. maximal 60 Minuten ☐
5. maximal 45 Minuten ☐

31. Eine Auszubildende wird am 2. Januar 16 Jahre alt. Wie viele Tage Urlaub stehen ihr in diesem Jahr nach JArbSchG zu?

1. 30 Tage ☐
2. 28 Tage ☐
3. 27 Tage ☐
4. 25 Tage ☐
5. 18 Tage ☐

32. Eine 18-jährige Arbeitnehmerin erwartet ein Kind. Was gilt nach Mutterschutzgesetz (MuSchG)?

1. Sie darf zwischen 18 Uhr und 7 Uhr morgens nicht beschäftigt werden. ☐
2. Sie darf nicht mit Akkordarbeiten beschäftigt werden. ☐
3. Die Mutterschutzfrist beginnt 8 Wochen vor der Geburt und dauert 3 Jahre. ☐
4. Die Frau kann auf den Mutterschutz verzichten. ☐
5. Mit der Mutterschutzfrist endet automatisch das Arbeitsverhältnis. ☐

33. Wer handelt Tarifverträge aus?

1. Arbeitgeber mit einzelnen Arbeitnehmern ☐
2. Gewerkschaften mit Arbeitgeberverbänden ☐
3. einzelne Betriebe mit Industrie- und Handelskammern ☐
4. Bundesarbeitsminister mit Gewerkschaften ☐
5. Gewerkschaften mit Industrie- und Handelskammern ☐

34. Was versteht man im Tarifvertragsrecht unter Friedenspflicht?

1. Auflage, Tarifverhandlungen friedlich zu führen ☐
2. den Verzicht der Gewerkschaften auf Warnstreiks ☐
3. Verpflichtung, während eines laufenden Tarifvertrags auf Kampfmittel zu verzichten ☐
4. Verpflichtung, auf Kampfmittel zu verzichten ☐
5. Verbot der Gewalttätigkeit bei wilden Streiks ☐

35. Welche Arbeitskampfmaßnahmen sind *nicht* zulässig?

1. spontane Arbeitsniederlegungen ☐
2. organisierte Streiks ☐
3. Aussperrungen ☐
4. wilde Streiks ☐
5. Sympathiestreiks ☐

36. Was wird in einem Lohntarifvertrag *nicht* geregelt?

1. Löhne nach Lohngruppen ☐
2. Gehälter nach Gruppenjahren ☐
3. Ausbildungsvergütungen ☐
4. Verfahren bei Kündigungen ☐
5. Gehälter nach Eingruppierungen ☐

37. Welche Folgen hat ein allgemein verbindlicher Tarifvertrag?

1. gilt nur für Angestellte ☐
2. gilt nur für Gewerkschaftsmitglieder
3. gilt in allen Branchen ☐
4. gilt nur für Betriebe, die Mitglied im Arbeitgeberverband sind ☐
5. gilt für alle Betriebe des entsprechenden Wirtschaftszweigs ☐

38. Welche Gruppen haben *kein* Streikrecht?

1. Vertrauensleute der Gewerkschaften ☐
2. übertariflich bezahlte Mitarbeiter ☐
3. ausländische Arbeitnehmer ☐
4. Beschäftigte in Krankenhäusern ☐
5. Beamte ☐

39. Was regelt ein Manteltarifvertrag?

1. Eingruppierung ☐
2. Ausbildungsvergütung ☐
3. Beginn und Ende der täglichen Arbeitszeit ☐
4. Verfahren der Arbeitsbewertung ☐
5. Akkordrichtsätze ☐

40. Welche Reaktionen auf einen Streik sind nach dem Tarifvertragsrecht *nicht* zulässig?

1. Entlassung aller Arbeitnehmer ☐
2. Aussperrung allein der Gewerkschaftsmitglieder ☐
3. Aussperrung aller Beschäftigten ☐
4. freiwillige Bezahlung höherer Löhne ☐
5. Schließen von Betriebsteilen wegen fehlender Zulieferteile ☐

WISO kompakt ISBN: 978-3-582-57481-7

41. In welchem Fall darf die IG Metall zu einem Streik aufrufen?

1. Die Tarifkommission erklärt das Scheitern der Tarifverhandlungen. ☐
2. Die Schlichtungsverhandlungen drohen zu scheitern. ☐
3. Eine überwältigende Mehrheit der Gewerkschaftsmitglieder demonstriert für Kampfmaßnahmen. ☐
4. 51 % der IG Metall-Mitglieder des Wirtschaftszweiges beschließen einen Streik. ☐
5. 40 % der Stimmberechtigten sprechen sich in einer Urabstimmung für Kampfmaßnahmen aus. ☐

42. Ein Unternehmen beschließt, seine Produktion ins Ausland zu verlagern. Ein Streik der Mitarbeitenden gegen diese Maßnahme

1. verstößt gegen das Direktionsrecht des Arbeitgebers. ☐
2. ist nach Tarifrecht zulässig. ☐
3. ist verboten, da dies ein politischer Streik ist. ☐
4. darf nur vom Betriebsrat dieses Unternehmens geführt werden. ☐
5. ist nur zulässig, wenn Mitarbeiter von Arbeitslosigkeit bedroht sind. ☐

43. Der Entgelt-Tarifvertrag zwischen dem Verband der Bayerischen Metall- und Elektroindustrie (VBM) und der Gewerkschaft IG Metall lief zum November 2022 aus. Er wurde von der Gewerkschaft fristgerecht gekündigt.
Setzen Sie die Begriffe in der Beschreibung des Ablaufs von Tarifverhandlungen an der richtigen Stelle ein:

	Die richtige Lösung ist:
A **Streik und Aussperrung**	1 E F B C A D ☐
B **Schlichtung**	2 A B C D E F ☐
C **Urabstimmung**	3 F E D C A B ☐
D **Warnstreik**	4 F E D B C A ☐
E **Einigung**	5 E F D B C A ☐
F **Lohnerhöhung**	

Der VBM verlangt die lineare Kürzung bei den Entgeltgruppen EG bis EG 12 und 2 %, die IG Metall lehnt dies ab und fordert eine lineare ____________________ um 5 %. Da in den Tarifverhandlungen keine ____________________ erzielt wird, ruft die IG Metall ihre Mitglieder in einigen Großbetrieben zu einem ____________________ auf. Da die Fronten verhärtet sind und auch keine ____________________ erreicht wird, führt die IG Metall eine ____________________ durch. Da die Arbeitgeber volle Auftragsbücher haben, wollen sie ____________________ vermeiden und stimmen dem Ergebnis der Schlichtung zu.

Die Lösungen finden Sie auf Seite 115.

Arbeiten Sie jetzt das **4. Prüfungsgebiet: Betriebliche Mitbestimmung** durch.

4 Betriebliche Mitbestimmung

	Prüfungsgebiet	Prüfungsteilgebiete	Prüfungsinhalte
In der Facharbeiterprüfung müssen Sie beantworten:	**Betriebliche Mitbestimmung**	**Mitwirkungs- und Mitbestimmungsmöglichkeiten des Arbeitnehmers im Betrieb**	• Betriebsverfassungs-, Mitbestimmungsgesetz • Betriebsrat • Jugend- und Auszubildendenvertretung

4.1 Mitbestimmung – in Gesetzen geregelt

Die Mitbestimmungsrechte der Arbeitnehmer in Betrieben sind in vier Gesetzen umfassend geregelt:

Drittelbeteiligungsgesetz von 2004	**(Montan-) Mitbestimmungsgesetz von 1951**	**Mitbestimmungsgesetz von 1976**	**Betriebsverfassungsgesetz (BetrVerfG) von 1972**

Das wichtigste Organ für die Zusammenarbeit von Arbeitgeber und Arbeitnehmern im Betrieb ist der **Betriebsrat.** Seine Stellung und Aufgaben sind im Betriebsverfassungsgesetz von 1972 verankert. Dieses Gesetz beteiligt die Arbeitnehmer an Entscheidungen des Arbeitgebers.

Arbeitnehmer üben die Beteiligungsrechte nicht unmittelbar aus, sondern übertragen sie auf

Betriebsrat | **Belegschaftsvertreter im Aufsichtsrat**

Das **Betriebsverfassungsgesetz (BetrVerfG)** gilt in Privatunternehmen mit mindestens fünf Arbeitnehmern, von denen drei das passive Wahlrecht zum Betriebsrat haben müssen. Nur in diesen Betrieben kann zur Sicherung der Arbeitnehmerinteressen ein Betriebsrat gewählt werden.
Ein Betriebsrat wird nur gewählt, wenn Arbeitgeber oder Arbeitnehmer dies wünschen. Das BetrVerfG gilt **nicht** in Unternehmen der öffentlichen Hand, z. B. der Stadtverwaltung. Hier wirken die Arbeitnehmer über einen **Personalrat** mit.

Wichtige Organe der Betriebsverfassung sind:
- **Betriebsrat**
- **Jugend- und Auszubildendenvertretung (JAV)**
- **Betriebsversammlung**

Dazu kommen bei größeren Betrieben noch
- **Betriebsausschuss**
- **Wirtschaftsausschuss**

4.2 Betriebsrat – der „Katalysator" im Betrieb

Der Betriebsrat ist das gewählte Vertretungsorgan aller Arbeitnehmer eines Betriebs oder Unternehmens. Er muss mit dem Arbeitgeber bei Beachtung der geltenden Tarifverträge vertrauensvoll zum Wohl der Arbeitnehmer und des Betriebs zusammenarbeiten. Dabei sind die im Betrieb vertretenen Gewerkschaften und Arbeitgebervereinigungen mit einzubeziehen.
Eine Gewerkschaft gilt als **im Betrieb vertreten,** wenn sie bei der letzten Betriebsratswahl einen Wahlvorschlag eingereicht hat.

WISO kompakt ISBN: 978-3-582-57481-7

Aufgaben des Betriebsrats:
Der Betriebsrat sorgt dafür, dass
- Tarifverträge, Gesetze, Unfallverhütungsvorschriften, Betriebsvereinbarungen beachtet und umgesetzt werden,
- eine Jugend- und Auszubildendenvertretung eingerichtet wird,
- Schwerbeschädigte, Schutzbedürftige und ausländische Mitarbeiter eingegliedert werden,
- alle Arbeitnehmer gleich behandelt werden,
- sämtliche Maßnahmen unterbleiben, die Arbeitsablauf oder Arbeitsfrieden beeinträchtigen können.

Zur Erfüllung ihrer Aufgaben haben Betriebsräte Anspruch auf bis zu 3 Wochen pro Jahr bezahlte Freistellung zur Teilnahme an Schulungs- und Bildungsveranstaltungen.
Betriebsrat und Arbeitgeber treffen sich mindestens einmal im Monat und haben dabei über strittige Fragen mit dem ernsten Willen zur Einigung zu verhandeln. Alle Maßnahmen des Arbeitskampfes zwischen Betriebsrat und Arbeitgeber sind unzulässig sowie alles, was den Betriebsfrieden beeinträchtigen könnte, z. B. einseitige politische Werbung, Mitarbeiter zum Eintritt in eine bestimmte Gewerkschaft anzuhalten usw.

Merke:
Keinen Betriebsrat gibt es in sogenannten Tendenzbetrieben (z. B. Redaktionen von Tageszeitungen) und Unternehmen, die von Religionsgemeinschaften betrieben werden, da hier das BetrVerfG nicht gilt.

4.2.1 Wahl des Betriebsrates – alle 4 Jahre neu

- Eine Wahl findet alle 4 Jahre in der Zeit vom 1. März bis 31. Mai statt;
- die Kosten trägt der Arbeitgeber;
- Wahlvorschläge können einreichen:
  - die im Betrieb vertretenen Gewerkschaften,
  - wahlberechtigte Arbeitnehmer – der Vorschlag muss allerdings von 5 % der Wahlberechtigten einer Gruppe unterzeichnet sein. Gruppen sind Arbeiter und Angestellte;
- die Anzahl der Betriebsräte richtet sich nach der Zahl der wahlberechtigten Arbeitnehmer im Betrieb:

Zahl der Arbeitnehmer	Anzahl der gewählten Betriebsräte
5 – 20	1
21 – 50	3
51 – 100	5
101 – 200	7
201 – 400	9
401 –700	11
701–1.000	13
ab 1.001 …	15 …
7.001– 9.000	35
ab 9.001	35 und zusätzlich 2 Betriebsräte je angefangener 3.000 Arbeitnehmer

Ist in einem Kleinbetrieb nur ein einzelner Betriebsrat gewählt, so bezeichnet man ihn auch als **Betriebsobmann** bzw. sie als **Betriebsobfrau**.

- Aktives Wahlrecht haben alle Arbeitnehmer, die das 16. Lebensjahr vollendet haben, unabhängig von der Dauer der Betriebszugehörigkeit.
- Es besteht keine Wahlpflicht.
- Die Wahl ist geheim und unmittelbar (direkt).
- Passives Wahlrecht haben alle Arbeitnehmer, die das 18. Lebensjahr vollendet haben und dem Betrieb mindestens 6 Monate angehören.
- Nicht wählbar ist, wem die bürgerlichen Ehrenrechte entzogen wurden.
- Wahlvorschläge können die Arbeitnehmer direkt oder die im Betrieb vertretenen Gewerkschaften machen.
- Aktives und passives Wahlrecht zum Betriebsrat haben Leiharbeitnehmer nur bei dem Verleiherunternehmen.

Keine Arbeitnehmer im Sinne des BetrVerfG sind z. B. der Geschäftsführer einer GmbH, Aktionäre, Vorstandsmitglieder einer AG, der Ehegatte des Arbeitgebers oder Beamte.

Das Ergebnis einer Betriebsratswahl kann angefochten werden:
- vom Arbeitgeber,
- von mindestens 3 Arbeitnehmern,
- von einer im Betrieb vertretenen Gewerkschaft.

4.2.2 Die Tätigkeit des Betriebsrates – für die Arbeitnehmer, zum Wohl des Betriebs

Das BetrVerfG regelt umfassend die Tätigkeit des Betriebsrats:

- Der Betriebsrat wählt aus seiner Mitte einen Vorsitzenden, der das Gremium nach außen vertritt und die Geschäfte führt.
- Alle Kosten des Betriebsrats und seiner Arbeit, z. B. die Kosten für das Büro usw., trägt der Arbeitgeber. Er darf von den Arbeitnehmern keinen Kostenersatz, z. B. über eine Umlage, verlangen.
- Die Tätigkeit der Betriebsräte ist ehrenamtlich, sie erhalten dafür keinerlei Vergütung.
- Ab 201 Arbeitnehmern kann ein Betriebsrat in Absprache mit dem Arbeitgeber freigestellt werden.
- Freigestellte Betriebsräte erhalten Lohn bzw. Gehalt, als ob sie weiterhin berufstätig wären.
- Die Tätigkeit als Betriebsrat darf dem Amtsinhaber weder Vor- noch Nachteile bringen.
- Der Betriebsrat hält während der Arbeitszeit Sprechstunden für die Arbeitnehmer ab, die diese ohne Lohnabzug wahrnehmen können.
- Hat der Betriebsrat mehr als neun Mitglieder, so bildet er einen **Betriebsausschuss,** dem der Vorsitzende, sein Stellvertreter und weitere Mitglieder angehören. Dieser führt die laufenden Geschäfte.

Besteht ein Unternehmen aus mehreren rechtlich selbstständigen Betrieben, so können in jedem Betrieb eigene Betriebsratsgremien gewählt werden. Diese entsenden dann Mitglieder in einen **Gesamtbetriebsrat** und diese wiederum entsenden Vertreter in einen **Konzernbetriebsrat.**

Neben den Sprechstunden und regelmäßigen Betriebsrundgängen hält der Betriebsrat Sitzungen ab und beruft Betriebsversammlungen ein (eine pro Quartal).
Betriebsratssitzungen beruft der Betriebsratsvorsitzende ein, er leitet sie und legt auch die Tagesordnung fest.
An Betriebsratssitzungen können teilnehmen:

- der Vertrauensmann der Schwerbehinderten,
- ein Vertreter der Jugend- und Auszubildendenvertretung,
- die gesamte Jugend- und Auszubildendenvertretung, wenn Probleme behandelt werden, die Jugendliche oder Auszubildende betreffen,
- der Arbeitgeber, wenn er ausdrücklich eingeladen ist oder wenn er die Sitzung beantragt hat (er kann einen Vertreter einer Arbeitgebervereinigung hinzuziehen),
- auf Einladung die im Betrieb vertretenen Gewerkschaften, die bei der letzten BR-Wahl einen Wahlvorschlag eingereicht haben.

> **Wichtig!**
> Betriebsratssitzungen sind nicht öffentlich, Stimmrecht haben nur Betriebsräte.

4.2.3 Betriebsversammlung – für alle im Betrieb

Der Betriebsrat beruft einmal pro Kalendervierteljahr **während der Arbeitszeit** eine Betriebsversammlung ein und erstattet einen Tätigkeitsbericht. Der Arbeitgeber ist dazu eingeladen und hat Rederecht, insbesondere hat er mindestens einmal jährlich über die wirtschaftliche Lage des Unternehmens zu referieren. Beratend teilnehmen dürfen auch Beauftragte der im Betrieb vertretenen Gewerkschaften und des Arbeitgeberverbandes.

> **Wichtig!**
> Betriebsversammlungen sind **nicht** öffentlich.

4.2.4 Wirtschaftsausschuss – ein Spezialgremium

In Unternehmen mit mehr als 100 Beschäftigten ist ein **Wirtschaftsausschuss** zu bilden, der nicht mit dem Betriebsrat identisch ist.

Der Wirtschaftsausschuss

- wird vom Betriebsrat berufen,
- besteht aus mindestens drei und höchstens sieben Mitgliedern, darunter mindestens 1 Betriebsratsmitglied,
- berät den Arbeitgeber in wirtschaftlichen und finanziellen Angelegenheiten und berichtet darüber dem Betriebsrat.

WISO kompakt ISBN: 978-3-582-57481-7

4.2.5 Rechte des Betriebsrats – abgestuft und unterschiedlich wirksam

Nach dem BetrVerfG hat der Betriebsrat je nach Angelegenheit unterschiedlich wirksame Beteiligungsrechte:

Mitbestimmungsrechte **in** **sozialen Angelegenheiten** § 87 BetrVerfG	**Anhörungsrechte** (Mitwirkungsrechte, Zustimmungsverweigerungsrechte) **in** **personellen Angelegenheiten**	**Informations- und Beratungsrechte** **in** **wirtschaftlichen Angelegenheiten**
• **Mitbestimmen bedeutet gleichberechtigtes Mitentscheiden.** • **Arbeitgeber und Betriebsrat *müssen* sich einigen:**	**In den folgenden Angelegenheiten muss der Betriebsrat angehört werden, er muss aber der Maßnahme nicht zustimmen:**	**In den folgenden Angelegenheiten ist der Betriebsrat nur zu unterrichten, er hat kein Mitbestimmungs- und Zustimmungsverweigerungsrecht:**
• Urlaubsgrundsätze • Einrichtungen zur Überwachung von Arbeitnehmern • betriebliches Vorschlagswesen • Festsetzung von Prämien- und Akkordsätzen • Betriebsordnung • Beginn und Ende der täglichen Arbeitszeit • zeitweilige Änderung der Arbeitszeit • Unfallverhütungsmaßnahmen • Belegung von Werkswohnungen	• alle Fragen im Zusammenhang mit Beurteilungsgrundsätzen • Versetzung, Einstellung und Umgruppierung von Mitarbeitern • Gestaltung von Arbeitsplätzen • ordentliche und außerordentliche Kündigung von Arbeitern, Angestellten, Auszubildenden – nicht jedoch bei leitenden Angestellten, Geschäftsführern und Vorstandsmitgliedern **Es gilt:** Eine Kündigung ohne vorherige Anhörung des Betriebsrats ist unwirksam. Der Arbeitgeber kann trotz Widerspruch des Betriebsrats kündigen.	• Einstellung von leitenden Mitarbeitern • Planung des Personalbedarfs • Um- und Erweiterungsbauten • Fragen der globalen Arbeitsgestaltung • Einführung neuer Produkte

In **Betrieben mit mehr als 20 wahlberechtigten Arbeitnehmern** hat der Betriebsrat ferner ein

- Zustimmungsverweigerungsrecht bei Einstellungen,
- Mitbestimmungsrecht bei Umgruppierungen,
- Informationsrecht bei jeder Betriebsänderung, die sich auf Arbeitnehmer auswirkt,
- Mitwirkungsrecht bei der Aufstellung eines **Sozialplans:** hierbei handelt es sich um eine Vereinbarung über Abfindungszahlungen bei Schließung des gesamten Betriebs oder eines Betriebsteils.

> **Wichtig!**
> In Betrieben mit weniger als 20 Arbeitnehmern und in Betrieben ohne Betriebsrat ist kein Sozialplan möglich.

Die Verwirklichung der Mitbestimmung geschieht

im Fall der Einigung durch	**im Konfliktfall durch**
• mündliche oder schriftliche Festlegung • Abschluss einer Betriebsvereinbarung	• Anrufung der Einigungsstelle

Können sich Betriebsrat und Arbeitgeber in Mitbestimmungs- und Zustimmungsfragen nicht einigen, dann entscheidet die **Einigungsstelle.** Sie ist eine vom Betriebsrat und Arbeitgeber einzurichtende Stelle im Betrieb mit

- jeweils vom Arbeitgeber und vom Betriebsrat in gleicher Anzahl benannten Beisitzern sowie
- einem unparteiischen Vorsitzenden, auf den sich beide Seiten einigen müssen. Können sich Arbeitgeber und Betriebsrat auf keinen Vorsitzenden einigen, dann bestellt ihn das zuständige Arbeitsgericht.

> **Wichtig!**
> Die Einigungsstelle wird nur tätig, wenn sowohl Arbeitgeber als auch der Betriebsrat das wünschen. Sind sie mit der Entscheidung der Einigungsstelle nicht einverstanden, können sie am Arbeitsgericht klagen.

Ein Mittel der Mitwirkung an betrieblichen Entscheidungen und der Festschreibung von Ergebnissen ist der Abschluss von Betriebsvereinbarungen.

Betriebsvereinbarungen sind schriftliche Verträge zwischen Arbeitgeber und Betriebsrat, die gemeinsame Beschlüsse – auch die der Einigungsstelle – festhalten und für solche Fälle Vereinbarungen treffen, für die es keine gesetzlichen oder tarifvertraglichen Vorgaben gibt:
z. B.
- Verfahren der Leistungsfeststellung,
- Beginn und Ende der täglichen Arbeitszeit,
- Betriebsordnung,
- Verwaltung der betrieblichen Sozialeinrichtungen,
- Unfallverhütungsmaßnahmen – über die gesetzlichen Vorschriften hinaus,
- betriebliche Sozialleistungen.

Betriebsvereinbarungen dürfen gesetzliche oder tarifvertragliche Bestimmungen nicht außer Kraft setzen und müssen im Betrieb an geeigneter Stelle ausliegen.
Will ein Arbeitnehmer auf Rechte aus einer Betriebsvereinbarung verzichten, dann braucht er dazu die Zustimmung des Betriebsrats.

4.3 Jugend- und Auszubildendenvertretung (JAV) – exklusive Vertretung für die Jüngeren

Zur Vertretung der besonderen Interessen von jugendlichen Arbeitnehmern und Auszubildenden kann in einem Betrieb eine Jugend- und Auszubildendenvertretung (JAV) gewählt werden. Die JAV kann jedoch nicht selbst aktiv werden, sondern muss den Betriebsrat einschalten.

Voraussetzungen zur Wahl einer JAV sind:

- Es sind mindestens fünf jugendliche Arbeitnehmer (unter 18 Jahren) beschäftigt

oder

- es sind mindestens fünf Auszubildende (unter 25 Jahren) beschäftigt.

Merke:
In einem Betrieb ohne Betriebsrat gibt es auch keine Jugend- und Auszubildendenvertretung.

4.3.1 Wahl der Jugend- und Auszubildendenvertretung – alle 2 Jahre neu

Für die Wahl einer JAV gilt:
- Eine Wahl findet alle 2 Jahre in der Zeit vom 1. Oktober bis 30. November statt; die Kosten trägt der Arbeitgeber.
- Die Anzahl der Jugendvertreter richtet sich nach der Zahl der wahlberechtigten Jugendlichen oder Auszubildenden im Betrieb:

Anzahl der Jugendlichen / Azubis	Anzahl der Jugendvertreter
5–20	1
21–50	3
51–150	5
151–300	7
301–500	9
501–700	11
701–1000	13
ab 1001	15

WISO kompakt ISBN: 978-3-582-57481-7

- **Aktives Wahlrecht** haben alle jugendlichen Arbeitnehmer (unter 18) des Betriebs sowie alle Auszubildenden und Praktikanten unter 25 Jahren, unabhängig von der Dauer der Betriebszugehörigkeit.
- **Passives Wahlrecht** haben alle Arbeitnehmer des Betriebs, die das 25. Lebensjahr noch nicht vollendet haben, jedoch nicht Betriebsräte.
- Es besteht keine Wahlpflicht; die Wahl ist geheim und unmittelbar.

Will der Arbeitgeber ein Mitglied der JAV nach dem Ende der Ausbildung nicht übernehmen, so muss er ihm dies 3 Monate vor Ende der Ausbildung schriftlich mitteilen. Der Jugendvertreter muss ebenfalls einen schriftlichen Antrag stellen, will er nach der Ausbildung übernommen werden.

4.3.2 Rechte der JAV

Antragsrecht	Überwachungsrecht	Informationsrecht
liegt beim Betriebsrat: zu allen Maßnahmen, die Jugendliche und Auszubildende betreffen	damit alle für Jugendliche und Auszubildende gültigen Gesetze, Verordnungen, Tarifverträge, Unfallverhütungsvorschriften usw. eingehalten werden	liegt beim Betriebsrat: über alle Fragen, die Jugendliche und Auszubildende betreffen sowie Sammeln und Weiterleiten von Anträgen

Im Einzelnen hat die JAV folgende **eigenständige Rechte:**

- Freistellungsanspruch von Mitgliedern oder Vertretern für Schulungs- und Bildungsveranstaltungen,
- Teilnahmerecht **eines JAV-Mitglieds** an allen Betriebsratssitzungen,
- Teilnahmerecht der **gesamten JAV** mit vollem Stimmrecht an Betriebsratssitzungen, wenn spezielle Fragen der Jugendlichen oder Auszubildenden behandelt werden; dies ist ein sehr gewichtiges Mittel der JAV, weil sie den Betriebsrat zwingt, sich mit den Problemen der Jugendlichen und Auszubildenden auseinanderzusetzen und deren Probleme bei der Unternehmensleitung vorzubringen,
- Informationsrecht gegenüber dem Betriebsrat,
- Abhalten von Sprechstunden während der Arbeitszeit in Betrieben mit mehr als 50 Jugendlichen/Azubis; ein Mitglied des Betriebsrats darf daran beratend teilnehmen,
- Aussetzen von Beschlüssen des Betriebsrats für eine Woche, wenn sie Jugendliche und Azubis betreffen,
- Abhalten von Jugend- und Auszubildendenversammlungen im Einvernehmen mit dem Betriebsrat vor bzw. nach jeder Betriebsversammlung,
- Bildung einer Gesamt-Jugend- und Auszubildendenvertretung bei Unternehmen mit mehreren Einzelbetrieben:
  - jede JAV entsendet ein Mitglied,
  - jeder Vertreter hat so viele Stimmen, wie in seinem Betrieb wahlberechtigte Jugendliche oder Auszubildende beschäftigt sind.

Wichtig!
Die JAV hat kein direktes Zugangsrecht zur Betriebs- bzw. Unternehmensleitung, sondern nur über den Betriebsrat.

4.4 Allgemeine Arbeitnehmerrechte

Existiert in einem Betrieb kein Betriebsrat und keine Jugend- und Auszubildendenvertretung, so hat ein hier beschäftigter Arbeitnehmer trotzdem gewisse Minimalrechte. Er muss sie aber direkt bei seinem Arbeitgeber geltend machen.

- Der Arbeitgeber muss den Arbeitnehmer über Aufgaben, Tätigkeit, Unfallgefahren und Veränderungen in seinem Arbeitsbereich unterrichten.
- Ein Arbeitnehmer hat beim Arbeitgeber ein Anhörungs-, Unterrichtungs- und Beschwerderecht über alle Fragen, die ihn und seinen Arbeitsplatz betreffen, einschließlich der Lohngestaltung und seiner beruflichen Zukunft. Er darf seine Personalakte einsehen und Erklärungen dazu abgeben, die **zu den Akten genommen** werden müssen.
- Ein Arbeitnehmer hat im Fall einer Kündigung Anspruch auf Aushändigung seiner Arbeitspapiere, insbesondere auf ein Zeugnis. Er kann jederzeit ein Zwischenzeugnis verlangen.

4.5 Mitbestimmung im Aufsichtsrat – nicht nur von der Unternehmensgröße abhängig

Umfang der Mitbestimmung von Arbeitnehmern im Aufsichtsrat von Unternehmen richtet sich nach Art und Größe des Unternehmens.

4.5.1 Montanindustrie: paritätische Mitbestimmung

Die Montanindustrie ist der Bereich der Eisen und Stahl erzeugenden Industrie sowie der Kohleförderung und des Bergbaus. Hier gilt die paritätische Mitbestimmung nach dem Montan-Mitbestimmungsgesetz von 1951. Sie gilt für Unternehmen (AGs und GmbHs) mit mehr als 1000 Beschäftigten.

<table>
<tr><th colspan="3">Die Mitbestimmung findet statt
im</th></tr>
<tr><th colspan="2">Aufsichtsrat</th><th>Vorstand</th></tr>
<tr><td>1/2 Arbeitnehmervertreter

2 Betriebsangehörige
2 Außerbetriebliche
1 weiteres Mitglied</td><td>1/2 Vertreter der Kapitaleigner

4 Kapitaleigner
1 weiteres Mitglied</td><td rowspan="2">neben den sonstigen Vorstandsmitgliedern ein Arbeitsdirektor. Dieser muss das Vertrauen der Arbeitnehmervertreter im Aufsichtsrat haben.</td></tr>
<tr><td colspan="2">+
gemeinsame Wahl
eines neutralen Mitglieds

Das neutrale Mitglied stellt die Parität (Gleichrangigkeit) her.</td></tr>
<tr><td>Die Aufsichtsräte werden in unmittelbarer Wahl von den Beschäftigten gewählt.</td><td>Die Aufsichtsräte werden von den Anteilseignern in der Hauptversammlung (AG) gewählt.</td><td>Der Vorstand wird vom Aufsichtsrat bestimmt.</td></tr>
</table>

4.5.2 Große Kapitalgesellschaften: fast paritätisch

In Großbetrieben, die als KGaA, AG oder GmbH organisiert sind (siehe Seite 20 – 22) und mehr als 2000 Beschäftigte haben, gilt das Mitbestimmungsgesetz von 1976. Beispiel: Unternehmen bis 10 000 Beschäftigte.

Die Mitbestimmung findet nur im Aufsichtsrat statt	
1/2 Arbeitnehmervertreter • 4 Betriebsangehörige (davon 1 leitender Angestellter) • 2 Gewerkschaftsvertreter	**1/2 Vertreter der Kapitaleigner** • 6 Kapitaleigner Ein Kapitaleigner ist i. d. R. Aufsichtsratsvorsitzender, der bei Patt (= Stimmengleichheit) zwei Stimmen hat.
Die Aufsichtsräte werden in unmittelbarer Wahl von den Beschäftigten gewählt.	Die Aufsichtsräte werden von den Anteilseignern in der Hauptversammlung (AG) bzw. Gesellschafterversammlung (GmbH) gewählt.

4.5.3 Kleine Kapitalgesellschaften: eher geringe Mitbestimmung

In mittelständischen Betrieben, die als KGaA, AG oder GmbH organisiert sind und weniger als 2000 Beschäftigte haben, gilt das Drittelbeteiligungsgesetz von 2004.

Die Mitbestimmung findet nur im Aufsichtsrat statt	
1/3 Arbeitnehmervertreter • 2 Betriebsangehörige • 1 Gewerkschaftsvertreter	**2/3 Vertreter der Kapitaleigner** • 6 Kapitaleigner Ein Kapitaleigner ist Aufsichtsratsvorsitzender.
Die Aufsichtsräte werden in unmittelbarer Wahl von den Beschäftigten gewählt.	Die Aufsichtsräte werden von den Anteilseignern in der Hauptversammlung (AG) bzw. Gesellschafterversammlung (GmbH) gewählt.

In KGaAs und AGs, die im Familienbesitz sind und weniger als 500 Beschäftigte haben, existiert kein Aufsichtsrat und es gibt dort aus diesem Grund keine Mitbestimmung.

WISO kompakt ISBN: 978-3-582-57481-7

4.6 Mitbestimmung in Sonderbeschäftigungsformen

Die Digitalisierung hat neue Formen der Beschäftigung ermöglicht, wie beispielsweise das Homeoffice. Diese Form der Beschäftigung bewährte sich besonders 2020 bis 2022 bei der Eindämmung der Covid-19-Pandemie.

Eine Veränderung in der Personalstruktur von Unternehmen stellt die starke Zunahme von Zeit- bzw. Leiharbeit dar. Bei diesen „neuen" Formen der Beschäftigung sind die Beteiligungsrechte von Arbeitnehmern oft nicht bekannt.

- **Homeoffice:** eine flexible Arbeitsform, bei der die Mitarbeiter ihre Aufgaben ganz oder teilweise von zuhause aus am PC durchführen. Diese Form beeinflusst weder die allgemeinen Arbeitnehmerrechte noch die des Betriebsrats.
- **Zeitarbeit:** ein Arbeitsverhältnis zwischen zwei Unternehmen und einem Arbeitnehmer. Der Arbeitnehmer ist bei einem Personaldienstleister (= Zeitarbeitsfirma) angestellt, aber für begrenzte Zeit in einem anderen Unternehmen tätig. Die Zeitarbeitsfirma ist der Arbeitgeber. Der Arbeitnehmer hat gegenüber dem Unternehmen, in dem er tätig ist, keine Mitwirkungs- oder Mitbestimmungsrechte, sondern nur bei seiner Zeitarbeitsfirma. Die Zeitarbeit wird auch als Arbeitnehmerüberlassung, Leiharbeit oder Personal-Leasing bezeichnet.

Aufgaben

Offene Fragen

Formulieren Sie Ihre Antworten in Stichpunkten und vermeiden Sie es, auf den vorhergehenden Seiten nachzusehen.

1. Nennen Sie wichtige Organe der Betriebsverfassung.
2. Wie wird der Betriebsrat gewählt?
3. Nennen Sie drei Aufgaben, die ein Betriebsrat in einem Betrieb wahrnehmen sollte, und geben Sie an, welche Mittel ihm dazu zur Verfügung stehen.
4. Nennen Sie vier Formvorschriften für Betriebsratssitzungen.
5. Bei den Rechten des Betriebsrats unterscheidet man Mitbestimmung, Mitwirkung, Information. Erläutern Sie diese Rechte und geben Sie je zwei Beispiele an.
6. Welche Möglichkeiten hat ein Betriebsrat, wenn er sich mit dem Arbeitgeber über Beginn und Ende der täglichen Arbeitszeit nicht einigen kann?
7. Wie wird die Jugend- und Auszubildendenvertretung (JAV) gewählt?
8. Nennen Sie drei eigenständige Rechte der Jugend- und Auszubildendenvertretung (JAV) und geben Sie deren Bedeutung an.
9. Ein Arbeitgeber untersagt der JAV das Abhalten von Sprechstunden während der Arbeitszeit. Prüfen Sie die Rechtslage und machen Sie einen Vorschlag.
10. Beschreiben Sie die Mitbestimmung der Arbeitnehmer im Aufsichtsrat in Unternehmen der Montanindustrie. Was bedeutet hier Parität?
11. Warum wird das Drittelbeteilungsgesetz im Aufsichtsrat einer GmbH mit 600 Mitarbeitern von Kritikern als wirkungslos bezeichnet?

Die Lösungen zum Überprüfen Ihrer Antworten finden Sie auf den Seiten 115 –116.
Haben Sie alle Antworten richtig beantwortet, dann sind Sie für die Abschlussprüfung im **Prüfungsgebiet 4: Betriebliche Mitbestimmung** gut vorbereitet.

Beantworten Sie nun die Multiple-Choice-Fragen.

Multiple-Choice-Fragen – Kreuzen Sie die richtige Lösung an!

1. Der Betriebsrat
1. vertritt nur Gewerkschaftsmitglieder. ☐
2. muss zugleich Vertrauensmann sein. ☐
3. vetritt alle Arbeitnehmerinteressen. ☐
4. ist unkündbar. ☐
5. wird auf 5 Jahre gewählt. ☐

2. In einem Betrieb kann ein Betriebsrat gewählt werden, wenn
1. mindestens drei Mitarbeiter beschäftigt sind. ☐
2. drei Beschäftigte dies beantragen. ☐
3. der Betrieb Mitglied im Arbeitgeberverband ist. ☐
4. mindestens 5 Mitarbeiter beschäftigt sind, 3 davon mit passivem Wahlrecht. ☐
5. ein Arbeitsgericht die Wahl eines Betriebsrates genehmigt. ☐

3. Wonach richtet sich die Zahl der zu wählenden Betriebsräte?
1. Umsatz ☐
2. Gewinn ☐
3. Unternehmensform ☐
4. Anzahl der Mitarbeiter ☐
5. Verhältnis Arbeiter zu Angestellten ☐

4. Was ist im Betriebsverfassungsgesetz von 1972 *nicht* geregelt?
1. Zusammensetzung des Betriebsrats ☐
2. Modus für Betriebsratswahlen ☐
3. Erlass von Unfallverhütungsvorschriften ☐
4. Regeln für eine Betriebsversammlung ☐
5. Freistellung von Betriebsräten ☐

5. Was ist *kein* Organ der Betriebsverfassung lauf BetrVerfG von 1972?
1. Betriebsratsvorsitzende ☐
2. Betriebsrat ☐
3. Wirtschaftsausschuss ☐
4. Betriebsversammlung ☐
5. Vertrauensleutekollegium ☐

6. Die im Betrieb vertretenen Gewerkschaften dürfen
1. an Betriebsversammlungen teilnehmen. ☐
2. ein Veto gegen Entlassungen einlegen. ☐
3. an allen Konferenzen im Betrieb teilnehmen. ☐
4. den Betriebsratsvorsitzenden wählen. ☐
5. die Einhaltung von Arbeitsschutzbestimmungen überwachen. ☐

7. Wer kann *nicht* zum Betriebsrat kandidieren?
1. ausländische Arbeitnehmer ☐
2. Teilzeitmitarbeiter ☐
3. Vorstandsmitglied ☐
4. Arbeitnehmer über 60 Jahre ☐
5. übertariflich bezahlte Arbeiter ☐

8. Wie lang ist die Amtsperiode eines Betriebsrats?
1. ein Jahr ☐
2. zwei Jahre ☐
3. drei Jahre ☐
4. vier Jahre ☐
5. fünf Jahre ☐

9. Wer wählt den Betriebsratsvorsitzenden?
1. Betriebsräte ☐
2. Betriebsversammlung ☐
3. Gewerkschaft ☐
4. Aufsichtsrat ☐
5. Vorstand ☐

10. Was gilt für eine Betriebsversammlung?
1. Sie wird von der Betriebsleitung einberufen. ☐
2. Der Betriebsrat erstattet einen Rechenschaftsbericht. ☐
3. Sie ist öffentlich. ☐
4. Der Arbeitgeber darf nicht teilnehmen. ☐
5. Hier wird der Wirtschaftsausschuss gewählt. ☐

WISO kompakt ISBN: 978-3-582-57481-7

11. Was gehört *nicht* zum Katalog der Mitbestimmungsrechte?

1. Belegung von Werkswohnungen ☐
2. Preise der Erzeugnisse ☐
3. Vereinbarung über Leistungslohnfeststellung ☐
4. Urlaubsplan für die Mitarbeiter ☐
5. Vereinbarung über Verteilung der täglichen Arbeitszeit ☐

12. Was trifft *nicht* zu? Der Betriebsrat hat ein

1. Mitbestimmungsrecht in sozialen Angelegenheiten. ☐
2. Mitwirkungsrecht bei Einstellungen und Entlassungen. ☐
3. Informationsrecht in wirtschaftlichen Angelegenheiten. ☐
4. Informationsrecht zur finanziellen Lage des Unternehmens. ☐
5. alleiniges Besetzungsrecht für die Einigungsstelle. ☐

13. Der Betriebsrat hat nur ein Anhörungsrecht bei

1. Einführung neuer Entlohnungsformen. ☐
2. Kündigung eines Auszubildenden. ☐
3. Kündigung eines Betriebsratsmitglieds. ☐
4. Festsetzung der Kantinenpreise. ☐
5. Vereinbarung über die allgemeine Pausenregelung. ☐

14. Betriebsvereinbarungen sind bindend für

1. Gewerkschaftsmitglieder ☐
2. leitende Angestellte ☐
3. alle Beschäftigten ☐
4. die Mitarbeiter, die zustimmen ☐

15. In welchen Fällen wird die Einigungsstelle aktiv?

1. Betriebsrat und Betriebsleitung können sich nicht auf Investitionen einigen. ☐
2. Betriebsrat und Betriebsleitung können sich nicht über Arbeitskampfmaßnahmen einigen. ☐
3. Betriebsrat und Betriebsleitung können sich in einer Mitbestimmungsangelegenheit nicht einigen. ☐
4. Der Wirtschaftsausschuss sieht andere Unternehmensziele als der Betriebsrat. ☐
5. Betriebsrat verweigert seine Mitwirkung bei Kreditaufnahmen. ☐

16. Wer hat *kein* aktives Wahlrecht zur Jugend- und Auszubildendenvertretung?

1. Auszubildender, 20 Jahre alt ☐
2. Arbeitnehmerin, 17 Jahre alt ☐
3. Praktikant, 17 Jahre alt ☐
4. Arbeitnehmerin, 16 Jahre alt ☐
5. Werkstudent mit Zeitarbeitsvertrag, 30 Jahre alt ☐

17. Was ist *nicht* Aufgabe der Jugend- und Auszubildendenvertretung?

1. Betriebsjugendversammlungen einberufen ☐
2. Maßnahmen zur Verbesserung der Berufsausbildung anregen ☐
3. Sprechstunden für Jugendliche abhalten ☐
4. Betriebsvereinbarungen mit der Betriebsleitung abschließen ☐
5. Jugendarbeitsschutzgesetz und Arbeitszeitgesetz im Betrieb umsetzen ☐

18. Der Betriebsrat berät in Fragen der Berufsausbildung. Was gilt?

1. Alle Jugendvertreter nehmen mit Stimmrecht daran teil. ☐
2. Der Vorsitzende der JAV nimmt an der Sitzung teil. ☐
3. Alle Jugendvertreter nehmen teil, jedoch ohne Stimmrecht. ☐
4. Die JAV muss den Beratungsergebnissen zustimmen. ☐
5. Stimmt die Einigungsstelle den Ergebnissen zu, treten sie in Kraft. ☐

19. In welchem Fall ist ein Sozialplan zwischen Betriebsrat und Unternehmensleitung auszuhandeln?

1. Stilllegung eines Betriebsteils ☐
2. Produktion neuartiger Erzeugnisse ☐
3. Kündigung eines Schwerbehinderten ☐
4. Erhöhung der Sozialversicherungsabgaben ☐
5. Einführung von Kurzarbeit ☐

20. In welchen Betrieben gilt die umfassende Montan-Mitbestimmung?

1. Landwirtschaft ☐
2. Eisen- und Stahlindustrie ☐
3. Tourismusindustrie ☐
4. Güterverkehr ☐
5. Metallhandwerk ☐

21. In welchen Betrieben gibt es keinerlei Mitbestimmungsmöglichkeit?
1. in Privatbetrieben ☐
2. in GmbHs mit 1000 Mitarbeitern ☐
3. in Betrieben ohne Betriebsrat ☐
4. in Betrieben ohne Einigungsstelle ☐
5. in Betrieben der öffentlichen Hand ☐

22. In welchen Betrieben gibt es einen Arbeitsdirektor? In Betrieben
1. der Landwirtschaft ☐
2. der Eisen- und Stahlindustrie ☐
3. des Metallhandwerks ☐
4. des Güterverkehrs ☐
5. der Metallindustrie ☐

23. In welchem Fall gilt: „Die Gewerkschaft ist im Betrieb vertreten"?
1. Alle Betriebsräte sind Gewerkschaftsmitglieder. ☐
2. Der Betriebsratsvorsitzende ist Gewerkschaftsmitglied. ☐
3. Die Gewerkschaft entsendet Aufsichtsratsmitglieder. ☐
4. Die Gewerkschaft nimmt an Betriebsversammlungen teil. ☐
5. Eine Gewerkschaft macht einen Wahlvorschlag zur Betriebsratswahl. ☐

24. Für Arbeitnehmer im Homeoffice
1. ist die Mitbestimmung ausgesetzt. ☐
2. gibt es keinen Kündigungsschutz. ☐
3. verlängert sich die Arbeitszeit um 30 Minuten täglich. ☐
4. gelten die Arbeitnehmerrechte unverändert. ☐
5. hat ein Betriebsrat kein Vertretungsrecht. ☐

25. Personal-Leasing
1. findet nur in Form von Homeoffice statt. ☐
2. macht einen Betriebsrat überflüssig. ☐
3. kann als Zeitarbeit Produktionsengpässe lösen. ☐
4. ist nur im gewerblichen Bereich zulässig. ☐
5. ist nur für Arbeitnehmer aus Nicht-EU-Ländern zulässig. ☐

Die Lösungen finden Sie auf Seite 116.

Arbeiten Sie jetzt das **5. Prüfungsgebiet: Sozialversicherungen** durch.

WISO kompakt ISBN: 978-3-582-57481-7

5 Sozialversicherungen

	Prüfungsgebiet	Prüfungsteilgebiete	Prüfungsinhalte
In der Abschlussprüfung müssen Sie beantworten:	**Sozialversicherung**	**Regelungen und Bedeutung der gesetzlichen Sozialversicherungen**	• Versicherungsarten • geschichtliche Entwicklung • Versicherungsprinzipien
		Versicherungsträger, -pflicht, Beitragszahlung, Leistungen	• Krankenversicherung • Unfallversicherung • Rentenversicherung • Arbeitslosenversicherung • Pflegeversicherung

5.1 Übersicht – Wer versichert was?

Das Sozialsystem in Deutschland unterscheidet

Gesetzliche Sozialversicherungen | **Privatrechtliche Individualversicherungen**

Die fünf Säulen der gesetzlichen Sozialversicherungen				
Gesetzliche Krankenversicherung	Gesetzliche Rentenversicherung	Gesetzliche Unfallversicherung	Arbeitslosenversicherung	Gesetzliche Pflegeversicherung

Die meisten Sozialversicherungen wurden im 19. Jahrhundert unter Reichskanzler Otto von Bismarck eingeführt, weil durch Industrialisierung, Landflucht und Verarmung breiter Bevölkerungskreise die kollektive soziale Sicherung durch Familie und Dorfgemeinschaft entfiel. Die Kirchen, früher oft Almosengeber für sozial Schwache und Randgruppen, konnten die Massenverarmung nicht mehr bewältigen. Auch Selbsthilfeorganisationen, wie z. B. die Gesellenvereine, waren überfordert.

Die gesetzlichen Sozialversicherungen decken Elementarrisiken wie Alter, Krankheit usw. ab. In allen Versicherungsarten der gesetzlichen Sozialversicherung gilt das **Zwangssolidaritätsprinzip: Die Gemeinschaft hilft, wenn der Einzelne durch Krankheit, Alter, Arbeitslosigkeit usw. in Not gerät.**

Dafür zieht sie alle Arbeitnehmer (und Arbeitgeber) zu Beitragszahlungen heran. In der gesetzlichen Krankenversicherung allerdings nur dann, wenn das Einkommen **unter** der sogenannten **Beitragsbemessungsgrenze** liegt.

Liegt das Einkommen darüber, kann ein Mitglied freiwillig in der gesetzlichen Krankenversicherung bleiben und braucht seine Beiträge nur bis zur Beitragsbemessungsgrenze entrichten oder kann sich für eine private Krankenversicherung entscheiden.

In Deutschland verpflichtet das **Sozialstaatsgebot** des Artikel 20 des Grundgesetzes den Staat, die soziale Ordnung zu gestalten und auszubauen. So ist z. B. die Neuordnung der Rentenversicherung 1957 durch den Staat aus Sorge um die soziale Sicherung älterer Mitbürger entstanden: Die Rentner sollen durch die **Dynamisierung der Renten** regelmäßig am Einkommenszuwachs der Erwerbstätigen beteiligt werden.

Die gesetzlichen Sozialversicherungen können aber nicht alle Risiken des Lebens übernehmen. Sie müssen vom Einzelnen bei Bedarf durch **Privatversicherungen** ergänzt werden.

Hier gilt das **Individualprinzip:** Wer z. B. einen Pkw fährt, muss sich selbst um eine Haftpflichtversicherung bemühen.

Individualversicherungen *ergänzen* die gesetzlichen Sozialversicherungen						
private Haftpflicht-versicherung	private Unfall-versicherung	private Kranken-versicherung	private Lebens-versicherung	private Hausrat-versicherung	private	private ......

Die Leistungen der Individualversicherung richten sich nach Beitrag und den vereinbarten Versicherungsbedingungen.
Die Leistungen der gesetzlichen Krankenversicherung dagegen sind für alle Versicherten gleich, unabhängig von ihrer individuellen Beitragshöhe.

Die Ausweitung der Leistungen und das zunehmend dichter werdende **Netz der sozialen Sicherung** haben zu enormen Steigerungen der Beiträge und **Lohnnebenkosten** geführt. Sie betragen ca. 20 % des Bruttolohns für die AG-Beiträge zu den gesetzlichen Sozialversicherungen und ca. 20 % für freiwillige soziale Leistungen.
Die sehr unübersichtlich gewordenen Sozialgesetze wurden in einem einheitlichen, 12-teiligen **Sozialgesetzbuch** (SGB) zusammengefasst.
Die einzelnen Sozialversicherungen sind nicht staatlich, sondern Körperschaften des öffentlichen Rechts. Sie sind finanziell und organisatorisch selbstständig und verwalten sich selbst durch paritätisch besetzte Vertreterversammlungen:
Arbeitnehmer und Arbeitgeber wählen getrennt in **Sozialwahlen** ihre Vertreter in die Vertreterversammlung. Wahlberechtigt sind alle Versicherten über 16 Jahre. Die Wahlen finden alle 6 Jahre statt.
Eine **Ausnahme** bildet die Arbeitslosenversicherung, die als Bundesanstalt durch Verwaltungsbeiräte verwaltet wird.

5.2 Gesetzliche Krankenversicherung (1883)

Träger:
- Allgemeine Ortskrankenkassen (AOK),
- Innungskrankenkassen (IKK),
- Bundesknappschaft (Montanindustrie)
- Betriebskrankenkassen (BKK),
- Ersatzkassen,
- Landwirtschaftliche Krankenkasse

Versicherte:
- alle Auszubildenden
- Arbeitnehmer bis zur Beitragsbemessungsgrenze (2024: 62.100 €/a)
- Rentner, Studenten, Arbeitslose
- freiwillige Versicherung ist möglich

Gesetzliche Grundlage:
Fünftes Buch des Sozialgesetzbuches (SGB V).

Beitrag:
Den Beitrag legt der Bundestag per Gesetz fest (2024: 14,6 % + x) des Bruttolohns. Die Beträge werden aufgebracht von

Arbeitgebern	Arbeitnehmern	Bund
7,3 % + x/2 des Bruttolohns	7,3 % + x/2 des Bruttolohns	Zuschuss aus Steuermitteln für die beitragsfrei bei den Eltern Mitversicherten, z. B. Kinder

Alle Beiträge fließen in einen **Gesundheitsfonds,** der diese an die Krankenkassen verteilt. Der Verteilungsschlüssel berücksichtigt die Anzahl der Versicherten, ihr Alter, ihren Gesundheitszustand und die Zahl der beitragsfrei mitversicherten Kinder.
Für Personen ohne Krankenversicherungsschutz müssen die privaten Krankenversicherungen einen Basistarif anbieten. Alle Menschen in Deutschland sind gesetzlich verpflichtet, krankenversichert zu sein.

Leistungen:
- Kosten für Arzt, Zahnarzt (teilweise)
- Vorsorgeuntersuchungen, z. B. gegen Tumore
- Arzneimittel (jedoch mit Zuzahlung), Zuschuss für Geräte und Prothesen
- Krankengeld zeitlich unbegrenzt nach 6 Wochen Arbeitsunfähigkeit (für dieselbe Krankheit allerdings nur 78 Wochen innerhalb von drei Jahren)
- Mutterschaftsgeld, häusliche Krankenpflege

Die Regelleistungen bestimmt der Bundestag, einige Krankenversicherungen gewähren über diese Regelleistungen hinaus freiwillige Mehrleistungen. Diese müssen aber von der Vertreterversammlung beschlossen werden. Durch das Kostendämpfungsgesetz wurden für Mitglieder Zuzahlungen zu Arzneimitteln, Krankenhausaufenthalt und Zahnersatz eingeführt.
Wegen der stark steigenden Beiträge und Aufwendungen der Kassen ist mit Leistungseinschränkungen in den nächsten Jahren zu rechnen.

WISO kompakt ISBN: 978-3-582-57481-7

5.3 Gesetzliche Rentenversicherung (1889) – für das Alter vorsorgen

Träger:
- Deutsche Rentenversicherung Bund
- Deutsche Rentenversicherung Knappschaft – Bahn – See (auch zuständig für „Minijobber“)

Versicherte:
Pflicht: z. B. für alle Arbeitnehmer (inkl. der Auszubildenden)
freiwillig: z. B. für Selbstständige und Geringverdienende

Gesetzliche Grundlage:
Sechstes Buch des Sozialgesetzbuches (SGB VI).

Beitrag:
2024: 18,6% des Bruttolohns; davon 50 % vom Arbeitgeber und 50 % vom Arbeitnehmer sowie Bundeszuschüsse (2023: ca. 115 Mrd. €).
Den Beitrag legt der Bundestag fest.
Der Lohn, der die Beitragsbemessungsgrenze übersteigt, ist abgabenfrei (2024: West: 7.550 €/ Monat; Ost: 7.450 €/Monat).
Die spätere Rentenhöhe richtet sich vor allem nach der Zahl und der Höhe der Beiträge (siehe die Rentenformel).

Leistungen:
- Renten:
  - Erwerbsunfähigkeit (5 Jahre Wartezeit),
  - flexibles Altersruhegeld (35 Jahre Wartezeit),
  - Altersruhegeld ab 67 (5 Jahre Wartezeit) – schrittweise Anpassung von 2012 bis 2029.
  - große und kleine Witwen- bzw. Witwerrente, Erziehungsrente
  - große und kleine Hinterbliebenenrente
  - Halb- und Vollwaisenrente
  - Rente wegen verminderter Erwerbsfähigkeit
  - abschlagsfreie Altersrente mit 63 nach 45 Beitragsjahren
  - Grundrente (ab 2021)

  Alle Renten sind dynamisiert, d. h., sie werden vom Bundestag jährlich der Einkommensentwicklung der Arbeitnehmer angepasst (Anpassung an Nettolöhne).
- Heilbehandlungen und Kuren.
- Berufsfördernde und ergänzende Maßnahmen zur Rehabilitation. Sie sollen frühzeitigen Rentenbezug verhindern und die Arbeitskraft erhalten.
- Beiträge zur Krankenversicherung der Rentner (die Hälfte des Beitrags bezahlen die Rentner seit 1987 selbst)

Wichtig! Die Leistungen der Rentenversicherung beschließt der Bundestag.

Der **Generationenvertrag** sichert die Rentenzahlung, denn die Versicherten von heute zahlen die Renten der Rentner von heute. Im Jahr 2023 bezogen ca. 26 Mio. Menschen in Deutschland Leistungen aus der gesetzlichen Rentenversicherung (1,8 Mio. Erwerbsminderung, 18,4 Mio. Altersrente, ca. 5,6 Mio. Witwen- und Waisenrente), dem standen rund 39 Mio. Beitragszahler gegenüber.

Besondere Regelungen gelten bei Leistungen nach dem Fremdrentengesetz für Aussiedler und Heimatvertriebene, die keine oder nur wenige Bei-

Die Höhe der Monatsrente ist von mehreren Faktoren abhängig:

Rentenformel zur Berechnung einer Monatsrente				
$\frac{\text{Rente}}{\text{Monat}}$ =	EP_{pers} x	ZF_{pers} x	RA x	$RW_{aktuell}$
=	persönliche Entgeltpunkte x	persönlicher Zugangsfaktor x	Renten-artfaktor x	aktueller Rentenwert
	durchschnittliches Einkommen ergibt **einen** persönlichen Entgeltpunkt/ Beitragsjahr	(–) Abschlag bei vorzeitigem Rentenbeginn	Faktor 1,0 bei Alters- und Erwerbsunfähigkeitsrente	dynamischer Faktor, der jährlich neu angepasst wird und durch einen demografischen Faktor ergänzt wird

träge zur Rentenversicherung bezahlt haben. Für ihre Renten leistet der Bund die sogenannten Bundeszuschüsse zur Rentenversicherung.

5.4 Gesetzliche Unfallversicherung (1884) – für Unvorhersehbares

Träger:
Die für den jeweiligen Gewerbezweig zuständigen Berufsgenossenschaften, die Unfallkassen des Bundes, die Unfallkassen der Länder, die Gemeindeunfallversicherungsverbände und die Feuerwehr-Unfallkassen.

Versicherte, v. a.:
- alle Arbeitnehmer ohne Rücksicht auf Einkommen und Status, nicht jedoch Beamte;
- jeder, der einem anderen Hilfe leistet, z. B. bei Verkehrsunfällen;
- Schüler, z. B. beim Besuch der Berufsschule, Kinder, die den Kindergarten besuchen, Studierende;

In der GUV sind die Versicherten indirekt über den Arbeitgeber bzw. die Schule versichert.

Gesetzliche Grundlage:
Siebtes Buch des Sozialgesetzbuches (SGB VII).

Beitrag:
Er richtet sich nach der Gefahrenklasse und Lohnsumme des Betriebes, im Jahr 2023 waren dies z. B. in der Metallindustrie im Durchschnitt 1,30 € je 100 € Lohnsumme. Die Beiträge werden vom Arbeitgeber allein aufgebracht, die allgemeinen Hilfeleistungen vom Bund. Die Beitragshöhe legt die Vertreterversammlung fest.

Leistungen:
- **Maßnahmen zur Unfallverhütung**
  Erlass und Überwachung von Unfallverhütungsvorschriften (in Unternehmen mit mehr als 20 Beschäftigten muss der Arbeitgeber einen Sicherheitsbeauftragten ernennen).
- **Linderung von Unfallfolgen**
  - Heilbehandlung (zeitlich unbegrenzt)
  - Verletztengeld bei Arbeitsunfällen (zeitlich unbegrenzt)
  - Verletztenrente bei mindestens 20 % Erwerbsminderung
  - Vollrente bei 100 % Erwerbsunfähigkeit (ca. $^2/_3$ des Bruttojahresarbeitsverdienstes)
  - Hinterbliebenenrente (Witwen, Witwer, Waisen)
  - Rehabilitationsmaßnahmen, z. B. berufliche Umschulung
- Der Unternehmer muss jeden Arbeitsunfall anzeigen, durch den der Arbeitnehmer mehr als drei Tage arbeitsunfähig wird.
- Der Betriebsrat hat die Unfallanzeige abzuzeichnen.

Leistungen werden nur gewährt bei

Arbeitsunfällen	Wegeunfällen	anerkannten Berufskrankheiten
Ein Unfall, den ein Arbeitnehmer erleidet: • bei der Ausführung der planmäßigen beruflichen (versicherten) Tätigkeit, • bei der erstmaligen Lohnabhebung von seiner Bank oder Sparkasse im Lohnzahlungszeitraum. Bei Arbeitsunfällen kommt es nicht auf das Verschulden an. Jeder Arbeitsunfall – ob unverschuldet, fahrlässig oder grob fahrlässig – ist versichert (Friedensprinzip).	Ein Unfall, der sich auf dem direkten Weg von der eigenen Wohnung zur Arbeitsstätte und zurück ereignet, unabhängig vom Verkehrsmittel: Das Verschulden spielt für Leistungen keine Rolle. Ausnahmen: Alkohol, Umwege, Unterbrechungen usw.	Eine lang andauernde Gesundheitsschädigung als Folge der beruflichen Tätigkeit: Der ursächliche Zusammenhang muss festgestellt werden, z. B. beim Anlagenmechaniker im Behälterbau entstandene Lärmschwerhörigkeit.

WISO kompakt ISBN: 978-3-582-57481-7

Wichtig! Bei Unfällen, die durch Alkoholeinwirkung verursacht wurden, gibt es keine Leistungen aus der Unfallversicherung. Hier gilt die Promillegrenze, die auch bei absoluter Fahruntüchtigkeit greift; zurzeit 1,1 Promille.

5.5 Arbeitslosenversicherung ALV (1927) – wenn man vorübergehend ohne Job ist

Träger:
Bundesagentur für Arbeit in Nürnberg mit den 10 Regionaldirektionen und 155 örtlichen Agenturen für Arbeit als Zweigstellen.

Versicherte:
alle Arbeitnehmer bis zum Renteneintrittsalter, unabhängig vom Einkommen,
nicht jedoch Beamte, Selbstständige, Studenten, geringfügig Beschäftigte.

Gesetzliche Grundlage:
Drittes Buch des Sozialgesetzbuches (SGB III).

Beitrag:
Zurzeit (2024) 2,6 % des Bruttolohns, davon 50 % vom Arbeitgeber und 50 % vom Arbeitnehmer. Den Beitrag legt der Bundestag fest. Im Dezember 2023 waren ca. 2,6 Mio Menschen (= ca. 5,7 % der Erwerbstätigen) in Deutschland arbeitslos. Die Bürgergeld-Empfänger und Aufstocker (ca. 8 % der Erwerbstätigen) werden hier nicht mitgezählt.

Leistungen:

Leistungen, die Arbeitsplätze erhalten oder schaffen	Leistungen an Arbeitslose	Beschäftigungspolitik
• Kurzarbeitergeld (bis 24 Monate) • Schlechtwettergeld • Winterbauförderung • Maßnahmen zur Arbeitsbeschaffung für Arbeitslose • Konkursausfallgeld	• **Arbeitslosengeld I** • **Arbeitslosengeld II** • Krankenversicherungsbeitrag für Arbeitslose • Förderung von Aus- und Fortbildung und Umschulung • Unfallversicherung (für Wegeunfälle beim Gang zur Arbeitsagentur)	• Berufsberatung • Arbeits- und Stellenvermittlung • Arbeitsmarktforschung

Voraussetzung für finanzielle Leistungen von der Arbeitsagentur sind mindestens 360 Kalendertage beitragspflichtige Tätigkeit in den letzten zwei Jahren: Den Leistungsumfang beschließt der Bundestag.

5.5.1 Arbeitslosengeld I

Es beträgt maximal 60 % (bzw. 67 % bei mindestens einem Kind) des letzten Nettolohns. Die Anspruchsdauer beträgt:

Beschäftigungsdauer	Anspruch
6 Monate	90 Tage
12 Monate	180 Tage
24 Monate	360 Tage
30 Monate und mindestens 50 Jahre alt	450 Tage
48 Monate und mindestens 58 Jahre alt	720 Tage

Ein Auszubildender, der am Ende der Ausbildung arbeitslos wird, erhält 12 Monate Arbeitslosengeld, das auf der Basis der Ausbildungsvergütung berechnet wird.

Voraussetzungen für den Bezug von Arbeitslosengeld I: Man muss
- arbeitslos sein,
- den Antrag auf Arbeitslosengeld I persönlich stellen,
- der Arbeitsagentur zur Verfügung stehen,
- die Anwartschaft erfüllen, d. h. genügend Beiträge bezahlt haben.

Leistungseinschränkungen:
- Wer eine zumutbare Beschäftigung ablehnt, dem kann 12 Wochen lang das Arbeitslosengeld I gesperrt werden.
- Wer aus wichtigem Grund fristlos entlassen wurde oder wer selbst gekündigt hat, wird 12 Wochen lang mit einer Leistungssperre belegt.
- Wer trotz Aufforderung nicht bei der Arbeitsagentur erscheint, erhält eine Leistungssperre von 2 Wochen.
- Wer zweimal mit einer Sperrzeit belegt wurde, verliert jeden Anspruch auf Arbeitslosengeld I.
- Arbeitslosengeld I setzt keine Bedürftigkeit voraus, d. h., dass jeder Arbeitslose Anspruch auf Leistungen hat, sofern er die Voraussetzungen erfüllt.
- Ist ein Arbeitsloser länger als 6 Monate arbeitslos und bezieht er Arbeitslosengeld I, so muss er bei der Vermittlung einer neuen Stelle Abstriche hinnehmen, z. B.
  - Verlust von übertariflicher Bezahlung,
  - Einstufung unterhalb der Facharbeiterqualifikation, auch wenn er Facharbeiter ist,
  - niedrigere Einstufung: bis auf 80 % des früheren Bruttolohns,
  - erhöhte Zeiten für den Weg von der Wohnung zur Arbeitsstätte: bis zu 2 Stunden bei Teilzeitarbeit, bis zu 2,5 Stunden bei Vollzeittätigkeit.

5.5.2 Bürgergeld – vormals Hartz IV

Das Bürgergeld wurde am 1. Januar 2023 eingeführt. Es sichert all denjenigen ein menschenwürdiges Existenzminimum, die ihren Lebensunterhalt nicht aus eigenem Einkommen und Vermögen decken können. Dabei werden die persönlichen Umstände der erwerbsfähigen hilfebedürftigen Menschen berücksichtigt. Voraussetzungen für den Bezug sind **Bedürftigkeit** und **Arbeitsfähigkeit**.

Nur wer keinen Anspruch (mehr) auf Arbeitslosengeld I hat, erhält Bürgergeld. Wer Ersparnisse oder Grundbesitz aufweist, muss diese erst bis zu einem festgelegten Sockelbetrag aufbrauchen, ehe er Bürgergeld erhält. Nahe Angehörige können zur Unterhaltsverpflichtung herangezogen werden. Die Betreuung von Bürgergeld-Beziehern übernehmen **Jobcenter** bei den Arbeitsagenturen. Sie betreiben diese gemeinsam mit den Landratsämtern oder Stadtverwaltungen.

Arbeitslosengeld II wird aus dem Bundeshaushalt bezahlt

Sozialhilfe bezahlt die Wohnsitzgemeinde

Nur wer dem Arbeitsmarkt nicht zur Verfügung steht, erhält weiterhin Sozialhilfe, im Rentenalter oder bei Dauererkrankung eine **Grundsicherung.** Sie entspricht den Leistungen des Bürgergelds.

Das Bürgergeld wird immer nur für ein Jahr bewilligt, dann werden erneut die Voraussetzungen geprüft. Ziel ist das Fördern und Fordern von Langzeitarbeitslosen in den 1. Arbeitsmarkt. 2023 bezogen ca. 5,5 Mio. Menschen in Deutschland Bürgergeld.

Grundlage für alle Leistungen der Bundesagentur für Arbeit bilden das **Sozialgesetzbuch III (Arbeitsförderung)** und die es ergänzenden Leistungsgesetze, die der Bundestag beschließt.

Auswirkungen des vormaligen Hartz IV, jetzt Bürgergeld, sind u. a. eine starke Zunahme von Leiharbeitsverhältnissen und befristeter Beschäftigung. Die hier bezahlten geringen Löhne werden durch Leistungen nach dem Bürgergeld aufgestockt.

5.6 Pflegeversicherung (1996) – zukünftig von zunehmender Bedeutung

Träger:
Pflegekassen, die den jeweiligen Krankenkassen zugeordnet sind

Versicherte:
- alle Arbeitenden und Auszubildenden
- Angestellte bis zur Beitragsbemessungsgrenze
- Rentner, Studierende, Arbeitslose

Gesetzliche Grundlage:
Elftes Buch des Sozialgesetzbuches (SGB XI).

Beitrag:
2024: 3,4 % vom Bruttolohn, davon je 50 % von Arbeitgeber und Arbeitnehmer. Abhängig von der Zahl der Kinder erhalten Arbeitnehmerinnen und Arbeitnehmer 0,5 % bis 1,0 % Abschlag vom Beitrag zur Pflegeversicherung.
Rentner bezahlen den vollen Beitragssatz. Sonderregelungen bestehen für Arbeitslose. Die Beitragshöhe bestimmt der Bundestag.

Leistungen:
Sach- und Geldleistungen und eine Kombination aus beiden sowie Zusatzleistungen, wie z. B. Beratung, Kurzzeitpflege, Finanzierung von Pflegestützpunkten und Alten-WGs usw.
Mit dem Pflegestärkungsgesetz II gibt es seit dem 1. Januar 2017 in der Pflegeversicherung **fünf Pflegegrade statt drei Pflegestufen** sowie teilweise höhere und erweiterte Leistungen. Die Einstufung in einen Pflegegrad orientiert sich daran, was der zu Pflegende noch allein im Alltag bewerkstelligen kann. Das bewerten Gutachter des Medizinischen Dienstes der Krankenversicherungen (MDK). Davon hängt ab, ob und in welcher Höhe ein Versicherter Leistungen aus der Pflegeversicherung erhält. Unterschieden wird nach Pflegegeld und Pflegesachleistungen.

WICHTIG: Geringverdienergrenze
Sie gilt für Auszubildende und liegt seit August 2003 unverändert bei 325 €/Monat. Bis zu diesem Einkommen zahlt der Arbeitgeber (Ausbildende) die Sozialversicherungsbeiträge allein. Diese Grenze ist bedeutungslos geworden, denn die Mindestvergütung für Azubis ist gesetzlich geregelt und beträgt 2024:
1. Ausbildungsjahr: 649 €/Monat
2. Ausbildungsjahr: 766 €/Monat
3. Ausbildungsjahr: 876 €/Monat
4. Ausbildungsjahr: 909 €/Monat

WISO kompakt ISBN: 978-3-582-57481-7

5.7 Grundsicherung (2003)

Sie soll ein Existenzminimum sichern und kann von Personen beansprucht werden, die das gesetzliche Rentenalter erreicht haben oder wegen Krankheit oder Behinderung nicht erwerbstätig sein können.

Träger: Sozialämter der Kommunen bzw. Kreise sowie Zuschüsse aus dem Bundeshaushalt, 2024 ca. 43 Mrd. Euro.

Leistungen: entsprechen dem Bürgergeld. Der Regelsatz beträgt 2024 für Alleinstehende 563 €, für Partner 506 €, für Kinder zwischen 451 € und 471 €. Dazu kommen noch Miete und notwendige Mehrausgaben, z. B. für Kurzzeitpflege oder Sachleistungen.
Angehörige werden nur dann zu Leistungen herangezogen, wenn ihr Einkommen aus Vermögen 100.000 €/Jahr überschreitet. 2023 bezogen ca. 1,08 Mio. Menschen Grundsicherung. Die Regelleistungen bestimmt der Bundestag per Gesetz.

5.8 Beitragszahlung – ohne Beitrag keine Leistungen

Die Beitragszahlung für alle Sozialversicherungen wird technisch wie folgt abgewickelt:
Die Krankenkassen ziehen alle Beiträge ein und verteilen sie an die einzelnen Sozialversicherungsträger. Für die Abführung der Beiträge ist der Arbeitgeber verantwortlich.
Führt er schuldhaft keine Beiträge ab, so ist der Beschäftigte trotzdem sozialversichert.

Beansprucht ein Versicherter Leistungen aus den gesetzlichen Sozialversicherungen, so hat er sich darum selbst zu bemühen; z. B.

- muss der Antrag auf Arbeitslosengeld sofort und persönlich beim Arbeitsamt gestellt werden,
- müssen Ersatz- und Ausfallzeiten der Rentenversicherung selbst gemeldet werden.

Als Nachweis der Mitgliedschaft in der gesetzlichen Sozialversicherung erhält jeder Versicherte einen **Sozialversicherungsausweis.**
Damit verbunden sind Pflichten, die u. a. die Schwarzarbeit eindämmen sollen (Schwarzarbeit: Tätigkeit, für die keine Sozialversicherungsabgaben und keine Lohnsteuer abgeführt werden).

Für den Sozialversicherungsausweis gilt

Vorlagepflicht	Hinterlegungspflicht	Meldepflicht
Der Ausweis muss zu Beginn einer jeden Beschäftigung dem Arbeitgeber vorgelegt werden.	Während des Bezugs von Leistungen kann der Leistungsträger verlangen, dass der Ausweis bei ihm hinterlegt wird.	Der Arbeitgeber hat alle Beschäftigten bei der Sozialversicherung anzumelden, auch die mit geringer Beschäftigung.

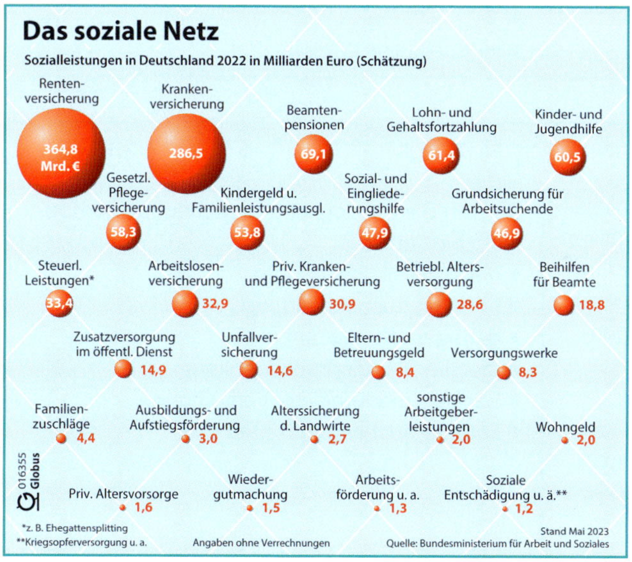

5.9 Soziale Sicherung – Vorsorge ist wichtig

Für alle Bereiche der sozialen Sicherheit gilt:

- **Eigenverantwortung und persönliche Vorsorge**
  Jeder hat zuerst selbst für Wechselfälle des Lebens vorzusorgen, z. B. durch Abschluss einer Lebensversicherung.
- **Solidarität und Vorsorge**
  Wenn die persönliche Vorsorge nicht greift oder ausreicht, dann hilft die Gemeinschaft, z. B. durch Leistungen aus den gesetzlichen Sozialversicherungen.

Alle Maßnahmen der staatlichen Sozialpolitik, der privaten Vorsorge und der steuerlichen Maßnahmen knüpfen „das soziale Netz“.

Aufgaben

Offene Fragen

Formulieren Sie Ihre Antworten in Stichpunkten und vermeiden Sie es, auf den vorhergehenden Seiten nachzusehen.

1. Benennen Sie die fünf Säulen der sozialen Sicherung in Deutschland. Notieren Sie diese in der Reihenfolge ihrer Einführung.
2. Nennen Sie fünf konkrete Aufgaben der gesetzlichen Sozialversicherungen und ordnen Sie die Versicherung und den jeweiligen Träger zu.
3. Was versteht man in der Sozialversicherung unter Generationenvertrag?
4. Nennen Sie vier Leistungen der gesetzlichen Krankenversicherung.
5. Warum hat die gesetzliche Krankenversicherung Leistungseinschränkungen und Zuschüsse der Versicherten eingeführt?
6. Nennen Sie vier Leistungen der gesetzlichen Rentenversicherung.
7. Wie kann ein Versicherter die Höhe seiner Altersrente beeinflussen?
8. Welchen Zweck verfolgt die Rentenversicherung mit Rehabilitationsleistungen?
9. Nennen Sie vier Leistungen der gesetzlichen Unfallversicherung.
10. Nennen Sie zu den drei Leistungsbereichen der gesetzlichen Unfallversicherung je ein Beispiel.
11. Welche Absicht verfolgt die gesetzliche Unfallversicherung mit dem Erlass von Unfallverhütungsvorschriften?
12. Wer ist in der Arbeitslosenversicherung versichert, wer nicht?
13. Nennen Sie zu den drei Leistungsbereichen der Arbeitslosenversicherung je zwei Beispiele.
14. Nennen Sie drei wesentliche Unterschiede zwischen Arbeitslosengeld I und Bürgergeld.
15. Nennen Sie drei Einschränkungen, die ein Langzeitarbeitsloser an einer neuen Stelle hinnehmen muss.
16. Warum wurde die Pflegeversicherung eingeführt?
17. Wie kann mithilfe des Sozialversicherungsausweises dem Missbrauch von Sozialleistungen vorgebeugt werden?
18. Welche Probleme können auf die einzelnen gesetzlichen Sozialversicherungen durch die längere Lebenserwartung der Versicherten zukommen?
19. Welche Probleme können sich durch eine lang anhaltende hohe Zahl von Arbeitslosen für die gesetzlichen Sozialversicherungen ergeben?

Die Lösungen zum Überprüfen Ihrer Antworten finden Sie auf den Seiten 116–117.
Haben Sie alle Antworten richtig beantwortet, dann sind Sie für die Abschlussprüfung im **Prüfungsgebiet 5: Sozialversicherungen** gut vorbereitet.

Beantworten Sie nun die Multiple-Choice-Fragen.

Hinweis:

In einigen Berufen werden Sie in der Abschlussprüfung in WISO zukünftig Schaubilder, Grafiken und Diagramme interpretieren müssen. Die Grafik „Das soziale Netz" auf Seite 73 soll Ihnen zu dieser Form der Fragestellung einige Anregungen geben.

Beispiel:
Welche der einzelnen sozialen Leistungen werden in welcher Form durch die Kostenexplosion im Sozialwesen betroffen sein?

Denken Sie an mögliche Ursachen für die Kostenexplosion, z. B.
- hohe Arbeitslosenquote,
- höhere Lebenserwartung,
- geringere Kinderzahl,
- steigendes Anspruchsdenken,
- bessere medizinische Versorgung,
- längere Ausbildungszeiten usw.

WISO kompakt ISBN: 978-3-582-57481-7

Multiple-Choice-Fragen – Kreuzen Sie die richtige Lösung an!

1. Welches große soziale Problem trat im 19. Jahrhundert in Deutschland auf?

1. starke Zunahme der Landbevölkerung ☐
2. Verarmung der Bevölkerung ☐
3. Einwanderungsdruck aus Übersee ☐
4. einsetzender Massenwohlstand ☐
5. Mangel an Lehrstellen ☐

2. Mit welchem Staatsmann ist die Einführung der gesetzlichen Sozialversicherungen eng verbunden?

1. Ludwig Erhard ☐
2. Karl Marx ☐
3. Karl Schiller ☐
4. Otto von Bismarck ☐
5. Friedrich Ebert ☐

3. Welche gesetzliche Sozialversicherung wurde *zuletzt* eingeführt?

1. gesetzliche Krankenversicherung ☐
2. gesetzliche Unfallversicherung ☐
3. gesetzliche Rentenversicherung ☐
4. Arbeitslosenversicherung ☐
5. Pflegeversicherung ☐

4. Welche gesetzliche Sozialversicherung wurde *zuerst* eingeführt?

1. gesetzliche Krankenversicherung ☐
2. gesetzliche Unfallversicherung ☐
3. gesetzliche Rentenversicherung ☐
4. Arbeitslosenversicherung ☐
5. Pflegeversicherung ☐

5. Was versteht man in den gesetzlichen Sozialversicherungen unter Solidaritätsprinzip?

1. Jeder erhält die gleichen Leistungen. ☐
2. Jeder bezahlt die gleichen Beiträge. ☐
3. Der Staat haftet für die Leistungen. ☐
4. Die Gemeinschaft unterstützt Bedürftige. ☐
5. Die Renten werden laufend angepasst. ☐

6. Was kann *nicht* Ziel staatlicher Sozialpolitik sein?

1. Schutz vor Arbeitslosigkeit ☐
2. Gesundheitsfürsorge und -vorsorge ☐
3. Vermeiden von sozialem Abstieg im Alter ☐
4. Steigerung der Eigentumsquote ☐
5. sozialer Ausgleich in der Bevölkerung ☐

7. Welche Versicherung ist eine Individualversicherung?

1. gesetzliche Rentenversicherung ☐
2. Arbeitslosenversicherung ☐
3. Haftpflichtversicherung ☐
4. gesetzliche Unfallversicherung ☐
5. Pflegeversicherung ☐

8. In welchem Fall sind Versicherungsart und -träger *falsch* zugeordnet?

1. gesetzliche Krankenversicherung – Bundesagentur für Arbeit ☐
2. gesetzliche Rentenversicherung – Deutsche Rentenversicherung/Bund ☐
3. gesetzliche Rentenversicherung – Deutsche Rentenversicherung/Länder ☐
4. gesetzliche Unfallversicherung – Berufsgenossenschaften ☐
5. Arbeitslosenversicherung – Ersatzkassen ☐

9. In welchem Organ der gesetzlichen Sozialversicherungen sind Versicherte vertreten?

1. Vorstand ☐
2. Vertreterversammlung ☐
3. Gesellschafterversammlung ☐
4. Aufsichtsrat ☐
5. Hauptversammlung ☐

10. Für welche Sozialversicherung leistet der Arbeitnehmer *keine* Beiträge?

1. gesetzliche Krankenversicherung ☐
2. gesetzliche Unfallversicherung ☐
3. gesetzliche Rentenversicherung ☐
4. Arbeitslosenversicherung ☐
5. Lebensversicherung ☐

WISO kompakt ISBN: 978-3-582-57481-7

11. Was gehört *nicht* zum Leistungskatalog der Krankenversicherung?

1. Krankenhausbehandlung ☐
2. Arzneimittel ☐
3. Verletztenrente ☐
4. Krankentransport ☐
5. Krankengeld ☐

12. Welchen Beitragsanteil bezahlt der Arbeitgeber zur Rentenversicherung?

1. 30 % ☐
2. 50 % ☐
3. 66 % ☐
4. 75 % ☐
5. 100 % ☐

13. Woran orientiert sich die spätere Rentenhöhe eines Versicherten hauptsächlich?

1. Anzahl und Höhe der Beiträge ☐
2. Zeiten der Arbeitslosigkeit ☐
3. Zahl der Kinder ☐
4. Steuerklasse während der Lebensarbeitszeit ☐
5. Stellung im Betrieb und Gehaltsgruppe ☐

14. Was ist *keine* Voraussetzung für den Bezug von Arbeitslosengeld?

1. Arbeitslosigkeit ☐
2. persönliche Antragstellung ☐
3. Arbeitsbereitschaft ☐
4. Anwartschaft durch genügend Beiträge ☐
5. Bedürftigkeit des Versicherten ☐

15. Wer übernimmt die Beiträge zur Krankenversicherung für einen arbeitslosen Versicherten, solange dieser Arbeitslosengeld I bezieht?

1. Sozialamt ☐
2. Landesarbeitsamt ☐
3. Bundesagentur für Arbeit ☐
4. Krankenkasse ☐
5. früherer Arbeitgeber ☐

16. Was ist Voraussetzung für den Bezug von Bürgergeld?

1. Arbeitsmarkt bietet noch offene Stellen an ☐
2. ausreichende Beitragszeiten ☐
3. persönliche Bedürftigkeit ☐
4. ausreichendes eigenes Vermögen ☐
5. Bereitschaft, ganztags zu arbeiten ☐

17. Wonach richtet sich der Beitrag zur Arbeitslosenversicherung?

1. Bruttoeinkommen ☐
2. Bruttoeinkommen + Kinderzahl ☐
3. Alter und Höhe der Leistungen ☐
4. Anzahl der Beitragsjahre ☐
5. Zahl der Familienangehörigen ☐

18. In welchen Fällen kann die Arbeitsagentur eine Sperrzeit verhängen?

1. Arbeitsloser klagt gegen seine Kündigung. ☐
2. Versicherter hat größeres Geldvermögen. ☐
3. Es gibt keine freien Arbeitsplätze. ☐
4. Arbeitsamt steckt in „roten Zahlen“. ☐
5. Der Versicherte weigert sich, eine ihm zumutbare Arbeit anzunehmen. ☐

19. Welche Einbußen muss ein Langzeitarbeitsloser bei Antritt einer neuen Stelle *nicht* hinnehmen?

1. geringere Bezahlung ☐
2. Wegezeit bis 2,5 Stunden täglich bei Vollzeitarbeitsplatz ☐
3. Einstufung in eine niedrigere Lohngruppe ☐
4. unentgeltliche Arbeitsleistung während der Probezeit ☐
5. Verlust einer übertariflichen Bezahlung ☐

Die Lösungen finden Sie auf Seite 118.

Arbeiten Sie jetzt das **6. Prüfungsgebiet: Arbeits- und Sozialgerichtsbarkeit** durch.

WISO kompakt ISBN: 978-3-582-57481-7

6 Arbeits- und Sozialgerichtsbarkeit

	Prüfungsgebiet	Prüfungsteilgebiete	Prüfungsinhalte
In der Abschlussprüfung müssen Sie beantworten:	**Arbeits- und Sozialgerichtsbarkeit**	**Wichtige Regelungen, Zuständigkeitsbereiche, Aufgaben, Instanzenwege**	• Arbeitsgericht • Sozialgericht

6.1 Sozialgerichtsbarkeit – wenn Probleme mit der Sozialversicherung auftreten

Die Sozialgerichtsbarkeit ist zuständig für alle Rechtsstreitigkeiten im Zusammenhang mit

- Leistungen aus den gesetzlichen Sozialversicherungen,
- Leistungen aus dem SGB III (Arbeitsförderung) und dem Kindergeld,
- Lohnfortzahlung im Krankheitsfall,
- Kassenarztrecht,
- der Sozialhilfe.

Mögliche Klagen ergeben sich z. B. durch

- Sperrung des Arbeitslosengelds,
- Ablehnung von Ersatzzeiten zur Rentenversicherung usw.,
- Streitigkeiten mit Zahnärzten um Kosten für Zahnersatz.

6.1.1 Verfahren

- Vor dem Sozialgericht kann erst klagen, wer vorher das Widerspruchsverfahren ausgeschöpft hat; z. B. dann, wenn ein Rentner gegen seinen Rentenbescheid klagen will. Er muss dann vorher bei der Rentenversicherung binnen vier Wochen Widerspruch gegen den Bescheid eingelegt haben.
- Das Sozialgericht ermittelt **von Amts wegen** alle für ein Urteil wesentlichen Sachverhalte.
- Es fallen keine Gerichtskosten an, nur die beklagten Sozialversicherungsträger bezahlen eine Pauschalgebühr von 150 € für jeden Klagefall in der I. Instanz.
- Kläger und Beklagte haben direkte Akteneinsicht oder können sich von einem Anwalt oder einer Person ihres Vertrauens vertreten lassen.
- Einen Anwaltszwang gibt es nur in der III. Instanz (siehe Abschnitt 6.1.2).
- In allen Instanzen wirken Vertreter der Sozialpartner als ehrenamtliche Sozialrichter mit gleichem Stimmrecht mit; Gewerkschaften und Arbeitgeberverbände schlagen aus ihren Reihen Sozialrichter vor. Diese müssen keine juristische Ausbildung haben und werden von der jeweiligen Bezirksregierung berufen.
  Z. B. die Sozialrichter
  - am Sozialgericht München von der Regierung von Oberbayern oder
  - am Sozialgericht Hamburg von der Justizbehörde in Hamburg usw.

  Das Mindestalter für eine Berufung beträgt 25 Jahre.
- Das Gericht entscheidet nach einer mündlichen Verhandlung.

6.1.2 Instanzen

I. Instanz örtliches Sozialgericht:
1 Berufsrichter und je 1 Sozialrichter von Arbeitgeber- und Arbeitnehmerverbänden

II. Instanz Landessozialgericht (Berufungsinstanz):
3 Berufsrichter und je 1 Sozialrichter von Arbeitgeber- und Arbeitnehmerverbänden

III. Instanz Bundessozialgericht in Kassel (Revisionsinstanz):
3 Berufsrichter und je 1 Sozialrichter von Arbeitgeber- und Arbeitnehmerverbänden

Grundsatzentscheidungen zum Sozialrecht fällt der **Große Senat am Bundessozialgericht:**
Er besteht aus dem Präsidenten, je einem Berufsrichter der 13 Senate und ehrenamtlichen Richtern.

Sozialgerichte sollen
- im Einzelfall fehlerhafte Entscheidungen der gesetzlichen Sozialversicherungen korrigieren,
- den Einzelnen vor ungerechter Behandlung durch die gesetzlichen Sozialversicherungen schützen,
- das Sozialrecht weiterentwickeln.

6.2 Arbeitsgerichtsbarkeit – wenn es Ärger im Betrieb gibt

Die Arbeitsgerichtsbarkeit ist zuständig für alle Rechtsstreitigkeiten im Zusammenhang mit
- **Arbeitsverträgen;** z. B. Kündigungsschutzklagen – bei diesen Klagen fällt das Gericht ein Urteil. Hinweis: Kündigungsschutzklagen haben gegenüber allen anderen Klagen Vorrang.
- dem **Betriebsverfassungsgesetz** sowie dem **Mitbestimmungsgesetz;** z. B. die Rechte des Betriebsrats, hier gibt es das sogenannte Beschlussverfahren, das Gericht fällt kein Urteil.
- **Tarifverträgen;** z. B. Gültigkeit von Tarifverträgen, auch hier ergeht kein Urteil, sondern ein Beschluss.

Das **Arbeitsrecht** ist ein Beispiel für die Überschneidung von öffentlichem und privatem Recht:

private Rechtsbereiche sind	**öffentliche Rechtsbereiche** sind
z. B. Fragen des Arbeitsvertrags	z. B. Betriebsverfassungs-, Tarifvertrags-, Arbeitszeit- und Arbeitsschutzrecht

6.2.1 Verfahren

Zuständig ist das Gericht des Ortes, an dem die beklagte Partei ihren Wohnort bzw. Firmensitz hat.

Eine Verhandlung vor dem Arbeitsgericht im Urteilsverfahren beginnt immer mit einer **Güteverhandlung** durch den Arbeitsrichter.

Die Güteverhandlung
- soll vor Beginn der Verhandlung eine Einigung herbeiführen,
- dient zur Beschleunigung der Arbeitsgerichtsverfahren,
- soll ein **Verhärten der Fronten** zwischen Klägern und Beklagten verhindern.

> **Wichtig!**
> Nur wenn die Güteverhandlung scheitert, wird das Verfahren eröffnet.

- In der I. Instanz herrscht kein Anwaltszwang. Der Kläger kann die Klage *formlos* einreichen oder bei der Rechtsantragsstelle im Arbeitsgericht **zu Protokoll** geben.
- In der I. Instanz tragen Kläger und Beklagte ihre Kosten selbst, in der II. und III. Instanz muss die unterlegene Partei die gesamten Prozess- und Anwaltskosten bezahlen.
- Es fallen nur sehr niedrige Gerichtskosten und keine Kostenvorschüsse an. Die Gerichtskosten betragen 38 € bei einem Streitwert bis 500 € und steigen mit der Höhe des Streitwerts.
- Wird nach der Güteverhandlung eine Einigung erzielt oder wird die Klage vom Kläger zurückgezogen oder schließen Kläger und Beklagte einen Vergleich, so fallen keine Kosten an.
- In allen Instanzen wirken Vertreter der Sozialpartner als ehrenamtliche Arbeitsrichter mit gleichem Stimmrecht mit. Gewerkschaften und Arbeitgeberverbände schlagen aus ihren Reihen geeignete Personen als Arbeitsrichter vor. Sie müssen keine juristische Ausbildung haben. Das Mindestalter für eine Berufung zum Arbeitsrichter beträgt 25 Jahre.

Sind Kläger oder Beklagter mit dem Urteil des Arbeitsgerichts nicht einverstanden, dann können sie gegen das Urteil Berufung einlegen. Eine Berufung ist nur zulässig, wenn sie
- vom Arbeitsgericht zugelassen worden ist,
- der Streitwert über 600 € liegt,
- die Rechtssache von grundsätzlicher Bedeutung ist.

WISO kompakt ISBN: 978-3-582-57481-7

6.2.2 Instanzen

I. Instanz örtliches Arbeitsgericht:
1 Berufsrichter und je 1 Arbeitsrichter von Arbeitgeber- und Arbeitnehmerverbänden

II. Instanz Landesarbeitsgericht (Berufungsinstanz):
1 Berufsrichter und je 1 Sozialrichter von Arbeitgeber- und Arbeitnehmerverbänden

III. Instanz Bundesarbeitsgericht in Erfurt (Revisionsinstanz)
3 Berufsrichter und je 1 Arbeitsrichter von Arbeitgeber- und Arbeitnehmerverbänden
Eine Revision vor dem Bundesarbeitsgericht ist nur möglich, wenn sie vom Landesarbeitsgericht zugelassen worden ist und die Rechtssache von grundsätzlicher Bedeutung ist.

Grundsatzentscheidungen zum Arbeitsrecht fällt der **Große Senat am Bundesarbeitsgericht:** Präsident, je ein Berufsrichter der zehn Senate, je drei ehrenamtliche Richter aus den Kreisen der Arbeitgeber und Arbeitnehmer.

In der II. und III. Instanz besteht Anwaltszwang. Gewerkschaftsmitglieder erhalten hier – wie auch in der Sozialgerichtsbarkeit – Rechtsschutz von ihrer Organisation.

Die Einschränkung von Berufungs- und Revisionsmöglichkeiten im Arbeitsrecht soll sicherstellen, dass nicht jede Meinungsverschiedenheit zwischen Kläger und Beklagten vor Gericht ausgetragen wird.

Wichtig!
Grundsatz im privatrechtlichen Arbeitsrecht ist die Vertragsfreiheit.

Die Vertragspartner haben z. B. einen Arbeitsvertrag so zu gestalten, dass er eindeutig ist und nicht von Arbeitsgerichten interpretiert werden muss.

Arbeitsgerichte sollen vor allem

- im Einzelfall den Arbeitnehmer vor fehlerhaften oder willkürlichen Entscheidungen eines Arbeitgebers schützen,
- dem Einzelnen helfen, seine Rechte aus dem Arbeitsrecht wahrzunehmen,
- das Arbeitsrecht weiterentwickeln,
- den Organen der Betriebsverfassung, z. B. Betriebsrat oder Jugendvertretung, ihre Rechte gegenüber „unwilligen“ Arbeitgebern sichern und die Mitbestimmungsrechte auf Betriebsebene schützen.

Besonderheit bei Berufsausbildungsverhältnissen

Streitigkeiten aus einem Berufsausbildungsverhältnis werden nur sehr selten am Arbeitsgericht behandelt, denn sie lassen sich meist durch Beratung und Schlichtung vonseiten des Ausbildungsberaters der Kammer bereinigen.

Ist dies nicht möglich, so entscheidet die Schiedsstelle bei der zuständigen IHK bzw. Innung als Schlichtungsstelle. Sie ist paritätisch mit Vertretern von Arbeitgebern und von Arbeitnehmern besetzt. Erst wenn dieses Verfahren keine einvernehmliche Lösung bringt, ist eine Klage vor dem zuständigen Arbeitsgericht möglich.

Aufgaben

Offene Fragen

Formulieren Sie Ihre Antworten in Stichpunkten und vermeiden Sie es, auf den vorhergehenden Seiten nachzusehen.

Hinweis:
In der Abschlussprüfung haben Sie zu diesem Stoffgebiet **keine** ungebundenen Fragen zu erwarten. Die folgenden Fragen dienen nur zur Wiederholung des Lernstoffs.

1. Nennen Sie je zwei Beispiele für Rechtsstreitigkeiten, für die jeweils die Arbeitsgerichte und das Sozialgericht zuständig sind.
2. Warum wirken neben den Berufsrichtern auch *Laienrichter* an Arbeits- und Sozialgerichten mit?
3. Was ist das *Güteverfahren* am Arbeitsgericht und welchen Zweck hat es?
4. Warum gibt es keinen Anwaltszwang in der I. Instanz der Arbeits- und Sozialgerichte?
5. Sie suchen aufgrund einer Sportverletzung einen Arzt auf, der Sie zwar behandelt, dessen Anordnungen Sie aber nicht vertrauen. Deshalb vergewissern Sie sich bei einem zweiten Arzt, ob es nicht noch wirksamere Heilmethoden gibt. Der Arzt stellt Ihnen eine Privatrechnung, weil sie ja schon eine Diagnose erhalten haben. Wie ist die Rechtslage?
Wo könnten Sie eventuell Widerspruch einlegen oder sogar klagen?
6. Ihr Vater erhält die Mitteilung, dass er auf Vorschlag seiner Gewerkschaft zum Laienrichter am Arbeitsgericht berufen wurde. Er will aber das Amt nicht antreten, da er Probleme mit Fehlzeiten an seinem Arbeitsplatz befürchtet. Kann er die Berufung ablehnen?
7. Sie sind nach der Ausbildung arbeitslos, die zuständige Agentur für Arbeit verweigert die Zahlung von ALG I, da Sie die Ihnen angebotene Tätigkeit als Küchenhelfer ablehnen. Wie ist die Rechtslage?
8. Die Grafik zeigt den Weg durch die Instanzen der Arbeitsgerichtsbarkeit. Verfolgen Sie den Weg eines Arbeitsgerichtsprozesses von der Klageerhebung bis zum letztinstanzlichen Urteil.
Welchen Sinn hat der Gütetermin?
Warum gibt es drei Instanzen?

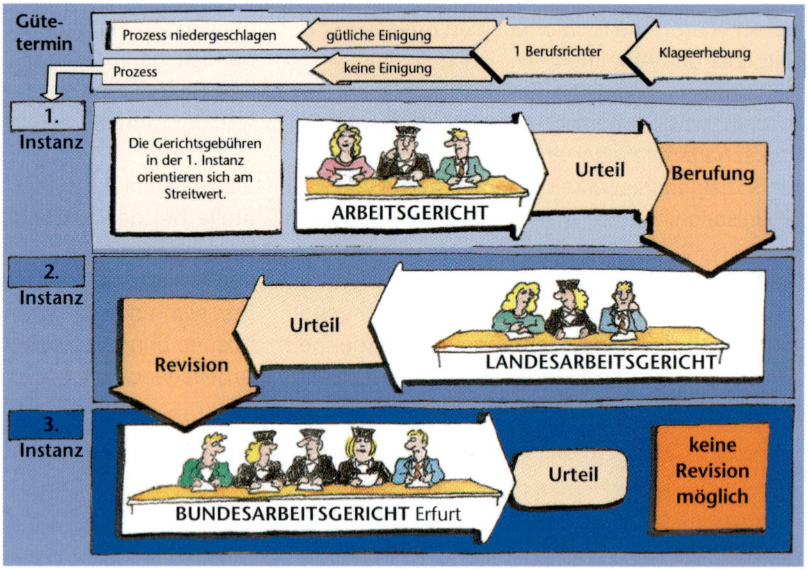

Die Lösungen zum Überprüfen Ihrer Antworten finden Sie auf Seite 118.
Haben Sie alle Antworten richtig beantwortet, dann sind Sie für die Abschlussprüfung im **Prüfungsgebiet 6: Arbeits- und Sozialgerichtsbarkeit** gut vorbereitet.

Beantworten Sie nun die Multiple-Choice-Fragen.

WISO kompakt ISBN: 978-3-582-57481-7

Multiple-Choice-Fragen – Kreuzen Sie die richtige Lösung an!

1. Welches Gericht ist zuständig für die Klage eines Versicherten gegen seinen Bescheid zum ALG I?

1. Widerspruchstelle beim Jobcenter ☐
2. Arbeitsgericht ☐
3. Verwaltungsgericht ☐
4. Sozialgericht ☐
5. Bundesarbeitsgericht ☐

2. Welches Gericht ist zuständig für die Klage eines Arbeitnehmers gegen eine Kündigung?

1. Amtsgericht ☐
2. Arbeitsgericht ☐
3. Sozialgericht ☐
4. Landgericht ☐
5. Verwaltungsgericht ☐

3. Welches Gericht ist zuständig für die Klage eines Arbeitslosen gegen den Bescheid seiner Wohnsitzgemeinde zur Sozialhilfe?

1. Amtsgericht ☐
2. Arbeitsgericht ☐
3. Sozialgericht ☐
4. Landgericht ☐
5. Verwaltungsgericht ☐

4. Am Arbeitsgericht unterbreitet der Richter im Urteilsverfahren vor Prozessbeginn immer einen Gütevorschlag. Was bedeutet das?

1. Vorschlag, den Fall erst am Amtsgericht zu verhandeln ☐
2. Appell an die Verfahrensbeteiligten, auf Drohungen in der Verhandlung zu verzichten ☐
3. Hinweis, geübten Rechtsvertretern Prozessvollmacht zu erteilen, z. B. Anwälten ☐
4. Hinweis an Kläger und Beklagte, wegen hoher Kosten auf das Verfahren zu verzichten ☐
5. Hinweis an die Prozessbeteiligten, sich vor Verfahrensbeginn außergerichtlich zu einigen ☐

5. Wer *entscheidet* als erste Stelle bei Streitigkeiten aus Berufsausbildungsverhältnissen?

1. Arbeitsgericht ☐
2. Landesarbeitsgericht ☐
3. Sozialgericht ☐
4. Landessozialgericht ☐
5. Schlichtungsstelle bei der IHK oder Innung ☐

6. Was gilt für die Gerichtskosten bei Sozialgerichtsverfahren?

1. Die Verfahren sind kostenfrei. ☐
2. Die Kosten betragen einheitlich 500 €. ☐
3. Die Kosten orientieren sich am Streitwert. ☐
4. Die Kosten richten sich nach dem Einkommen des Klägers. ☐
5. Der Beklagte muss alle Kosten tragen. ☐

7. Welche Aussage im Zusammenhang mit einer Kündigungsschutzklage ist *falsch*?

1. Der Staatsanwalt erhebt Anklage. ☐
2. Es wirken ehrenamtliche Richter mit. ☐
3. Der Richter unterbreitet zuerst einen Gütevorschlag. ☐
4. In der I. Instanz tragen Kläger und Beklagte ihre Kosten selbst. ☐
5. Der Kläger kann sich von einer Person seines Vertrauens vertreten lassen. ☐

8. Welche Aussage trifft im Zusammenhang mit der Sozialgerichtsbarkeit zu?

1. Das Gericht ist nur für Klagen gegen den Sozialhilfebescheid zuständig. ☐
2. Die Verhandlung ist in der Regel öffentlich. ☐
3. Die Berufsrichter haben doppeltes Stimmrecht. ☐
4. Es muss erst ein Kostenvorschuss geleistet werden. ☐
5. Zuständig ist das Gericht in dem Ort, in dem der Arbeitgeber seinen Betriebssitz hat. ☐

9. Welche Voraussetzungen müssen ehrenamtliche Richter am Sozialgericht erfüllen?

1. Sie brauchen eine juristische Vorbildung. ☐
2. Sie müssen Mitglied einer Gewerkschaft sein. ☐
3. Sie müssen Mitglied eines Arbeitgeberverbands sein. ☐
4. Sie müssen mindestens 25 Jahre alt sein. ☐
5. Sie dürfen selbst keine Sozialleistungen beziehen. ☐

10. Warum sind die Revisionsmöglichkeiten gegen Urteile von Arbeitsgerichten eingeschränkt?

1. Diese Gerichte sollen vor Überlastung geschützt werden. ☐
2. Kläger sollen vor großen Kosten geschützt werden. ☐
3. Meinungsverschiedenheiten zwischen Arbeitgeber und Arbeitnehmer sollen im Betrieb gelöst werden. ☐
4. Arbeitsgerichte sind Sondergerichte und behandeln nur ausgewählte Fälle. ☐
5. Die Tarifvertragsparteien sollen ihre Angelegenheiten selbst regeln. ☐

11. Sie wollen gegen Ihre Entlassung aus einem Arbeitsverhältnis klagen, können sich aber keinen Anwalt leisten. Was gilt?

1. Sie können Prozesskostenbeihilfe beantragen. ☐
2. Das Arbeitsgericht stellt Ihnen kostenlos einen Rechtsanwalt. ☐
3. Sind Sie Gewerkschaftsmitglied, erhalten Sie automatisch einen Anwalt gestellt. ☐
4. Der Beklagte muss Ihre Kosten übernehmen. ☐
5. Sie müssen Ihren Anwalt in jedem Fall selbst bezahlen. ☐

12. Eine Bürgergeld-Empfängerin wird von der Arbeitsagentur in einen sogenannten „Ein-Euro-Job“ vermittelt. Sie will gegen diese Anordnung klagen, da sie drei Kleinkinder zu versorgen hat. Welches Gericht ist zuständig?

1. Arbeitsgericht ☐
2. Sozialgericht ☐
3. Verwaltungsgericht ☐
4. Finanzgericht ☐
5. Amtsgericht ☐

Hinweis:
In einigen Berufen werden Sie in der Abschlussprüfung in WISO künftig angebotene Begriffe in einen Lückentext einsetzen müssen.
Beispiel: Setzen Sie die Begriffe an die richtige Stelle in der Beschreibung des Ablaufs von Arbeitsgerichtsverfahren.

A Güteverhandlung
B Firmensitz
C Kündigung
D Rechtsschutz
E Berufung
F Beisitzer
G Protokoll

Herr Fleissig ist seit 15 Jahren bei der Fa. Guss AG als Vorrichter tätig, die ihm mit einer Frist von zwei Wochen gekündigt hat. Fleissig will gegen diese_____ beim Arbeitsgericht klagen. Zuständig ist das Gericht am ______. Da er Mitglied einer Gewerkschaft ist, bekommt er von dieser _____. Sein Vertreter reicht die Klage schriftlich ein, Fleissig könnte sie auch beim Arbeitsgericht zu _____ geben. Der Richter beginnt das Verfahren mit einer ______ , an der auch die beiden ____ von AG- und AN-Organisationen Fragen stellen. Fleissig und sein Anwalt lehnen aber den Gütevorschlag ab und sollte die Fa. Guss AG die Kündigung nicht zurücknehmen, wird Fleissig ____ beim Landesarbeitsgericht einlegen.

Die Lösungen finden Sie auf Seite 118.

Arbeiten Sie jetzt das **7. Prüfungsgebiet: Bürgerliches Recht und Vertragsrecht** durch.

WISO kompakt ISBN: 978-3-582-57481-7

7 Bürgerliches Recht und Vertragsrecht

Prüfungsgebiete	Prüfungsteilgebiete	Prüfungsinhalte
Rechtsordnung, Geschäftsfähigkeit, Vertragsrecht	**Grundlagen der Rechts- und Geschäftsfähigkeit und des rechtsgeschäftlichen Handelns**	• Rechts- und Geschäftsfähigkeit • Lebensalter und Recht • Arten von Rechtsgeschäften • Abwicklung von Rechtsgeschäften • Zahlungsverkehr
	Wesentliche Grundlagen des Vertragsrechts und des Schuldrechts	• allgemeines Vertragsrecht • Vertragsarten • Schuldrecht, Verjährung • Leistungsstörungen beim Kaufvertrag

7.1 Rechtsfähigkeit und Geschäftsfähigkeit

Jeder Mensch steht von der Geburt bis zum Tod in persönlichen und rechtlichen Beziehungen zu seiner Umwelt. Aber nicht nur Menschen, sondern auch Unternehmen, Vereine und Gebietskörperschaften – wie Gemeinden, Städte und Staaten – wickeln untereinander Rechtsgeschäfte ab. Die Rechtsordnung regelt und sichert dieses Zusammenleben.

Hierbei wird unterschieden:

Öffentliches Recht	Privates Recht
Rechtsbeziehungen zwischen Staat und Bürger und den staatlichen Einrichtungen untereinander	Rechtsbeziehungen der Menschen untereinander
Es entwickelte sich als Abwehrrecht gegen den Staat und schützt vor staatlicher Willkür.	Es entwickelte sich als Gewohnheitsrecht über viele Jahrhunderte und regelt das Zusammenleben der Menschen untereinander.
z. B. Grundgesetz, Strafrecht, Völkerrecht usw.	z. B. Bürgerliches Gesetzbuch, Arbeitsrecht usw.

In Deutschland sind nach Artikel 2 und Artikel 3 des Grundgesetzes (GG) alle Menschen frei und gleich an Rechten – sie sind rechtsfähig. Die Geschäftsfähigkeit hingegen ist nach dem Alter gestuft.

Es wird unterschieden zwischen:

<table>
<tr><th colspan="3">Rechtsfähigkeit
Fähigkeit, Rechte und Pflichten wahrzunehmen</th><th>Geschäftsfähigkeit
Fähigkeit, Rechtsgeschäfte wirksam abschließen zu können</th></tr>
<tr><td colspan="3">Rechtsfähig sind</td><td>Geschäftsfähig sind</td></tr>
<tr><td>natürliche Personen</td><td colspan="2">juristische Personen</td><td>natürliche Personen, gestuft nach dem Lebensalter</td></tr>
<tr><td></td><td>des privaten Rechts</td><td>des öffentlichen Rechts</td><td rowspan="2">• geschäftsunfähig: bis 6 Jahre und Personen, die beispielsweise geisteskrank sind
• beschränkt geschäftsfähig: von 7 bis 17 Jahre und Personen, die unter Betreuung stehen
• voll geschäftsfähig: ab 18 Jahren</td></tr>
<tr><td>alle Menschen ohne Rücksicht auf Alter, Nationalität usw.

• beginnt mit der Geburt
• endet mit dem Tod</td><td>z. B.
a) Kapitalgesellschaften (AG, GmbH),
b) Vereine (e. V.)
• beginnt mit Eintrag in das a) Handelsregister b) Vereinsregister
• endet bei a) und b) mit der Löschung des Eintrags</td><td>z. B. Gemeinden, Bundesländer, Landwirtschaftskammern, Industrie- und Handelskammern, Handwerkskammern
• beginnt mit Errichtung, z. B. der Handwerkskammern in den neuen Bundesländern 1991
• endet mit Aufhebung, z. B. bei einer Zusammenlegung von Gemeinden</td></tr>
</table>

Im Rahmen von Rechtsgeschäften mit beschränkt Geschäftsfähigen besteht eine Sonderregelung. Derartige Rechtsgeschäfte sind **schwebend unwirksam** – das heißt, sie erfordern die Zustimmung des gesetzlichen Vertreters bzw. der Eltern. Eine Ausnahme bildet hier wiederum der sogenannte **Taschengeldparagraf:** Ein Rechtsgeschäft ist in diesem Fall immer dann gültig, wenn es für einen Minderjährigen im Rahmen seines Taschengelds stattfindet – wenn beispielsweise eine 12-Jährige eine Blu-Ray-Disc von ihrem Taschengeld kauft und der Preis entsprechend angemessen ist.
Das tägliche Leben besteht aus einer Vielzahl von Rechtsgeschäften. Dies wird uns in alltäglichen Situationen gar nicht oder kaum bewusst, denn für die Gültigkeit dieser Rechtsgeschäfte ist kein schriftlicher Vertrag notwendig (Kauf von Zeitschriften, Brötchen usw.). Auch diese mündlich abgeschlossenen Verträge sind gültig.
Welche Rechtsgeschäfte hingegen schriftlich zu erfolgen haben, wird durch Gesetze geregelt, wie z. B. im Falle der Kündigung eines Mitarbeiters, des Kaufs einer Ware gegen Abzahlung oder des Kaufs eines Grundstücks. Grundstückskäufe müssen sogar durch einen Notar öffentlich beurkundet werden.

Besonders zu beachten ist jedoch immer, in welchen Fällen ein Rechtsgeschäft anfechtbar oder gar nichtig ist.

7.2 Anfechtbare und nichtige Rechtsgeschäfte

Anfechtbare Rechtsgeschäfte

Grundsätzlich geht man davon aus, dass Rechtsgeschäfte, z. B. der Kauf eines gebrauchten Pkw, nach *Treu und Glauben* abgeschlossen werden. In diesem Fall bedeutet dies, dass der Pkw auch tatsächlich die Eigenschaften besitzt, die der Verkäufer zusichert. Der Käufer verlässt sich auf diese Zusicherung, und Verkäufer und Käufer wiederum verlassen sich darauf, dass das Geschäft Zug um Zug abgeschlossen wird. Ist dies nicht der Fall, so liegt ein anfechtbares Rechtsgeschäft vor. Es ist zwar gültig, kann aber nach Abschluss von einem der Vertragspartner angefochten werden, z. B. immer dann, wenn ein Geschäft

- durch **arglistige Täuschung** zustande gekommen ist.
  Beispiel: Ein gebrauchter Pkw wurde als unfallfrei angeboten, ist es aber nicht.
- unter **widerrechtlicher Drohung** erpresst wurde.
  Beispiel: Der Verkäufer erzwingt den Kauf eines gebrauchten Pkw, weil er den Käufer mit dem Wissen um dessen eventuell unentdeckte Straftaten erpressen kann.
- **irrtümlich** abgeschlossen wurde.
  Beispiel: Der Käufer möchte unmissverständlich einen bestimmten Pkw kaufen, es wird aber ein anderes Modell im Kaufvertrag genannt.

WISO kompakt ISBN: 978-3-582-57481-7

Wird ein anfechtbares Rechtsgeschäft angefochten, so wird es rückwirkend unwirksam. Die Anfechtung muss bei Irrtum unverzüglich nach Kenntnis des Irrtums, im Übrigen innerhalb eines Jahres erfolgen.

Nichtige Rechtsgeschäfte
Nichtige Rechtsgeschäfte sind solche, die von Anfang an ungültig sind. Sie müssen nicht angefochten werden, sondern gelten als nicht abgeschlossen, z. B. dann, wenn ein Rechtsgeschäft

- **gegen Strafgesetze verstößt.**
  Beispiel: der Handel mit verbotenen Drogen
- **ein Scheingeschäft ist.**
  Beispiel: Ein Arbeitgeber schließt Arbeitsverträge, um Lohnkostenzuschüsse zu erlangen, ohne Mitarbeiter überhaupt beschäftigen zu wollen oder zu können.
- **ein Scherzgeschäft ist.**
  Beispiel: der Verkauf eines Grundstücks auf dem Mond
- **sich nicht an Formvorschriften hält.**
  Beispiel: der Kauf eines Grundstücks ohne notarielle Beurkundung
- **mit Geschäftsunfähigen geschlossen wird.**
  Beispiel: der Kauf eines Motorrads durch ein 5-jähriges Kind
- **mit Personen abgeschlossen wird, die nicht im vollen Besitz ihrer geistigen Kräfte sind.**
  Beispiel: Ein unter Drogen Stehender verkauft seine Eigentumswohnung.

7.3 Alles geregelt – Vertragsarten

Im privaten Bereich schaffen Vereinbarungen ein Vertrauensverhältnis der Menschen untereinander – man kann sich aufeinander verlassen, wenn die Partner sich an die Vereinbarungen halten. Gleiches gilt im Geschäftsleben, wenn Kunde und Lieferant einen Vertrag abschließen, z. B. einen Kaufvertrag über eine Sache.
Kunde kann beispielsweise die Großküche eines Seniorenstifts sein und der Lieferant ein Großhändler. In diesem Fall übernehmen beide Verpflichtungen. Werden diese Verpflichtungen nicht eingehalten, dann kommt es zu Leistungsstörungen (siehe Abschnitt 7.5). Im Privat- und im Geschäftsleben fallen eine Vielzahl von Verträgen an, deren Formvorschriften im Bürgerlichen Gesetzbuch, aber auch in anderen Gesetzen geregelt sind.

Alle Verträge kommen durch zwei inhaltlich voll übereinstimmende, rechtsgültige Willenserklärungen der beiden Vertragspartner zustande. Zu unterscheiden sind:

- Verpflichtungsgeschäft:
  Beide Vertragspartner gehen Verpflichtungen ein.
- Erfüllungsgeschäft:
  Beide Vertragspartner müssen die eingegangenen Verpflichtungen erfüllen.

Eine **Ausnahme** bilden **einseitige Rechtsgeschäfte.** Hierbei handelt es sich um:

- empfangsbedürftige Willenserklärungen, z. B. die Kündigung eines Arbeitsverhältnisses,
- nicht empfangsbedürftige Willenserklärung, z. B. die Errichtung eines Testaments.

7.3.1 Der Kaufvertrag

Ein Kaufvertrag regelt den Übergang einer Sache vom Verkäufer zum Käufer. Er besteht aus einem Verpflichtungs- und einem Erfüllungsgeschäft und kommt zustande durch

Angebot oder Antrag.

Fall A		Fall B
Der **Verkäufer macht ein Angebot:** „Das Smartphone der Marke XYZ kostet 200 €.“ **Willenserklärung I (Verpflichtungsgeschäft)**	**Durch volle inhaltliche Übereinstimmung kommt der Kaufvertrag zustande (mündlich oder schriftlich).**	Der **Käufer stellt einen Antrag:** „Ich möchte ein Smartphone der Marke XYZ für 200 € kaufen.“ **= Willenserklärung I (Verpflichtungsgeschäft)**
Der Käufer nimmt das Angebot an **= Willenserklärung II (Erfüllungsgeschäft)** und bestellt die Ware oder bezahlt den vereinbarten Preis für die Ware und erhält sie vom Verkäufer.		**Der Verkäufer nimmt den Antrag an** **= Willenserklärung II (Erfüllungsgeschäft)** und übergibt die Ware, überträgt das Eigentum und erhält den vereinbarten Preis vom Käufer.

Jeder Kaufvertrag soll folgende Punkte regeln:

- Art und Beschaffenheit der Ware, z. B. Smartphone der Marke XYZ, Modell Alpha-x;
- Preis der Ware, z. B. Smartphone 200,- € inklusive 19 % Mehrwertsteuer;
- Lieferbedingungen, z. B. unfrei, frei, frei Haus, ab Werk;

- Zahlungsbedingungen, z. B. Zahlung Zug um Zug, innerhalb einer Frist, nach Ablauf einer vereinbarten Frist, Vorauszahlung, Anzahlung + Restzahlung, Ratenzahlung.
  Ein Rabatt, z. B. 10 % Mengenrabatt, muss extra vereinbart werden, ein Skonto hingegen, z. B. 2 % bei Barzahlung innerhalb von 30 Tagen, ist nur innerhalb einer vereinbarten Frist üblich.
- Erfüllungsort, z. B. der Geschäftssitz des Verkäufers, wenn nichts anderes vereinbart ist;
- Gerichtsstand, z. B. der Wohnort des Käufers, wenn nichts anderes vereinbart ist;
- allgemeine Geschäftsbedingungen (AGB), sie dürfen den Käufer nicht unangemessen benachteiligen.

Nicht alle Warenkäufe werden Zug um Zug, also Ware gegen Geld abgewickelt. Es sind ebenfalls üblich:
- **Kauf auf Probe,** z. B., wenn ein Fahrrad vom Kunden erprobt wird und er erst dann über den Kauf entscheidet;
- **Kauf nach Probe,** z. B., wenn ein Fahrrad vom Kunden erprobt wird und er erst dann bezahlt;
- **Kauf zur Probe,** z. B., wenn ein Fahrrad vom Kunden ohne Kaufabsicht erprobt wird;
- **Kauf auf Abruf,** z. B., wenn ein Händler bei seinem Großhändler 100 Fahrräder ordert und sie je nach Geschäftsgang abruft;
- **Kommissionskauf,** z. B., wenn ein Pkw-Händler nur als Vermittler beim Verkauf eines Gebrauchtwagens auftritt.

Eine Besonderheit unter den Kaufverträgen sind sogenannte **Fernabsatzverträge.** Hier stehen sich Käufer und Verkäufer nicht direkt gegenüber, sondern Angebot, Bestellung und Auftragsannahme erfolgen per Katalogbestellung, telefonisch, per Internet oder SMS – auch ***E-Commerce*** genannt.

In diesem Fall hat der **Verkäufer** besondere **Informationspflichten,** denn er muss beispielsweise genaue Auskunft geben über:
- Name und Anschrift,
- wesentliche Merkmale sowie Preis, Nebenkosten und sonstige Kosten der Ware oder Dienstleistung,
- ein Widerrufsrecht usw.

Der **Käufer** hat bei Fernabsatzverträgen ein **Widerrufsrecht,** das heißt, er kann innerhalb von zwei Wochen vom Kaufvertrag zurücktreten. Ausnahmen bilden u. a. Zeitungen, auf Bestellung hin speziell angefertigte Waren, Waren aus Versteigerungen usw.

7.3.2 Eine Übersicht: sonstige Vertragsarten

Neben den „alltäglichen“ Kaufverträgen werden im privaten und geschäftlichen Umgang eine Vielzahl weiterer Verträge abgeschlossen.

Vertragsart	Vertragspartner	Beispiel
Mietvertrag	Mieter – Vermieter	Eine Familie (= privat) mietet eine Vierzimmerwohnung in einem Mehrfamilienhaus.
Pachtvertrag	Verpächter – Pächter	Ein Betrieb (= gewerblich) pachtet eine benachbarte Halle für 10 Jahre. (Pachtvertrag = gewerblicher Mietvertrag)
Darlehensvertrag	Bank – Bankkunde	Ein Privatkunde vereinbart einen Dispositionskredit mit seiner Bank, oder ein Geschäftskunde schließt mit seiner Hausbank einen Darlehensvertrag ab.
Dienstvertrag	Arbeitnehmer – Arbeitgeber	Ein Betrieb stellt einen Mitarbeiter auf Zeit oder auf Dauer ein. Hinweis: Ein Arbeitsvertrag ist immer ein Dienstvertrag, es kommt nicht auf das Ergebnis der Tätigkeit an, sondern nur auf die Arbeitszeit.
Ausbildungsvertrag	Auszubildender – Ausbildender	Ein Unternehmen schließt mit einem 16-Jährigen einen Ausbildungsvertrag zum Bürokaufmann ab.
Werkvertrag	Handwerker – Kunde	Ein Betrieb beauftragt einen Handwerker, einen Kurzschluss zu beheben. *Hinweis:* Ein Werkvertrag fordert die Erfüllung des Werkes, in diesem Fall die Behebung des Schadens.
Werklieferungsvertrag	Lieferant – Kunde	Ein Betrieb bestellt eine Klimaanlage und lässt sie einbauen. *Hinweis:* Der Werklieferungsvertrag fordert Lieferung und Erfüllung des Werkes, in diesem Fall das Funktionieren der Klimaanlage.
Leihvertrag	Verleiher – Kunde	Ein Kunde erhält kostenlos oder gegen Gebühr einen Leihwagen für die Dauer einer Pkw-Reparatur.
Haustürgeschäft	Verkäufer – Kunde	Ein Kunde bestellt bei einem Handelsvertreter „an der Haustür“ einen Staubsauger zum Preis von 2000 €. *Hinweis:* Der Kunde hat ein Widerrufsrecht von zwei Wochen ohne Angabe von Gründen.

WISO kompakt ISBN: 978-3-582-57481-7

Es gelten – je nach Vertragsart – **zusätzlich zum Bürgerlichen Gesetzbuch** (BGB) weitere, aber unterschiedliche gesetzliche Regelungen und privatrechtliche Vereinbarungen, so beispielsweise beim

- Ausbildungsvertrag: Berufsbildungsgesetz, Tarifvertragsgesetz, Jugendarbeitsschutzgesetz, Ausbildungsvertrag, Betriebsordnung u. a.,
- Darlehensvertrag: Geldwäschegesetz, Geschäftsbedingungen der Bank u. a.

7.4 Zahlungsverkehr

Rechtsgeschäfte bestehen in der Regel aus Leistung und Gegenleistung, z. B. Ware gegen Kaufpreis oder Arbeitsleistung gegen Lohn bzw. Gehalt. Die Geschäftspartner werden als **Schuldner** und **Gläubiger** bezeichnet.

- Schuldner ist derjenige, der dem Gläubiger gegenüber eine Leistung erbringen muss – zum Beispiel der Käufer einer Ware oder Dienstleistung, indem er sie bezahlen muss.
- Gläubiger ist derjenige, der berechtigt ist, vom Schuldner eine Leistung zu fordern – zum Beispiel der Verkäufer einer Ware oder der Anbieter einer Dienstleistung, der für eine Leistung den vereinbarten Preis erhält.

Im **Zahlungsverkehr** unterscheidet man je nach Art der Übergabe einer Geldschuld

- Barzahlung,
- halbbare Zahlung,
- bargeldlose Zahlung,
- Online-Banking,
- Internet-Bezahlsysteme.

7.4.1 Barzahlung – halbbare Zahlung

Barzahlung ist nur noch bei kleineren Beträgen für Waren oder Dienstleistungen üblich. Dabei wird der fällige Betrag vom Schuldner an den Gläubiger direkt übergeben, z. B.

- beim Einkauf an der Kasse eines Supermarkts,
- bei der Übergabe durch einen Boten,
- in einem Wertbrief oder einem Einschreibebrief an den Empfänger (allerdings nur noch sehr selten).

Bei einer **halbbaren Zahlung** muss einer der beiden Geschäftspartner ein Konto bei einer Bank oder Sparkasse besitzen. Der Schuldner zahlt den für eine Leistung fälligen Betrag mittels Zahlschein am Bankschalter auf das Konto des Gläubigers ein. Eine Sonderform der halbbaren Zahlung ist die Zahlung per Nachnahme. Hier übergibt der Lieferant die Ware nur dann an den Empfänger, wenn dieser ihm den dafür geforderten Betrag bei der Warenübergabe bar bezahlt.

7.4.2 Bargeldlose Zahlung

Heutzutage ist der **bargeldlose Zahlungsverkehr** der Normalfall. Voraussetzung hierfür ist allerdings, dass beide Geschäftspartner ein sogenanntes Girokonto bei einer Bank oder Sparkasse besitzen. Die Abwicklung des Zahlungsverkehrs erfolgt dann zwischen den jeweiligen Konten – die hier bewegten Beträge werden aus diesem Grunde auch **Buchgeld** oder **Giralgeld** genannt.

Die bargeldlose Bezahlung einer Geldschuld kann erfolgen durch

- die Übergabe eines Verrechnungsschecks,
- eine Einzelüberweisung, z. B. bei unregelmäßigen Zahlungen wie Einmalkäufen,
- einen Dauerauftrag, z. B. bei regelmäßigen, gleichbleibenden Zahlungen wie Miete, Lohn/Gehalt usw.,
- ein Lastschriftverfahren; hier räumt der Schuldner dem Gläubiger das Recht ein, von seinem Konto Geld abzubuchen; das kann in Form einer Einzugsermächtigung oder durch einen Abbuchungsauftrag erfolgen;
- eine Geldkarte; hier kann ein Chip mit Geld vom eigenen Konto „aufgeladen“ werden, sodass kleinere Beträge damit bezahlt werden können;
- eine Bankkarte (früher EC-Karte); sie wird von Banken ausgegeben und gewährt dem Kontoinhaber meist einen Dispositionskredit;
- eine Kreditkarte; sie wird von Banken oder speziellen Kreditinstituten ausgegeben und erlaubt die weltweite Bezahlung, z. B. *Visa*- oder *Mastercard.*
- Abwicklung der Bezahlung über einen internetbasierten Bezahldienst, z. B. PayPal; er wickelt die Bezahlung zwischen Kunde und Verkäufer ab, die so nicht mehr direkt miteinander in Kontakt treten müssen.

7.5 Leistungsstörungen

Mit dem Gesetz zur Modernisierung des Schuldrechts im Jahr 2002 wurden Mängel im Bürgerlichen Gesetzbuch beseitigt und besonders das Kaufvertragsrecht den Erfordernissen des modernen Geschäftsverkehrs angepasst. Dadurch wurde nicht nur der Verbraucherschutz verbessert, sondern es wurden auch mögliche, bei Rechtsgeschäften als Leistungsstörungen auftretende Probleme einheitlich und übersichtlich geregelt. Es wird unterschieden:

Leistungsstörungen verursacht durch

- **den Verkäufer** (Lieferant)
  - **Nicht-Rechtzeitig-Lieferung**
  - **Schlechtleistung**
- **den Käufer** (Kunde)
  - **Gläubigerverzug**
  - **Nicht-Rechtzeitig-Zahlung**

Der Verkäufer hat sich im Kaufvertrag verpflichtet,	
die Ware am rechten Ort, zur rechten Zeit und in der rechten Art und Weise zu liefern.	eine mangelfreie Ware zu liefern.
Die Ware wird jedoch durch Verschulden des Lieferanten nicht rechtzeitig geliefert, deshalb liegt eine „Nicht-Rechtzeitig-Leistung“ vor.	Die Ware hat jedoch ■ **Rechtsmängel** (§ 435 BGB), z. B. • der Verkäufer ist nicht Eigentümer der Ware • die Ware ist mit einem Pfandrecht belastet ■ **Sachmängel** (§ 434 BGB), z. B. die Ware • ist fehlerhaft • ist eine Falschlieferung • ist eine Zuwenig-Lieferung • hat Montagemängel • hat eine mangelhafte Montageanleitung • hat nicht die in der Werbung zugesicherten Eigenschaften
Der **Käufer** als Vertragspartner	
hat das Recht auf ■ **Lieferung + Schadenersatz** (für den Verzögerungsschaden) ■ **Schadenersatz statt Leistung** (für den Nichterfüllungsschaden) **und gleichzeitig** ■ **Rücktritt vom Vertrag**	hat das Recht **vorrangig auf** ■ **Nacherfüllung** durch • Nachbesserung oder • Neulieferung zusätzlich das Recht auf Schadenersatz neben der Leistung, wenn ein Verschulden des Verkäufers vorliegt; **nachrangig auf** ■ **weitere Sanktionen** (nach Ablauf der Frist zur Nacherfüllung): • Rücktritt vom Vertrag • Minderung • Schadenersatz statt Leistung • Ersatz vergeblicher Aufwendungen

Der Käufer hat sich im Kaufvertrag verpflichtet,	
die bestellte Ware abzunehmen.	den Kaufpreis wie vereinbart zu bezahlen.
Der Käufer weigert sich bei Lieferung, die Ware anzunehmen.	Die Ware wird jedoch durch den Schuldner (Käufer) nicht rechtzeitig bezahlt, deshalb liegt ein Schuldnerverzug vor. Der Verkäufer (Gläubiger) hat neben den unten genannten Rechten das Recht auf Verzugszinsen. Sie betragen: **Basiszinssatz + Verzugszinssatz** 2024: Basiszinssatz: 3,12 %, Verzugszinssatz für Verbrauchergeschäfte: 5 % über dem Basiszinssatz (§ 288 (1) BGB; den Basiszinssatz legt die Bundesbank nach Vorgaben der Europäischen Zentralbank halbjährlich fest.)
Der **Verkäufer** (Gläubiger) als Vertragspartner	
hat das Recht auf ■ Klage auf Abnahme der Ware ■ Hinterlegung oder Selbsthilfeverkauf ■ Kostenerstattung	hat das Recht auf ■ **Zahlung + Schadenersatz** (für den Verzögerungsschaden) ■ **Ersatz** vergeblicher Aufwendungen, z. B. Vertragskosten ■ **Schadenersatz statt Leistung** (für den Nichterfüllungsschaden) **und gleichzeitig** ■ **Rücktritt vom Vertrag**

WISO kompakt ISBN: 978-3-582-57481-7

7.6 Verjährungsfristen

Im reformierten Schuldrecht gibt es nach § 438 BGB auch neue Fristen für die Verjährung von Mängelansprüchen, z. B. bei Sach- und Rechtsmängeln.

Sie betragen
- **2 Jahre:** übliche Verjährungsfrist im Geschäftsverkehr, sofern nicht aus anderen Gründen längere Fristen bestehen
- **3 Jahre:** für arglistig verschwiegene Mängel
- **5 Jahre:** für Mängel an Bauwerken und an Sachen, die darin fest eingebaut sind, z. B. Fenster, Türen usw.
- **30 Jahre:** für Rechte, die in ein Grundbuch eingetragen sind, für sogenannte *dingliche Herausgabeansprüche*

Daneben gibt es noch allgemeine Verjährungsfristen nach § 194 ff.

Sie betragen:
- **3 Jahre:** für allgemeine Ansprüche, soweit nicht anders geregelt
- **10 Jahre:** für Rechte an Grundstücken
- **30 Jahre:** beispielsweise für familien- und erbrechtliche Ansprüche

Eine Verjährung beginnt in jedem Fall am Schluss des Jahres, in welchem ein Gläubiger von einem Mangel Kenntnis erhält. Ausnahmen bilden u. a. Mängel und Rechte an Grundstücken und Gebäuden. Nach Eintritt der Verjährung besteht ein Rechtsanspruch zwar weiter, der Schuldner ist aber berechtigt, die Leistung zu verweigern. Das Gleiche gilt auch für den Verkäufer einer Ware, die mit Mängeln behaftet ist. Die Verjährung wird gehemmt, das heißt, es tritt eine Pause in der Verjährungsfrist ein, und zwar bei
- Rechtsverfolgung des Anspruchs,
- Verhandlungen über den Anspruch,
- Leistungsverweigerung,
- höherer Gewalt.

Mit diesen Änderungen ist das neue Schuldrecht auch EU-weit harmonisiert.

Bei Sachgütern wird im Geschäftsleben zwischen Gewährleistung, auch Mängelhaftung genannt, und Garantie unterschieden.
- **Gewährleistung:** Der Kunde hat darauf einen Rechtsanspruch, Fristen siehe links. Sie gilt übrigens auch für gebrauchte Waren, hier beträgt sie ein Jahr.
- **Garantie:** eine zusätzlich zur gesetzlichen Gewährleistung angebotene freiwillige Zusicherung des Verkäufers. Der Käufer kann daraus keinen Rechtsanspruch an den Verkäufer ableiten. Lange Garantiefristen sind meist ein Marketinginstrument, um den Käufer an die lange Mängelfreiheit eines Konsumguts glauben zu lassen.

Aufgaben

Offene Fragen

Formulieren Sie Ihre Antworten in Stichpunkten und vermeiden Sie es, auf den vorhergehenden Seiten nachzusehen.

1. Unterscheiden Sie mit je einem Beispiel zwischen Rechts- und Geschäftsfähigkeit.
2. Kreuzen Sie an: öffentliches Recht (Ö), Privatrecht (P):
   a) Privatperson mietet eine Wohnung. Ö P
   b) Unternehmen stellt eine Mitarbeiterin ein. Ö P
   c) Polizei verhaftet einen Einbrecher. Ö P
   d) Ein Verein veranstaltet eine Tombola. Ö P
   e) Ein Betrieb kündigt Mitarbeitern aufgrund eines Auftragsmangels. Ö P
3. Ein 13-Jähriger kauft von seinem ersparten Taschengeld (12 €/Woche) im Secondhandshop ein Smartphone zum Preis von 35 €. Sein Vater will den Kauf rückgängig machen. Erläutern Sie die Rechtslage.
4. Nennen Sie je zwei konkrete Beispiele für anfechtbare und für nichtige Rechtsgeschäfte.
5. Geben Sie jeweils die Vertragsart an:
   a) Ein Auszubildender leiht sich ein Fachbuch aus der Stadtbibliothek.
   b) Eine Auszubildende lässt sich ein Trachtenkostüm nähen, den Stoff besorgt die Schneiderin.
   c) Ein Kunde vereinbart mit seiner Bank einen Dispositionskredit über 5.000 €.
   d) Ein Gastwirt „mietet" eine Gastwirtschaft an.
   e) Ein Betrieb stellt Saisonarbeitskräfte ein.
   f) Ein Mieter lässt einen verstopften Abfluss von einem Installateur reinigen.
   g) Eine Auszubildende mietet für 12 Monate ein Appartement.
6. Beschreiben Sie möglichst genau die jeweilige Zahlungsart:
   a) Eine Telefongesellschaft lässt die monatliche Telefonrechnung abbuchen.
   b) Eine Mieterin beauftragt ihre Bank, die Miete monatlich zu überweisen.
   c) Ein Kunde bezahlt eine Lieferung per Nachnahme.
   d) Ein Gast bezahlt seine Hotelrechnung mit Kreditkarte.
   e) Eine Kundin kauft zwei Buletten und ein Getränk am Kiosk.
7. Weisen Sie nach, wer welche Leistungsstörungen verursacht hat.
   Auszüge aus Geschäftsbriefen:
   a) „Wir sehen uns gezwungen, gegen Sie ein Mahnverfahren einzuleiten."
   b) „Wir können Ihre Ansprüche nicht anerkennen, die Gewährleistungspflicht ist bereits abgelaufen."
   c) „Beachten Sie, dass durch den Deckungskauf hohe Kosten auf Sie zukommen können."
   d) „Sie müssen die Kosten einer ergebnislosen Lieferung bezahlen."
8. Berechnen Sie jeweils den Preis, der zu bezahlen ist.
   a) Ein Kunde kauft 3 PC zu 2.500 € das Stück und erhält einen Rabatt von 15 %.
   b) Eine Kundin bezahlt ein Fernsehgerät zum Preis von 375 € bar und erhält 2 % Skonto.
   c) Ein Kunde kauft eine Kücheneinrichtung im Wert von 8.000 €, leistet eine Anzahlung von 40 % des Kaufpreises und bezahlt den Rest in vier gleichen Monatsraten zu je 1.050 €.
9. Ein Kunde hat vor drei Jahren einen Tablet-PC neu gekauft, die Gewährleistung beträgt laut Kaufvertrag zwei Jahre. Seit einigen Tagen lässt sich der Akku nicht mehr laden. In der Bedienungsanleitung nennt der Hersteller eine Garantie von 10 Jahren für das Tablet. Hat der Kunde Anspruch auf Nachbesserung?
10. Nennen Sie zwei Begründungen für Verjährungsfristen.

Die Lösungen zum Überprüfen Ihrer Antworten finden Sie auf Seite 119.
Haben Sie alle Antworten richtig beantwortet, dann sind Sie für die Abschlussprüfung im **Prüfungsgebiet 7: Bürgerliches Recht und Vertragsrecht** gut vorbereitet.

Beantworten Sie nun die Multiple-Choice-Fragen.

WISO kompakt ISBN: 978-3-582-57481-7

Multiple-Choice-Fragen – Kreuzen Sie die richtige Lösung an!

1. Hauptzweck des Schuldrechts ist es,
1. Rechte des Verkäufers zu sichern. ☐
2. bei Mängeln Verjährungsfristen sicherzustellen. ☐
3. Garantiefristen zu sichern. ☐
4. den E-Commerce zu fördern. ☐
5. das Umtauschrecht zu organisieren. ☐

2. Wer gilt als *beschränkt geschäftsfähig*?
1. Kinder unter 7 Jahren ☐
2. Kinder und Jugendliche zwischen 7 und 14 Jahren ☐
3. Kinder und Jugendliche zwischen 7 und 17 Jahren ☐
4. Personen ohne die bürgerlichen Ehrenrechte ☐
5. Personen, die entmündigt sind ☐

3. In welchem Fall handelt es sich um eine juristische Person des privaten Rechts?
1. Stopselklub e. V. ☐
2. Fa. Hans Huber ☐
3. Emilio OHG ☐
4. Ministerpräsident von Sachsen ☐
5. Vorsitzender des Rudervereins Elbstrom ☐

4. Der Kaufvertrag über ein Grundstück auf der Antarktis ist
1. gültig ☐
2. nur notariell beurkundet gültig ☐
3. anfechtbar ☐
4. schwebend rechtswirksam ☐
5. nichtig ☐

5. Ein Vertrag kommt zustande durch z. B.
1. Angebot und Nachfrage ☐
2. Nachfrageüberhang ☐
3. Angebotsüberhang ☐
4. Angebot und Angebotsannahme ☐
5. allein durch einen Antrag ☐

6. Was ist *nicht* für jeden Kaufvertrag notwendig?
1. Lieferbedingungen ☐
2. Gerichtsstand ☐
3. Zahlungsbedingungen ☐
4. Erfüllungsort ☐
5. notarielle Beurkundung ☐

7. Ein Pkw-Händler verleiht Pkw kostenlos für Testfahrten. Welche Vertragsart liegt vor?
1. Pachtvertrag ☐
2. Mietvertrag ☐
3. Leihvertrag ☐
4. Dienstvertrag ☐
5. Werkvertrag ☐

8. Das Widerrufsrecht bei Haustürgeschäften
1. beträgt 2 Wochen ☐
2. beträgt 1 Woche ☐
3. wird frei vereinbart ☐
4. kann ausgeschlossen werden ☐
5. beträgt 2 Jahre ☐

9. Das Widerrufsrecht beim Internetkauf
1. beträgt 14 Tage ☐
2. beträgt 4 Wochen ☐
3. hängt von Warenwert ab ☐
4. ist ausgeschlossen ☐
5. kennt keine Frist ☐

10. Ein Verkäufer liefert eine Ware nicht rechtzeitig. Der Käufer hat das Recht auf
1. Schadenersatz. ☐
2. Verzugszinsen. ☐
3. Nacherfüllung. ☐
4. Ersatz der Aufwendungen. ☐
5. beliebige Sanktionen. ☐

11. Eine gelieferte Ware ist fehlerhaft. Was liegt vor?
1. Nicht-Rechtzeitig-Lieferung ☐
2. Schlechtleistung ☐
3. Gläubigerverzug ☐
4. Nicht-Rechtzeitig-Zahlung ☐
5. Annahmeverzug ☐

WISO kompakt ISBN: 978-3-582-57481-7

12. Welche Pflicht hat ein Verkäufer nach Abschluss eines Kaufvertrags *nicht*?

1. Annahme des Kaufpreises ☐
2. Übertragung des Eigentums ☐
3. Lieferung der Ware zur rechten Zeit ☐
4. Lieferung der Ware am rechten Ort ☐
5. Rücknahme der Verpackung ☐

13. Für die Lieferung von Frischwaren ist vereinbart: „Bei Bezahlung des Rechnungsbetrags von 950,00 € innerhalb von 7 Tagen gewähren wir Ihnen 2 % Skonto." Welchen Betrag überweisen Sie bei Zahlung am 5. Tag?

1. mindestens 950,00 € ☐
2. mindestens 19,00 € ☐
3. mindestens 931,00 € ☐
4. mindestens 969,00 € ☐
5. beliebigen Betrag ☐

14. In welchem Fall kann eine Bestellung im Internet angefochten werden?

1. Verkäufer liefert nur gegen Vorkasse ☐
2. Eine Rücksendung ist nicht kostenlos ☐
3. Die Garantiezeit beträgt 5 Jahre ☐
4. Verkäufer schickt eine Bestätigungsmail ☐
5. Auf der Website fehlen die AGBs ☐

15. Welche Forderung verjährt nach 2 Jahren?

1. Rechte aus Grundstücksgeschäften ☐
2. Rechte aus Sachmängeln ☐
3. Rechte aus arglistig verschwiegenen Mängeln ☐
4. Rechte aus Erbansprüchen ☐
5. Rechte aus Gebäuden und Baumängeln ☐

16. Sie haben sich ein Smartphone gekauft und wollen dieses nach einem Monat gegen ein neueres Modell umtauschen. Der Verkäufer

1. muss den Umtausch vornehmen. ☐
2. nimmt den Umtausch nur bei Vorlage der Rechnung vor. ☐
3. muss das Gerät nicht umtauschen. ☐
4. muss das Gerät umtauschen, aber nur mit einem Abzug für die Nutzung. ☐
5. erstattet den Kaufpreis gegen Vorlage der Rechnung. ☐

17. Sie kaufen sich einen gebrauchten Pkw mit einer Garantiezeit von 6 Monaten. Nach drei Monaten stellen Sie einen Getriebeschaden fest. Der Verkäufer

1. muss den Mangel durch Nachbesserung beseitigen. ☐
2. kann den Garantieanspruch wegen Ihrer Mitschuld ablehnen. ☐
3. muss Ihnen einen anderen Pkw zur Verfügung stellen. ☐
4. muss Ihnen einen nachträglichen Rabatt gewähren. ☐
5. muss den Pkw wieder in Zahlung nehmen. ☐

18. Sie wählen in einem Meisterbetrieb neue Fliesen für Ihr Bad und geben das Fliesen gleichzeitig in Auftrag. Es liegt vor ein

1. Dienstvertrag ☐
2. Werkvertrag ☐
3. Werklieferungsvertrag ☐
4. sogenanntes Haustürgeschäft ☐
5. Zeitvertrag ☐

Die Lösungen finden Sie auf Seite 119.

Arbeiten Sie nun abschließend, je nach Art der anstehenden Prüfung, einen der drei **Musterprüfungssätze** durch. Mithilfe der dort gestellten Aufgaben können Sie eine Abschlussprüfung simulieren. Beachten Sie hierfür den gestellten Zeitraum von 60 Minuten. Um im entsprechenden Zeitrahmen zu arbeiten, könnten Sie sich z. B. einen Wecker stellen.

WISO kompakt ISBN: 978-3-582-57481-7

8 Musterprüfungssätze

Musterprüfungssatz 1 – Sie haben 60 Minuten Zeit!

Achtung:
Der Musteraufgabensatz 1 enthält
- 18 Multiple-Choice-Aufgaben, 15 sind zu bearbeiten, Wertung 40 %

und
- 6 offene Aufgaben, 5 sind zu bearbeiten, Wertung 60 %.

Beschreibung der Prüfungsaufgabe:
Die Fa. Kurbeltrieb fertigt an mehreren Standorten in Deutschland Teile für die Pkw-Produktion. Um Kosten zu senken, beabsichtigt die Geschäftsleitung das Zweigwerk in Neuburg mit 220 Mitarbeitern, obwohl es kostendeckend arbeitet, zu Beginn des nächsten Jahres zu schließen und die Produktion nach Rumänien zu verlagern.

A. Multiple-Choice-Fragen – Kreuzen Sie die richtige Lösung an! ☒

1. Was ist das stärkste Recht eines Betriebsrats gegenüber der Geschäftsleitung?
1 Informationsrecht ☐
2 Beratungsrecht ☐
3 Mitbestimmungsrecht ☐
4 Mitwirkungsrecht ☐
5 Anhörungsrecht ☐

2. Können die Auszubildenden des Werks in Neuburg direkt mit der Geschäftsleitung über ihre Ausbildung verhandeln?
1 Nein, das kann nur der Betriebsrat. ☐
2 Nein, weil sie keine Arbeitnehmer sind. ☐
3 Ja, weil es ihre Ausbildung betrifft. ☐
4 Ja, weil sie ihre Ausbildung nicht abschließen können. ☐
5 Ja, uneingeschränkt. ☐

3. Gibt es Einfuhrbeschränkungen für die in Rumänien gefertigten Teile?
1 Ja, es fallen Zölle an. ☐
2 Ja, die Menge der Importe ist begrenzt. ☐
3 Nein, es gibt freien Handel in der EU. ☐
4 Nein, die Zölle sind weltweit abgeschafft. ☐
5 Ja, sie müssen nach DIN genormt sein. ☐

4. Betriebsrat und Unternehmensleitung bereiten für die Werksschließung Maßnahmen vor. Welchen Plan müssen sie erstellen?
1 Versetzungsplan für Mitarbeiter ☐
2 Sozialplan ☐
3 Ablaufplan für die Kündigung der Mitarbeiter ☐
4 Plan zur Renaturierung der Fläche ☐
5 Ausbildungsplan für die Mitarbeiter in Rumänien ☐

5. Was eignet sich am besten zur Information der Mitarbeiter über die Werkschließung?
1 Postwurfsendung ☐
2 Betriebsversammlung ☐
3 Handzettel ☐
4 Aushang am Schwarzen Brett ☐
5 Information in sozialen Medien ☐

6. Kann der Betriebsrat eine Betriebsversammlung einberufen?
1 Ja, aber nur mit Zustimmung der Unternehmensleitung. ☐
2 Ja, aber nur außerhalb der Arbeitszeit. ☐

3 Ja, das ist alle vier Wochen möglich. ☐
4 Ja, uneingeschränkt. ☐
5 Nein, das macht die Unternehmensleitung. ☐

7. In der Betriebsversammlung

1 kann ein Warnstreik beschlossen werden. ☐
2 hat die Unternehmensleitung den Vorsitz. ☐
3 dürfen Auszubildende nicht teilnehmen. ☐
4 muss die zuständige IHK angehört werden. ☐
5 haben Gewerkschaften ein Rederecht. ☐

8. Wie können sich Mitarbeitende in Neuburg gegen eine Kündigung wehren?

1 Annahme verweigern ☐
2 Wilden Streik organisieren ☐
3 Klage beim Amtsgericht einreichen ☐
4 Klage beim Arbeitsgericht einreichen ☐
5 Einigungsstelle anrufen ☐

9. Welche Mitarbeitenden haben einen erhöhten Kündigungsschutz?

1 Auszubildende ☐
2 deutsche Staatsangehörige ☐
3 jugendliche Arbeitnehmer ☐
4 werdende Mütter ☐
5 Leiharbeitnehmer ☐

10. Wer muss Mitarbeiter beraten, die eine neue Stelle suchen?

1 IHK ☐
2 Arbeitgeberverband ☐
3 Agentur für Arbeit ☐
4 Stadtverwaltung ☐
5 Gewerkschaft ☐

11. Was müssen Mitarbeiter in einem neuen Arbeitsverhältnis *nicht* akzeptieren?

1 längere Wegezeiten ☐
2 geringeres Einkommen ☐
3 Schichtarbeit ☐
4 Verzicht auf Urlaub ☐
5 Verzicht auf Urlaubsgeld ☐

12. Welche Sozialleistung erhält ein Auszubildender der Fa. Kurbeltrieb, wenn er nach Abschluss der Ausbildung 3 Monate keine neue Stelle findet?

1 Arbeitslosengeld I ☐
2 Bürgergeld ☐
3 Grundsicherung ☐
4 Krankengeld ☐
5 Berufsunfähigkeitsrente ☐

13. Welche Auswirkung kann die Werksschließung in Neuburg auf die Arbeitslosenzahl der Region haben?

1 Keinen Einfluss ☐
2 Die Zahl der Arbeitslosen kann steigen. ☐
3 Die Einnahmen des Jobcenters steigen. ☐
4 Die Krankenversicherungsbeiträge sinken. ☐
5 Die Zahl der Bürgergeld-Empfänger steigt. ☐

14. Welche Mitarbeiter der Fa. Kurbeltrieb sind keine Arbeitnehmer im Sinne des Arbeitsrechts?

1 Mitarbeiter mit 50 % Home-Office-Anteil ☐
2 Mitarbeiterinnen im Mutterschutz ☐
3 ausländische Mitarbeiter ☐
4 Mitarbeiter in Teilzeit ☐
5 Vorstandsmitglieder ☐

15. Für welche gesetzliche Sozialversicherung zieht die Fa. Kurbeltrieb keine Beiträge von Mitarbeitern ein?

1 Krankenversicherung ☐
2 Rentenversicherung ☐
3 Arbeitslosenversicherung ☐
4 Pflegeversicherung ☐
5 gesetzliche Unfallversicherung ☐

WISO kompakt ISBN: 978-3-582-57481-7

16. Ein Auszubildender bestellt sich drei Fachbücher bei einem Buchversand, geliefert werden ihm aber drei DVDs. Es liegt vor

1. eine Nicht-Rechtzeitig-Lieferung, ☐
2. ein Rechtsmangel, ☐
3. ein Gläubigerverzug, ☐
4. eine Falschlieferung, ☐
5. eine Zuwenig-Lieferung. ☐

17. Ein Auszubildender möchte nach Abschluss der Ausbildung im neuen Werk in Rumänien arbeiten. Was trifft zu?

1. Er muss sich bei der Agentur für Arbeit abmelden. ☐
2. Er hat Anspruch auf übertarifliche Entlohnung. ☐
3. Er erhält weiterhin Sozialleistungen aus Deutschland. ☐
4. Er braucht ein Arbeitsvisum für Rumänien. ☐
5. Es herrscht Freizügigkeit für Arbeitnehmer innerhalb der EU. ☐

18. Mitarbeiter der Fa. Kurbeltrieb wollen trotz der Werkschließung laufende Tarifverhandlungen in ihrem Tarifbezirk unterstützen. Welche Aktion ist zulässig?

1. einstündiger Warnstreik ☐
2. mehrtägiger Generalstreik ☐
3. Aussperrung der Streikunwilligen ☐
4. Boykott der Produktion ☐
5. Klage vor dem Arbeitsgericht ☐

WISO kompakt ISBN: 978-3-582-57481-7

B. Offene Fragen

Beantworten Sie die Fragen in Stichworten.

U1 Der Betriebsrat ist sich nicht sicher, ob er überhaupt ein Mitwirkungsrecht in Fragen der Werksschließung in Neuburg hat.

1. Welches Gesetz garantiert eine Mitwirkung des Betriebsrats?
2. Welche Voraussetzungen müssen gegeben sein, damit der Betriebsrat mitwirken kann?
3. Warum kann die Werksschließung auch gegen den Willen des Betriebsrats durchgeführt werden?

U2 Die Geschäftsleitung gibt folgende Daten zum Zweigwerk Neuburg bekannt:
Eingesetztes Kapital EK: 4 Mio. €,
Ertrag E: 7 Mio. €, Aufwand A: 6 Mio. €

1. Berechnen Sie den Gewinn G in €.
2. Berechnen Sie, ob das Werk wirtschaftlich arbeitet.
3. Wie groß ist die Rentabilität R in %?

U3 Die Geschäftsleitung kann durch die Betriebsverlagerung nach Rumänien die Lohnkosten auf ein Viertel senken, die Energiekosten und die Kosten für Facility Management halbieren. Alle anderen Kosten bleiben gleich.

1. Wie verändern sich dadurch die Stückkosten?

Kosten	Neuburg: Kosten in €/St.	Rumänien: Kosten in €/St.
Betriebsmittel	20	20
Material	10	10
Löhne	24	6
Energie	4	2
Facility Management	6	3
Abschreibung	8	8
Summe	78	49

2. Was ist Ursache der niedrigen Lohnkosten in Rumänien?
3. Welche Probleme können trotz der niedrigeren Kosten auftreten?

WISO kompakt ISBN: 978-3-582-57481-7

U4 Bestimmte Personengruppen der Fa. Kurbeltrieb haben einen erhöhten Kündigungsschutz. Geben Sie jeweils eine Begründung an.

	Gruppe	Begründung
1	Betriebsräte	
2	Jugendvertreter	
3	Schwerbehinderte	
4	Mitarbeiter in Elternzeit	

U5 Emil Kurz, 40 Jahre alt, verheiratet, Monatseinkommen 2.600,– € netto, keine Kinder, 10 Jahre Betriebszugehörigkeit bei der Fa. Kurbeltrieb, hat nach der Betriebsschließung keine neue Stelle gefunden.

1. Wie hoch ist sein Anspruch auf Arbeitslosengeld I in % und in Euro?
2. Wie lange erhält er ALG I?
3. Wovon hängt die Höhe des Bürgergelds für Herrn Kurz u. a. ab?

U6 Die Fa. Kurbeltrieb hat zwei Konkurrenten, die ähnliche Erzeugnisse herstellen. Die drei Firmen unternehmen Absprachen über Preise und Liefergebiete.

a) Wie nennt man diese Absprache und warum ist sie nicht zulässig?

b) Wer in Deutschland und Europa überwacht die Wirtschaft in diesem Teilbereich und welche Sanktionen können diese Stellen erheben?

c) Welche Absprache zwischen den drei Unternehmen wäre zulässig?

Die Lösungen zu den Multiple-Choice-Aufgaben sowie zu den offenen Fragen finden Sie auf Seite 106.

Musterprüfungssatz 2 – Sie haben 60 Minuten Zeit!

In diesem Prüfungssatz müssen Sie anhand von beschriebenen **Fällen** Aufgaben und Probleme bearbeiten und für die Lösung nicht nur auf Ihr erlerntes Wissen zurückgreifen, sondern auch Informationen aus Gesetzestexten entnehmen.
Beschaffen Sie sich also **vor** der Bearbeitung der Aufgaben Auszüge aus folgenden Gesetzen und Verordnungen:

a) Kündigungsschutzgesetz (KSchG):
   § 1 Sozial ungerechtfertigte Kündigungen
   § 3 Kündigungseinspruch
   § 4 Anrufung des Arbeitsgerichts
b) Betriebsverfassungsgesetz (BetrVG):
   § 102 Mitbestimmung bei Kündigungen
   § 111 Betriebsänderungen
   § 112 Interessenausgleich
c) Bürgerliches Gesetzbuch (BGB):
   § 622 Kündigungsfrist bei Arbeitsverhältnissen
d) Sozialgesetzbuch 5 (SGB V):
   § 34 ausgeschlossene Heil- und Hilfsmittel

In der Prüfung werden Ihnen diese Gesetzestexte als mehrseitige Anlage zur Verfügung gestellt.

Lesen Sie bitte **vor** der Bearbeitung der Fragen erst die jeweiligen **Fallbeschreibungen** zu den Fragengruppen durch, ebenso die Auszüge aus den Gesetzestexten. Sie können die Fragen nur dann richtig beantworten, wenn Sie die Informationen aus den Fallbeschreibungen **und** den Gesetzestexten richtig verarbeiten.

A. Multiple-Choice-Fragen – Kreuzen Sie die richtige Lösung an!

Es sind alle Fragen zu beantworten.

Fallbeschreibung 1: (für die Fragen 1– 6)
Der Betriebsrat der Firma Automotive (300 Mitarbeiter, Zulieferer der Pkw-Fertigung) berät folgende Tagesordnungspunkte:

TOP 1: Fort- und Weiterbildung von Beschäftigten: Fortbildungsbedarf, Angebote speziell zu Fernunterricht, Zuschüsse usw. (zu Frage 1, 2)
TOP 2: Anfrage des Mitarbeiters Lehmann: „Die Betriebsleitung hat die Abgeltung meines Urlaubs abgelehnt." (zu Frage 3)
TOP 3: Stellungnahme zum Bericht des Wirtschaftsausschusses (zu Frage 4)
TOP 4: Entwurf einer Betriebsvereinbarung zur Lohnfortzahlung (zu Frage 5, 6)
TOP 5 ...

1. Was ist *kein* Kriterium für die Förderung von Fernunterricht durch die Arbeitsagentur?

1. Staatsangehörigkeit des Antragstellers ☐
2. Dauer und Kosten der Maßnahme ☐
3. Lage und Bedarf am Arbeitsmarkt ☐
4. Eignung des Antragstellers ☐
5. Eignung des Anbieters ☐

2. Was gilt für den Fernunterricht, wenn er eine berufliche Weiterbildungsmaßnahme ist?

1. ist heute kaum mehr üblich ☐
2. ist nur für Allgemeinbildung geeignet ☐
3. endet immer mit einer Abschlussprüfung vor der zuständigen Kammer ☐
4. wird unter bestimmten Voraussetzungen von der Arbeitsagentur gefördert ☐
5. ist effektiver als Vollzeitunterricht ☐

WISO kompakt ISBN: 978-3-582-57481-7

3. In welchem Fall dürfte der Urlaub von Herrn Lehmann abgegolten werden?

1. Herr Lehmann ist über 55 Jahre alt. ☐
2. Betriebliche Belange lassen einen Urlaub nicht zu. ☐
3. Das Beschäftigungsverhältnis endet, der Urlaub kann nicht mehr genommen werden. ☐
4. Der Urlaub wird mit Überstunden verrechnet. ☐
5. Herr Lehmann verzichtet auf seinen Urlaubsanspruch. ☐

4. Womit befasst sich der Wirtschaftsausschuss?

1. Fragen der Lohngestaltung ☐
2. Einstellung und Entlassung von Mitarbeitern ☐
3. Verwaltung von betrieblichen Sozialeinrichtungen ☐
4. allgemeine Lage der Volkswirtschaft ☐
5. geplanten Rationalisierungsmaßnahmen ☐

5. Was ist eine Betriebsvereinbarung?

1. Vereinbarung zwischen Betriebsrat und Gewerkschaft über den Tarifvertrag hinaus ☐
2. jede Vereinbarung zwischen Arbeitnehmer und Betriebsleitung ☐
3. jede Vereinbarung zwischen Arbeitnehmer und Betriebsrat ☐
4. Vereinbarung zwischen konkurrierenden Unternehmen (Kartell) ☐
5. Vertrag zwischen Arbeitgeber und Betriebsrat in Fragen, die der Tarifvertrag nicht regelt ☐

6. In welchem Fall muss der Arbeitgeber Lohnfortzahlung leisten?
Ein Mitarbeiter bricht sich ein Bein

1. am freien Wochenende. ☐
2. weil er alkoholisiert von der Leiter fällt. ☐
3. während er mit einem nicht zugelassenen Motorrad fährt. ☐
4. weil er entgegen der Fahrtrichtung mit dem Pkw unterwegs ist. ☐
5. weil er sich weigerte, Sicherheitsschuhe auf der Baustelle zu tragen. ☐

Fallbeschreibung 2: (für die Fragen 7, 8)
Der Mitarbeiter Lehmann, Bruttoeinkommen 2800 €, ist ledig und lebt in häuslicher Gemeinschaft mit seinem pflegebedürftigen Vater (Pflegegrad 1). Da dieser demnächst Zahnersatz braucht, informiert sich Lehmann über Leistungen von Pflege- und Krankenversicherung.

7. Was gilt für die Kosten, die für den Zahnersatz entstehen?

1. Die Krankenkasse bezahlt alles. ☐
2. Die Krankenkasse leistet einen Zuschuss von 100 % der ärztlichen Leistungen. ☐
3. Regelmäßige Vorsorge beim Zahnarzt sichert einen Zuschuss. ☐
4. Regelmäßige Zahnpflege hat keinen Einfluss auf die Kosten. ☐
5. Kranken- und Pflegeversicherung teilen sich die Kosten. ☐

8. Welche Leistungen gewährt die Pflegeversicherung *nicht*?

1. Pflegeleistungen in Pflegeheimen ☐
2. Pflegeleistungen zu Hause ☐
3. soziale Absicherung von Pflegeleistenden ☐
4. Altersruhegeld für Pflegebedürftige ☐
5. Leistungen für Kurzzeitpflege ☐

Fallbeschreibung 3: (für die Fragen 9, 10, 11)
Die Firma Automotive muss wegen Rückgang der Auftragseingänge 25 Mitarbeiter entlassen, deshalb wird u. a. Herr Sämann, gewerblicher Mitarbeiter, fristgemäß zum nächstmöglichen Termin gekündigt. Herr Sämann ist seit 20 Jahren im Unternehmen beschäftigt, verheiratet und hat drei Kinder. Er hält die Kündigung für sozial ungerechtfertigt und klagt beim zuständigen Arbeitsgericht.

9. Was trifft für die Arbeitsgerichtsbarkeit zu?

1. Alle Instanzen fällen innerhalb von 4 Wochen ein Urteil. ☐
2. Es gibt keine Gerichtsgebühren usw. ☐
3. Es herrscht Anwaltszwang in allen Instanzen. ☐
4. Bei Überlastung der Gerichte werden keine Klagen angenommen. ☐
5. Bei der Urteilsfindung wirken Vertreter von Arbeitgeberverbänden und Gewerkschaften mit. ☐

10. Was unterscheidet die Sozialgerichtsbarkeit von der Arbeitsgerichtsbarkeit? Sozialgerichte

1. schützen vor Kündigungen. ☐
2. wirken dem Sozialabbau des Staates entgegen. ☐
3. können Versicherte vor fehlerhaften Entscheidungen der Sozialversicherer schützen. ☐
4. sichern die betrieblichen Sozialleistungen. ☐
5. sind nur für Angestellte zuständig, die Arbeitsgerichte nur für Arbeiter. ☐

11. Herr Sämann vergleicht die unterschiedlichen Interessen von Arbeitgebern (AG) und von Arbeitnehmern (AN). In welchem Fall sind beide Interessen richtig angegeben?

1. AN: Einkommen sichern
AG: Kosten senken ☐
2. AN: Arbeitszeit verkürzen
AG: Umsatz begrenzen ☐
3. AN: Wochenarbeitszeit senken
AG: Mitbestimmung ausbauen ☐
4. AN: rationalisieren
AG: Produktivität steigern ☐
5. AN: Löhne erhöhen
AG: Wirtschaftlichkeit begrenzen ☐

Fallbeschreibung 4: (für die Fragen 12, 13, 14, 15)
Die Firma Automotive plant aufgrund eines Rückgangs der Auftragseingänge nicht nur, Mitarbeiter zu entlassen, sondern auch den Leistungslohn (Akkordlohn) wieder einzuführen und die Löhne und Gehälter linear um 10 % zu senken. Dazu soll mit dem Betriebsrat eine Betriebsvereinbarung abgeschlossen werden, da der Tarifvertrag demnächst ausläuft.

12. Welche Vorteile hätte die Wiedereinführung des Akkordlohns?

1. Die Lohnkosten sinken. ☐
2. Die Wirtschaftlichkeit steigt. ☐
3. Die Qualität wird gesteigert. ☐
4. Leistungsschwächere werden geschützt. ☐
5. Leistungsstärkere werden belohnt. ☐

13. Wie lässt sich die Produktivität der Firma Automotive steigern?

1. Rationalisieren und Kosten senken ☐
2. Marketingmaßnahmen einleiten ☐
3. Management auswechseln ☐
4. Löhne und Gehälter linear erhöhen ☐
5. Produktionsprogramm vergrößern ☐

14. Was gilt während der tariflosen Zeit für die Arbeitnehmer der Firma Automotive?

1. Der Tarifvertrag gilt weiter. ☐
2. Der Arbeitgeber ist von der Lohnzahlung befreit. ☐
3. Der Lohn wird zwischen Arbeitgeber und Betriebsrat ausgehandelt. ☐
4. Der Lohn wird individuell vereinbart. ☐
5. Das Beschäftigungsverhältnis ruht. ☐

15. Was kann *nicht* Gegenstand einer Betriebsvereinbarung sein?

1. Preise der Kantinenwaren ☐
2. Organisation der Arbeitszeit, wenn der Arbeitnehmer qualifizierte Tätigkeiten ausgeführt hat ☐
3. pauschale Lohn- und Gehaltskürzungen ☐
4. Regeln zur Mitarbeiterbeurteilung ☐
5. Verfahren der innerbetrieblichen Stellenausschreibungen ☐

WISO kompakt ISBN: 978-3-582-57481-7

B. Offene Fragen

Beantworten Sie alle Fragen in Stichworten.

1. Sie planen nach Abschluss Ihrer Ausbildung eine längere Urlaubsreise nach Subsahara-Afrika.
   a) Was sollten Sie zur Gesundheitsvorsorge und zum Schutz vor Krankheitskosten während der Reise tun?
   b) Falls Sie Arzneimittel zur Prophylaxe (Vorbeugung) von Reisekrankheiten brauchen: Wer bezahlt diese?
2. Die Firma Automotive, die Herrn Sämann gekündigt hat, stellt zur gleichen Zeit in einer anderen Abteilung gewerbliche Mitarbeiter ein, die größtenteils unverheiratet sind (siehe Fallbeschreibung 3).
   a) Beurteilen Sie unter Kenntnisnahme dieser Fakten die Kündigung von Herrn Sämann.
   b) Wie kann Herr Sämann wirksam gegen seine Kündigung vorgehen?
3. Die Firma Automotive plant, das gesamte Unternehmen neu zu strukturieren. So soll u. a. die Fertigung an einen kostengünstigen Standort in den neuen Bundesländern verlagert werden, einige Betriebsteile geschlossen werden, ein Teil der Fertigung „outgesourct“, die Betriebskantine an ein Cateringunternehmen vergeben und mindestens 20 % der Mitarbeiter entlassen werden.
   Welche Mitwirkungsmöglichkeiten hat der Betriebsrat? Beurteilen Sie auch die Wirksamkeit.
4. Eine Umfrage bei Arbeitgeberverbänden hat ergeben, dass junge Facharbeiter am Arbeitsmarkt dann die größten Chancen haben, wenn sie über Zusatzqualifikationen verfügen.
   Nennen Sie 5 solcher Zusatzqualifikationen und beurteilen Sie deren Bedeutung.
5. Die Firma Automotive (Zulieferer für die Pkw-Fertigung) ist u. a. deshalb in wirtschaftliche Schwierigkeiten geraten, weil ihr Exportanteil in den letzten Jahren laufend zurückging.
   a) Nennen Sie dafür drei mögliche Ursachen.
   b) Schlagen Sie zwei Maßnahmen vor, wie durch innerbetriebliche Maßnahmen dieser Verlust wettgemacht werden kann.

Die Lösungen zum Multiple-Choice-Test sowie zu den offenen Fragen finden Sie auf den Seiten 106 –107.

WISO kompakt ISBN: 978-3-582-57481-7

Musterprüfungssatz 3 – Sie haben 60 Minuten Zeit!

A. Multiple-Choice-Fragen – Kreuzen Sie die richtige Lösung an!

Es sind alle Fragen zu beantworten.

1. Paragraf 1 (5) des Berufsbildungsgesetzes enthält den Satz: „Die ... soll zu einer anderen beruflichen Tätigkeit befähigen." Was ist in die Lücke einzutragen?

1. berufliche Umschulung ☐
2. Berufsausbildungsvorbereitung ☐
3. Berufsausbildung ☐
4. berufliche Fortbildung ☐
5. Berufsbildung ☐

2. Das Berufsbildungsgesetz gilt bei der Ausbildung zum

1. Fachlehrer ☐
2. Maschinenbautechniker ☐
3. Industriemeister ☐
4. Fertigungsmechaniker ☐
5. Pförtner ☐

3. Welche Pflicht hat der Auszubildende nach dem Berufsbildungsgesetz?

1. Beschaffung der notwendigen Werkzeuge ☐
2. Bereitschaft zu Überstunden ☐
3. Bereitschaft zur Mithilfe im Haushalt des Ausbilders ☐
4. aufgetragene Aufgaben sorgfältig auszuführen ☐
5. einem Berufsverband beizutreten ☐

4. Welche Vereinbarung in einem Arbeitsvertrag ist *nichtig*?

1. Die Wochenarbeitszeit beträgt zwischen 0 und 60 Stunden. ☐
2. Der Urlaub beträgt 30 Werktage. ☐
3. Die Probezeit beträgt 6 Monate. ☐
4. Der Urlaub ist mit den Kollegen abzustimmen. ☐
5. Die Arbeitnehmer müssen Sicherheitskleidung tragen. ☐

5. Darf ein 17-jähriger Auszubildender im Akkord beschäftigt werden?

1. Ja, ohne Einschränkungen. ☐
2. Ja, wenn die Ausbildungsvergütung dadurch steigt. ☐
3. Ja, wenn der Auszubildende einverstanden ist. ☐
4. Ja, wenn es dem Ausbildungszweck dient. ☐
5. Nein, in keinem Fall. ☐

6. In Unternehmen des Bergbaus und der Eisen- und Stahlindustrie

1. wählt die Betriebsversammlung den Vorstand. ☐
2. gilt das Mitbestimmungsgesetz von 1976. ☐
3. hat die Kapitalseite die Mehrheit im Aufsichtsrat. ☐
4. stellt die Arbeitnehmerseite den Vorstand. ☐
5. gilt die Montan-Mitbestimmung. ☐

7. Was kann Inhalt einer Betriebsvereinbarung sein?

1. Zusatzurlaub für Schwerbehinderte ☐
2. allgemeines Rauchverbot im gesamten Betrieb ☐
3. Wahlmodus des Betriebsrats ☐
4. Amtszeit der Jugend- und Auszubildendenvertretung ☐
5. Höhe des Tariflohns für Angestellte ☐

8. Welche Gruppe der Beschäftigten hat *keinen* besonderen Kündigungsschutz?

1. Auszubildende ☐
2. Schwerbehinderte ☐
3. Schwangere ☐
4. Betriebsräte ☐
5. Mitarbeiter im Leiharbeitsverhältnis ☐

WISO kompakt ISBN: 978-3-582-57481-7

9. Welche Unternehmensform ist in Betrieben mit großem Kapitalbedarf üblich?

1 Einzelunternehmen ☐
2 OHG ☐
3 GmbH ☐
4 AG ☐
5 KG ☐

10. Was gilt für Unternehmenszusammenschlüsse?

1 Sie fördern den Wettbewerb. ☐
2 Sie erhöhen den Kapitalbedarf. ☐
3 Sie können den Wettbewerb behindern. ☐
4 Sie müssen als AG organisiert sein. ☐
5 Die Bundesagentur für Arbeit muss zustimmen. ☐

11. Vor welchem Gericht werden Streitfragen zum Bürgergeld verhandelt?

1 Arbeitsgericht ☐
2 Amtsgericht ☐
3 Schöffengericht ☐
4 Sozialgericht ☐
5 Landgericht ☐

12. Welches Risiko ist durch die gesetzlichen Sozialversicherungen *nicht* abgedeckt?

1 Erkrankung im EU-Ausland ☐
2 ausbleibende Entlohnung wegen Insolvenz des Arbeitgebers ☐
3 Erkrankung während der Elternzeit ☐
4 Berufsunfähigkeit ☐
5 Erwerbsunfähigkeit ☐

13. Welche Probleme belasten zunehmend die gesetzlichen Rentenversicherungen?

1 zunehmende Altersarmut ☐
2 hohe Geburtenrate bei Migrantenfamilien ☐
3 Erhöhung des Rentenalters auf 67 Jahre ☐
4 steigende Ausgaben in der Pflegeversicherung ☐
5 steigende Lebenserwartung ☐

14. Der Verband der Sächsischen Metall- und Elektroindustrie e. V. (VSME) möchte mit der IG Metall einen neuen Entgelttarifvertrag für den Tarifbezirk Sachsen abschließen. In welcher Auswahlantwort sind die Vorgänge A bis F in der richtigen Reihenfolge dargestellt?

A Die IG Metall nennt in Tarifverhandlungen ihre Forderungen. Der VSME lehnt sie ab.
B Der VSME kündigt den laufenden Tarifvertrag fristgemäß.
C Die IG Metall ruft zu einem Warnstreik auf.
D Der Sächsische Staatsminister für Wirtschaft, Arbeit und Verkehr unterbreitet einen Kompromissvorschlag.
E Die Tarifverhandlungen sind gescheitert.
F Der VSME und die IG Metall stimmen dem Kompromissvorschlag zu.

1 B A E C D F ☐
2 A B C D E F ☐
3 A B E F C D ☐
4 C B A D E F ☐
5 A B E C D F ☐

B. Offene Fragen

In diesem Prüfungsteil müssen Sie anhand von beschriebenen **Fällen** Aufgaben und Probleme bearbeiten und für die Lösung nicht nur auf Ihr erlerntes Wissen zurückgreifen, sondern auch Informationen aus Gesetzestexten entnehmen. Die für die Bearbeitung der Aufgaben notwendigen Texte finden Sie vor den offenen Fragen.

Beantworten Sie alle Fragen in Stichworten.

1 Das Schaubild zeigt die Entwicklung des Ausbildungsmarktes.

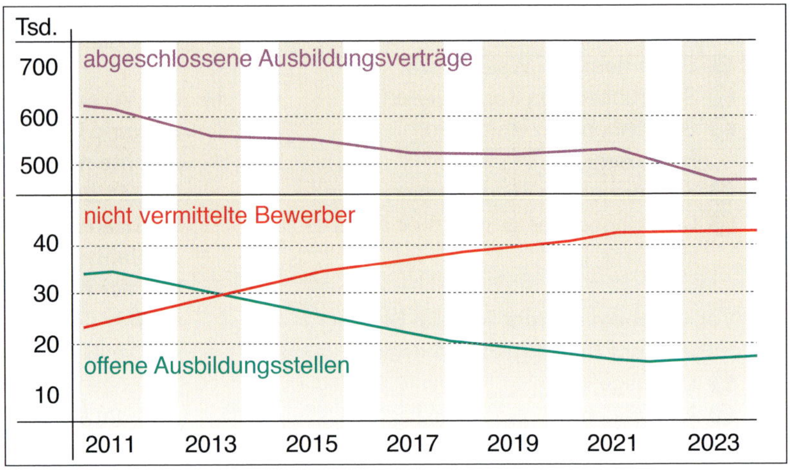

a) Nennen Sie zwei Ursachen für den Rückgang der Ausbildungsverhältnisse.
b) Nennen Sie drei Gründe dafür, warum die Anzahl der nichtvermittelten Bewerber laufend ansteigt.
c) Warum bleiben offene Ausbildungsplätze unbesetzt?

2 Herr Huber, Qualitätsprüfer ohne Berufsausbildung, 29 Jahre alt, verheiratet, zwei Kinder, wird durch die Verlagerung seines Betriebs nach Rumänien nach 10 Jahren arbeitslos. Die Agentur für Arbeit bietet ihm eine Ausbildung zum Industriemechaniker an. Die Ausbildungsstelle liegt 120 km von seinem Wohnort entfernt. Benutzen Sie zur Beantwortung der Fragen den Auszug aus dem Sozialgesetzbuch.

SGB III
§ 81 Grundsatz
(1) Arbeitnehmer können bei beruflicher Weiterbildung durch die Übernahme der Weiterbildungskosten gefördert werden, wenn
1. Die Weiterbildung notwendig ist, um sie bei Arbeitslosigkeit beruflich einzugliedern, eine ihnen drohende Arbeitslosigkeit abzuwenden oder weil bei ihnen wegen fehlenden Berufsabschlusses die Notwendigkeit der Weiterbildung anerkannt ist.

§ 83 Weiterbildungskosten
(1) Weiterbildungskosten sind die durch die Weiterbildung unmittelbar entstehenden
1. Lehrgangskosten und Kosten für die Eignungsfeststellung,
2. Fahrtkosten,
3. Kosten für die auswärtige Unterbringung und Verpflegung,
4. Kosten für die Betreuung von Kindern.

a) Begründen Sie, warum Herr Huber Anspruch auf eine Förderung hat.
b) Welche Kosten werden für Herrn Huber übernommen?

WISO kompakt ISBN: 978-3-582-57481-7

3 Wichtige Organe einer Aktiengesellschaft sind Hauptversammlung, Aufsichtsrat und Vorstand. Stellen Sie durch Kreuze die richtige Zuordnung her.

Aufgabe	Hauptversammlung	Aufsichtsrat	Vorstand
Versammlung der Anteilseigner			
Entscheidung über die Höhe der Dividende			
Geschäftsführung der AG			
Wahl der Aufsichtsräte			
Wahl der Vorstandsmitglieder			
Überwachung der Geschäftsleitung			
Beschluss zur Auflösung der AG			
Vertretung der AG nach außen			

4 Die Übersicht zeigt Vertragsart und Vertragspartner aus dem Arbeits- und Privatrecht. Ergänzen Sie die fehlenden Zuordnungen.

Vertragspartner	Vertragsart
Mieter – Vermieter	
	Ausbildungsvertrag
Arbeitgeber – Arbeitnehmer	
	Tarifvertrag
	Betriebsvereinbarung
Bank – Schuldner	
Käufer – Verkäufer	

5 Die Maier GmbH hat 300 Mitarbeiter und muss wegen Auftragsrückgangs Mitarbeiter entlassen. In einer Abteilung mit fünf Mitarbeitern an gleichen Arbeitsplätzen muss zwei Mitarbeitern gekündigt werden. Wem wird gekündigt? Begründen Sie Ihre Auswahl und geben Sie die Kündigungsfristen an.

Rechtliche Grundlagen:
Gesetzliche Kündigung eines Arbeitsverhältnisses durch den Arbeitgeber (ordentliche Kündigung) (gilt für neu eingestellte Mitarbeiter nur noch in Betrieben mit mehr als 10 Mitarbeitern):

Betriebszugehörigkeit	Kündigungsfrist
Unter 2 Jahren	4 Wochen
Ab 2 Jahren	1 Monat
Ab 5 Jahren	2 Monate
Ab 8 Jahren	3 Monate
Ab 10 Jahren	4 Monate
Ab 15 Jahren	6 Monate
Ab 20 Jahren	7 Monate

Betriebsbedingte Kündigungen nur nach Sozialauswahl.
Es sind zu berücksichtigen:
Dauer der Betriebszugehörigkeit, Alter, Schwerbehinderungen, Unterhaltspflichten

Abfindungsregelungen:
Bei einer betriebsbedingten Kündigung kann der Arbeitnehmer wählen zwischen:

Kündigungsschutzklage binnen 3 Wochen vor dem Arbeitsgericht	**Abfindungsregelung,** falls vom Arbeitgeber angeboten; Regel: 0,5 Monatseinkommen je Beschäftigungsjahr

Name	Alter	Betriebszugehörigkeit	Familienstand	Schwerbehindert
Josef Maier	49	16	Verw.	Ja
Hans Müller	28	9	Ledig	Nein
Franzi Dobler	33	8	Verh., 2 Kinder	Nein
Emil Schnell	26	5	Verh., 3 Kinder	Nein
Werner Marx	39	10	Verh.	Nein

Die Lösungen zum Multiple-Choice-Test sowie zu den offenen Fragen finden Sie auf den Seiten 107–108.

9 Lösungen zu den Aufgaben

Musterprüfungssatz 1 – Seite 93 bis 97

Lösungen zu den Multiple-Choice-Aufgaben

1. 3	2. 1	3. 3	4. 2	5. 2
6. 4	7. 5	8. 4	9. 4	10. 3
11. 4	12. 1	13. 2	14. 5	15. 5
16. 4	17. 5	18. 1		

Lösungen zu den offenen Aufgaben

zu **U1**
1. Betriebsverfassungsgesetz
2. mehr als 20 Mitarbeiter
3. kein Mitbestimmungsrecht

zu **U2**
1. G = E – A
   G = 7 Mio. € - 6 Mio. €
   G = 1 Mio €
2. W = E/A
   W = 7 Mio. € / 6 Mio. €
   W = 1,17 W ≥ 1 → wirtschaftlich
3. R = G x 100 / EK
   R = 1 Mio. € x 100 / 4 Mio. €
   R = 25 %

zu **U3**
1. 78 €/St.; 49 €/St.
2. Löhne sind deutlich niedriger als in Deutschland
3. a) Qualitätsmängel
   b) Transportkosten

zu **U4**

	Gruppe	Begründung
1	Betriebsräte	AG soll so keinen Druck ausüben können
2	Jugendvertreter	AG soll so keinen Druck ausüben können
3	Schwerbehinderte	sind besonders schutzbedürftig
4	Mitarbeiter in Elternzeit	sind besonders schutzbedürftig

zu **U5**
1. 60 % = 1560,– €
2. 12 Monate
3. – Einkommen der Ehefrau
   – eigene Ersparnisse

zu **U6**
a) Kartellbildung; sie stört den Wettbewerb zum Schaden der Verbraucher.
b) Überwachung durch Bundeskartellamt und/ oder EU-Kommissar für Wettbewerb
   Sanktionen: Verbot des Kartells, Geldbußen.
c) Zulässig wäre eine Absprache über eine Zusammenarbeit z. B. in Forschung und Entwicklung oder eine Arbeitsgemeinschaft für einzelne Projekte.

Musterprüfungssatz 2 – Seite 98 bis 101

Lösungen zu Teil A:
Multiple-Choice-Fragen, Seite 98

1. 1	2. 4	3. 3	4. 5	5. 5
6. 1	7. 3	8. 4	9. 5	10. 3
11. 1	12. 5	13. 1	14. 1	15. 3

WISO kompakt ISBN: 978-3-582-57481-7

Lösungen zu Teil B:
Offene Fragen (Antworten in Kurzform), Seite 101

zu ❶
a) • Auslandskrankenversicherung abschließen
• Arzt konsultieren
• Medikamente mitnehmen
• beraten lassen
• ...

b) Nach § 34 SGB V sind Arzneimittel gegen Reisekrankheiten bei Versicherten über 18 Jahren ausgeschlossen und darum selbst zu bezahlen.

zu ❷
a) Die Kündigung von Herrn Sämann ist ohne Zweifel sozial ungerechtfertigt, da er als gewerblicher Arbeitnehmer in einem anderen Betriebsteil beschäftigt werden kann. Ehe also dort junge Mitarbeiter eingestellt werden, hätte Herr Sämann dort eingearbeitet werden können. (Bezug: § 1 Kündigungsschutzgesetz)

b) Vorgehen von Herrn Sämann gegen seine Kündigung:
1. Widerspruch einlegen
2. Kündigungsschutzklage beim zuständigen Arbeitsgericht einreichen

zu ❸
Mitwirkungsmöglichkeiten des Betriebsrats ergeben sich aus § 111, § 112 BetrVG. Der Betriebsrat muss allerdings nur unterrichtet werden, die Unternehmensleitung hat sich dann mit ihm zu beraten. Wird ein Sozialplan notwendig und keine Einigung kommt zustande, dann entscheidet die Einigungsstelle.

zu ❹
Zusatzqualifikationen von jungen Facharbeitern, z. B.
- Fremdsprachenkenntnisse (sehr wichtig)
- soziale Kompetenz (wichtig)
- fachliche Kompetenz (sehr wichtig)
- Kommunikationsfähigkeit (erwünscht, aber nicht entscheidend)
- Teamfähigkeit (wichtig)
- Weiterbildungsgrundlagen (sehr wichtig)
- unternehmerisches Denken (erwünscht, aber nicht entscheidend)
- EDV-Kenntnisse (erwünscht, aber nicht entscheidend)
- spezielles Fachwissen (wichtig)

zu ❺
a) Ursachen für Rückgang des Exportanteils, z. B.
• Erzeugnisse sind zu teuer
• im Ausland werden weniger Pkws gebraucht
• Erzeugnisse sind nicht konkurrenzfähig, da veraltet
• usw.

b) Maßnahmen zur Steigerung des Exports, z. B.
• Ursachen ermitteln
• Kosten senken
• Erzeugnisse verbessern

Musterprüfungsatz 3 – Seite 102 bis 105

Lösungen zu Teil A:
Multiple-Choice-Fragen, Seite 102

1. ❶	2. ❹	3. ❹	4. ❶	5. ❹
6. ❺	7. ❷	8. ❺	9. ❹	10. ❸
11. ❹	12. ❹	13. ❺	14. ❶	

Lösungen zu Teil B:
Offene Fragen (in Kurzform), Seite 104

zu ❶
a) Wirtschaftliche Rezession, nachlassende Ausbildungsbereitschaft der Betriebe
b) Mangelnde Eignung der Bewerber, gewünschte Ausbildungsstelle ist nicht vorhanden, nachlassende Ausbildungswilligkeit
c) Unattraktive Ausbildungsberufe, geringes Sozialprestige, keine geeigneten Bewerber vorhanden

zu 2

a) drohende Arbeitslosigkeit, fehlender Berufsabschluss
b) Lehrgangskosten und Kosten für die Eignungsfeststellung, Fahrtkosten für Familienheimfahrt am Wochenende, Kosten für die auswärtige Unterbringung und Verpflegung

zu 3

Aufgabe	Hauptversammlung	Aufsichtsrat	Vorstand
Versammlung der Anteilseigner	X		
Entscheidung über die Höhe der Dividende	X		
Geschäftsführung der AG			X
Wahl der Aufsichtsräte	X		
Wahl der Vorstandsmitglieder		X	
Überwachung der Geschäftsleitung		X	
Beschluss zur Auflösung der AG	X		
Vertretung der AG nach außen			X

zu 4

Vertragspartner	Vertragsart
Mieter – Vermieter	**Mietvertrag**
Ausbildender – Auszubildender	Ausbildungsvertrag
Arbeitgeber – Arbeitnehmer	**Arbeitsvertrag**
Gewerkschaft – Arbeitgeberverband bzw. Einzelbetrieb	Tarifvertrag
Betriebsrat – Betriebsleitung	Betriebsvereinbarung
Bank – Schuldner	**Darlehensvertrag**
Käufer – Verkäufer	**Kaufvertrag**

zu 5

Herrn Müller (3 Monate) und Herrn Marx (4 Monate) kann gekündigt werden, ihre Betriebszugehörigkeit ist zwar länger als die von Frau Dobler und Herrn Schnell, doch diese sind wegen Unterhaltsverpflichtungen schutzwürdiger.

Kapitel 1: Prüfungsgebiet *Berufsbildung*

Lösungen zu den offenen Fragen (in Kurzform), Seite 9

zu 1

Lernorte:

- Betrieb:
  Firma Müller, Coburg, vermittelt praktische Ausbildung: Fertigkeiten und Kenntnisse; Rechtsgrundlage ist das Berufsbildungsgesetz.
- Berufsschule:
  Die für den Ort des Betriebs zuständige Berufsschule; ergänzt die betriebliche Berufsausbildung und vermittelt allgemeine Bildung; Rechtsgrundlage bildet das Schulpflichtgesetz des Landes Bayern.

zu 2

Rechtsgrundlagen

- im Lernort Betrieb:
  Berufsbildungsgesetz, Ausbildungsordnung, ergänzt durch Arbeitsgesetze, z. B. Arbeitszeitordnung
- im Lernort Berufsschule:
  Schulpflichtgesetz des jeweiligen Bundeslandes, Schulordnung

zu 3

- Berufsausbildung:
  Erstausbildung in einem anerkannten Ausbildungsberuf, z. B. Ausbildung zum Industriemechaniker, Fachrichtung Produktionstechnik
- Fortbildung:
  Weiterbildung in einem erlernten oder ausgeübten Beruf, z. B. Fortbildung eines Industriemechanikers zum staatlich geprüften Maschinenbautechniker
- Umschulung:
  Wechsel des Berufs nach einer Erstausbildung, z. B. Umschulung eines Industriemechanikers zum technischen Zeichner, da er seinen Beruf nach einem Arbeitsunfall nicht mehr ausüben kann

zu 4

Weiterbildungsmöglichkeiten für einen Industriemechaniker, z. B.:

a) Fortbildung zum staatlich geprüften Maschinenbautechniker an einer Technikerschule

WISO kompakt ISBN: 978-3-582-57481-7

b) Fortbildung zum Industriemeister bei einer Industrie- und Handelskammer
c) Fortbildung zur Organisationsfachkraft beim REFA-Verband

zu 5
Wichtige Inhalte eines Berufsausbildungsvertrags sind u. a.:
a) Art, Beginn, Dauer und zeitliche und sachliche Gliederung der Ausbildung
b) Dauer der Probezeit
c) Ausbildungsvergütung
d) Urlaubsdauer
e) tägliche Arbeitszeit, Verfahren zur Kündigung des Ausbildungsverhältnisses

zu 6
Besonderheiten eines Berufsausbildungsverhältnisses gegenüber einem Arbeitsverhältnis:
a) Vermittlung von Fertigkeiten und Kenntnissen steht im Vordergrund.
b) Es ist auf Zeit angelegt (Ausbildungsdauer).
c) Der Azubi erhält keinen Lohn für geleistete Arbeit, sondern eine Ausbildungsvergütung.
d) Die zuständige Stelle hat besondere Befugnisse.

zu 7
Nichtige Vereinbarungen in einem Berufsausbildungsverhältnis sind z. B.
a) Bleibeverpflichtung nach der Ausbildung,
b) auf tarifvertragliche Regelungen zu verzichten, z. B. auf einen Teil der Ausbildungsvergütung.

zu 8
Probezeit dient der Orientierung für Azubi und Ausbildenden, ob der gewählte Beruf, der Ausbildungsbetrieb geeignet sind; sie dauert mindestens 1 Monat und höchstens 4 Monate.

zu 9
Pflichten der Auszubildenden sind z. B.:
a) Kenntnisse, Fertigkeiten nach Ausbildungsordnung zu erwerben
b) Stillschweigen über betriebliche Belange zu bewahren
c) Unfallverhütungsvorschriften zu beachten
d) Verrichtungen und Aufträge sorgfältig auszuführen

Pflichten des Ausbildungsbetriebs sind z. B.:
a) Kenntnisse und Fertigkeiten nach Ausbildungsordnung zu vermitteln
b) Ausbildung planmäßig durchzuführen
c) selbst auszubilden oder einen Ausbilder zu beauftragen
d) Azubi für Berufsschule und überbetriebliche Maßnahmen freizustellen

zu 10
Ausbildungsverordnung hat Gesetzeskraft und soll eine planmäßige, geordnete und umfassende Ausbildung für alle Auszubildenden im jeweiligen Beruf sicherstellen.

zu 11
Die Abschlussprüfung Teil I ist u. a. eine Rückmeldung für Auszubildende, welchen Kenntnisstand sie zur „Halbzeit“ erreicht haben.

zu 12
Fall 1: nicht bestanden, da in zwei Fächern nicht mindestens die Gesamtnote 4,5 erreicht wurde.
Fall 2: bestanden, da die Gesamtnote 4,5 erreicht wurde.

zu 13
Das qualifizierte Zeugnis enthält neben Name, Ausbildungsbetrieb, Beruf, Tätigkeit, Dauer der Ausbildung **zusätzlich** Angaben über persönliche Führung, Bewertung der Leistungen usw.

zu 14
Es schließt sich ein unbefristetes Arbeitsverhältnis an, da eine Nichtübernahme 3 Monate **vor Ausbildungsende** hätte **schriftlich** mitgeteilt werden müssen.

zu 15
Bei der Wahl eines Ausbildungsberufs sind wichtig:
a) Flexibilität: notfalls einen anderen Beruf als den Traumberuf wählen.
b) Mobilität: besser notfalls eine vom Wohnort entfernte Ausbildungsstelle antreten als gar keine.

Lösungen zu den Multiple-Choice-Fragen,
Seite 10

1. 5 **2.** 5 **3.** 2 **4.** 3 **5.** 3 **6.** 4
7. 1 **8.** 4 **9.** 5 **10.** 5 **11.** 3, 5

WISO kompakt ISBN: 978-3-582-57481-7

Kapitel 2: Prüfungsgebiet *Betrieb*

Lösungen zu den offenen Fragen (in Kurzform), Seite 29

zu 1
Hierarchie der Bedürfnisse
a) Grundbedürfnisse, wie Nahrung, ganz wichtig, unverzichtbar
b) Sicherheitsbedürfnisse, wie Rente im Alter, wichtig
c) Luxusbedürfnisse, wie jährliche Urlaubsreise, nicht so wichtig, darauf könnte man verzichten
d) Kulturbedürfnisse, wie Theater, nicht so wichtig, darauf könnte man verzichten

zu 2
Grundsätze, die immer bei der Herstellung von Gütern und Dienstleistungen gelten, z. B.:
a) Alle wirtschaftlichen Güter sind knapp.
b) Der Gewinn wird höher, wenn die Produktionsanlagen besser ausgelastet sind.
c) Die Kosten beeinflussen die Preise.
d) Der Markt regelt durch seine Nachfrage das Angebot.

zu 3
Produktionsfaktoren bei der Herstellung von Stahl:
a) Arbeit: geistige und körperliche Arbeit beim Abbau des Erzes, der Verarbeitung usw.
b) Boden: Standort des Eisenerzes
c) Kapital: Maschinen, Anlagen usw. zur Förderung des Erzes, zum Transport, zur Eisen- und Stahlgewinnung

zu 4
Produktionsformen:
A = Urproduktion, B = Verarbeitung, C = Dienstleistung

• Berufsschule	C
• Ölraffinerie	B
• Herstellung von PC-Chips	B
• Pkw-Wartung	B
• Drehmaschinenherstellung	B
• U-Bahn	C
• Schneeräumdienst	C
• Brot backen	B
• Getreideanbau	A
• Großhandel	C

zu 5
Konsumgüter:
Kleidung, Möbel in der Wohnung, Privat-Pkw
Investitionsgüter:
Werkzeugmaschinen, Büromöbel, Lkw

zu 6
Möbel im Privathaushalt:
Konsumgüter, Gebrauchsgüter, wirtschaftliche Güter
Möbel in einem Büro:
Investitionsgüter, Gebrauchsgüter, wirtschaftliche Güter
Tiefziehblech für die Pkw-Fertigung:
Investitionsgut, Verbrauchsgut, wirtschaftliches Gut

zu 7
Produktionszuwachs um 3 % bedeutet:
Das Betriebsergebnis ist bei gleichem Arbeitseinsatz um 3 % gestiegen bzw. mit der gleichen Zahl an Mitarbeitern und den gleichen Maschinen- und Materialeinsatz wurden 3 % mehr Möbel produziert.

zu 8
Wirtschaftlichkeit $W > 1$ bedeutet:
Die Verkaufserlöse (= Erträge) müssen die Kosten (= Aufwand) übersteigen, sonst „schreibt das Unternehmen rote Zahlen". Ist $W > 1$, dann wurde neues Kapital gebildet, das wieder für Investitionen verwendet werden kann.

zu 9
Pkw-Hersteller:
A = Beschaffung,
B = Produktion,
C = Absatz

• Endmontage	B
• Einkauf	A
• Qualitätsprüfung	B
• Gießerei	B
• Lagerverwaltung	A
• Arbeitsvorbereitung	B
• Eingangsprüfung	A
• Kundencenter	C
• Bandmontage	B
• Forschung und Entwicklung	B
• Teilefertigung	B
• Konstruktion	B

WISO kompakt ISBN: 978-3-582-57481-7

zu 10

Letztes Geschäftsjahr:
Ertrag = 56 Mio. €, Aufwand = 42 Mio. €; W = E / A = 56 Mio. € / 42 Mio. €; **W = 1,33**
Dieses Geschäftsjahr:
Ertrag = 58 Mio. €, Aufwand = 42 Mio. €; W = E / A = 58 Mio. € / 42 Mio. €; **W = 1,38**
Die Wirtschaftlichkeit W ist um 3,76 % gestiegen. (Basis 1,33 = 100 %)

zu 11

Wirtschaftlichkeit W und Rentabilität R:
Aufwand A = 18 Mio. €, Ertrag E = 19,5 Mio. €, Kapital K = 9 Mio. €
Wirtschaftlichkeit W = E / A = 19,5 Mio. € / 18 Mio. €; **W = 1,083**
Rendite R = G · 100 / K = (E – A) · 100 / K = (19,5 Mio. € – 18 Mio. €) · 100 / 9 Mio. €;
R = 16,6 %

zu 12

Einzelfertigung:
Tischler stellt einen Stuhl nach Kundenwunsch her (Stückzahl = 1)
Serienfertigung:
Reifen für Pkws (Stückzahl ist begrenzt)
Massenfertigung:
Maschinenschrauben (Stückzahl ist unbegrenzt)

zu 13

Rechtsform und die Eigentümer bei folgender Unternehmensform:

- Hans Müller KG: Kommanditgesellschaft; es haften Kommanditist(en) als Teilhafter, Komplementär(e) als Vollhafter.
- WMB AG: Aktiengesellschaft; es haften Aktionäre – nur mit dem Wert ihrer Aktie(n).
- Hans Müller, Werkzeugbau: Einzelunternehmen; es haftet Herr Hans Müller mit seinem gesamten Firmen- und Privatvermögen.
- Werkzeugbau GmbH: Gesellschaft mit beschränkter Haftung, es haften die Gesellschafter jeweils mit ihrer Einlage.

zu 14

Handwerksbetriebe: sind „nahe am Kunden“, haben meist geringen Verwaltungsaufwand
Industriebetriebe: können die Vorteile der Serienfertigung nutzen, stellen Güter arbeitsteilig her

zu 15

Aktionär

- hat Teilnahme- und Rederecht an der Hauptversammlung (HV)
- hat Stimmrecht in der HV: Anzahl der Aktien = Anzahl der Stimmen
- hat Anspruch auf Dividende, sofern ein Gewinn erzielt wird

zu 16

Kartell
A: „Die Busunternehmer einer Region bilden ein Kartell“; d. h., sie schließen sich ohne Kapitalbeteiligung zusammen, um z. B. die Tagesmieten für einen Bus hochzuhalten.

Fusion
B: „Die Busunternehmer einer Region fusionieren.“ Sie geben ihre Selbstständigkeit auf, Ergebnis ist ein einziges Unternehmen, das dann die Preise für Busmieten bestimmen kann.

Monopol
C: „Der Busunternehmer XY hat in der Region ein Monopol.“ Er ist der größte Anbieter und kann die kleineren Unternehmen z. B. bei Busmieten unterbieten.
Alle drei Formen von Unternehmenszusammenschlüssen stören den Wettbewerb und führen zu erhöhten Preisen für die Verbraucher.

zu 17

Interessenverbände

- dürfen eine bestimmte politische Richtung vertreten,
- erhalten für ihre Arbeit keine Zuschüsse vom Staat,
- wirken bei der Vorbereitung von Gesetzen und Verordnungen mit,
- die Mitgliedschaft ist freiwillig,
- müssen über ihre Finanzierung und Finanzen keine Auskunft geben.

zu 18

Arbeitgeberverbände:

- organisieren, bündeln und vertreten Arbeitgeberinteressen,
- wollen gewerkschaftliche Forderungen abwehren,

WISO kompakt ISBN: 978-3-582-57481-7

- wollen die Mitbestimmung einschränken,
- treten für die Privatisierung von öffentlichen Betrieben ein,
- fordern Reformen der gesetzlichen Sozialversicherungen zur Entlastung der Arbeitgeber.

Gewerkschaften:
- organisieren, bündeln und vertreten Arbeitnehmerinteressen,
- wollen Arbeitnehmerinteressen in Staat und Wirtschaft durchsetzen,
- wollen die Mitbestimmung sichern und ausweiten,
- treten für Arbeitsplatzsicherheit ein,
- fordern Reformen der gesetzlichen Sozialversicherungen ohne zusätzliche Belastungen der Versicherten.

zu 19

Industrie- und Handelskammern
- sind vom Staat errichtete „Körperschaften des öffentlichen Rechts“,
- erfordern Zwangsmitgliedschaft,
- unterliegen der Staatsaufsicht,
- nehmen für den Staat Aufgaben wahr.

IHKs haben zwar nur Arbeitgeber als Mitglieder, sind aber keine Arbeitgeberverbände.

zu 20

Vorteile einer Mitgliedschaft in der Gewerkschaft sind:
- Jedes Mitglied trägt zu einem mitgliederstarken Verband bei,
- Unterstützung bei Streik und Aussperrung,
- Beratung bei Problemen mit dem Arbeitsrecht,
- Vertretung bei Arbeits- und Sozialgerichtsprozessen,
- Unterstützung bei Bedürftigkeit.

zu 21

Industriegewerkschaft:
Es gibt in einem Betrieb nur eine Gewerkschaft, das vermeidet „Verzettelung“ bei Forderungen.
Einheitsgewerkschaft:
Es gibt nur eine Gewerkschaft für Arbeiter und Angestellte, die Arbeitgeber können die beiden Gruppen nicht gegeneinander ausspielen.

zu 22

Der Einfluss, den eine einzelne Gewerkschaft auf den Arbeitgeber hat, wird gemindert; gehört der Arbeitnehmer der zahlenmäßig kleineren Gewerkschaft an, so sind deren ausgehandelten Tarifverträge nachrangig.

Lösungen zu den Multiple-Choice-Fragen,
Seite 30

1. 4	**2.** 1	**3.** 4	**4.** 2	**5.** 1
6. 1	**7.** 2	**8.** 3	**9.** 3	**10.** 2
11. 3	**12.** 3	**13.** 4	**14.** 3	**15.** 2
16. 4	**17.** 5	**18.** 1	**19.** 5	**20.** 1
21. 5	**22.** 1	**23.** 2	**24.** 4	**25.** 3
26. 4	**27.** 2	**28.** 3	**29.** 1	**30.** 1
31. 2	**32.** 3	**33.** 2	**34.** 2	**35.** 5
36. 2	**37.** 2	**38.** 2	**39.** 2	**40.** 3
41. 5	**42.** 1	**43.** 1	**44.** 3	

Kapitel 3: Prüfungsgebiet *Arbeits- und Tarifrecht, Arbeitsschutz*

Lösungen zu den offenen Fragen (in Kurzform),
Seite 50

zu 1

Bedeutung des Arbeitsrechts, abgestuft nach der Wichtigkeit:
1. Artikel 12 Grundgesetz
2. Mutterschutzgesetz
3. Manteltarifvertrag
4. Lohntarifvertrag
5. Gewohnheitsrecht
6. individueller Arbeitsvertrag

zu 2

Fürsorgepflicht: Pflicht des Arbeitgebers gegenüber dem Arbeitnehmer, z. B. dafür zu sorgen, dass von Anlagen und Maschinen keine unnötigen Gefahren ausgehen.
Verschwiegenheitspflicht: Pflicht des Arbeitnehmers, keine vertraulichen Betriebsangelegenheiten weiterzugeben.

zu 3

Pflichten des Arbeitgebers im Rahmen eines Arbeitsvertrags sind u. a.:

WISO kompakt ISBN: 978-3-582-57481-7

- Fürsorgepflicht
- Grundsatz der Gleichbehandlung aller Mitarbeiter
- Pflicht, den Lohn für die geleistete Arbeit zu bezahlen

Pflichten des Arbeitnehmers im Rahmen eines Arbeitsvertrags sind u. a.

- Arbeitspflicht
- Verschwiegenheitspflicht
- Gehorsamspflicht

zu 4

Beendigung eines unbefristeten Arbeitsvertrags durch z. B.

- Kündigung durch Arbeitgeber oder Arbeitnehmer
- Aufhebung
- Eintritt von Erwerbsunfähigkeit
- Aussperrung (hier „ruht“ das Arbeitsverhältnis)

zu 5

Besonderheiten des

- befristeten Arbeitsverhältnisses: Es wird für eine bestimmte Zeit abgeschlossen, z. B. ein Jahr, und endet dann, ohne dass der Arbeitgeber kündigen muss.
- Probearbeitsverhältnis: Es wird für höchstens sechs Monate abgeschlossen und entspricht einer Probezeit; nach Ablauf muss es gekündigt werden oder es wird zu einem unbefristeten Arbeitsverhältnis.

zu 6

Vorteile von

- Zeitlohn:
  - einfache Berechnung
  - nicht von Leistungsschwankungen des Arbeitnehmers abhängig
  - Betrag ist für den Arbeitnehmer gesichert
- Prämienlohn:
  - Leistungsanreiz für den Arbeitnehmer
  - Schwerpunktbildung möglich, z. B. Konzentration auf Qualität
  - Leistungsdifferenzierung gegenüber den Mitarbeitern
- Akkordlohn:
  - höhere Leistung steigert den Lohn sofort
  - Mengenleistung ist meist höher als bei Zeitlohn

zu 7

- Reallohn:
  ist die Kaufkraft des Lohns; d. h. die Menge der Güter und Dienstleistungen, die man für den Betrag des Lohns erhält
- Nominallohn:
  Betrag des Lohns, z. B. Bruttolohn von 2.956,- €/Monat
- Tariflohn:
  Lohn, den die Tarifvertragsparteien vereinbart haben; er entspricht dem Mindestlohn der jeweiligen Lohngruppe

zu 8

Keine Lohnfortzahlung im Krankheitsfall erhält ein Arbeitnehmer, wenn er z. B.

- eine Verletzung selbst herbeigeführt hat, z. B. Erkrankung als Folge einer „Fresswette“,
- bei „Schwarzarbeit“ zu Schaden gekommen ist,
- grob fahrlässig bei einem Verkehrsunfall zu Schaden gekommen ist, z. B. bei einer Trunkenheitsfahrt.

zu 9

Technische Schutzvorschriften regeln die Sicherheit von Maschinen und Anlagen, z. B. Geräte- und Produktionssicherheitsgesetz, Arbeitssicherheitsgesetz. Soziale Schutzvorschriften gewähren Rechte in bestimmten Situationen oder für bestimmte schutzwürdige Gruppen von Arbeitnehmern, z. B. Bundesurlaubsgesetz, Kündigungsschutzgesetz.

zu 10

Kündigung:

a) ordentlich, wenn z. B.
  - das Verhalten des Arbeitnehmers nicht zu tolerieren ist, weil er z. B. immer unpünktlich ist,
  - wegen Auftragsmangel der Arbeitnehmer nicht beschäftigt werden kann,

b) fristlos, wenn z. B.
  - der Arbeitnehmer seine Pflichten grob missachtet, z. B. laufend gegen Unfallverhütungsvorschriften verstößt,
  - der Arbeitnehmer gegenüber Mitarbeitern und Vorgesetzten tätlich wird.

zu 11

Personengruppen mit erhöhtem Kündigungsschutz sind z. B.

a) Väter oder Mütter während der Elternzeit.

b) Mütter: Der Schutz von Mutter und Kind ist eine besondere Aufgabe des Staates.
c) Schwerbehinderte Menschen: Sie sollen in das Arbeitsleben integriert werden.

zu 12
Vorschriften, die im Rahmen des Bundesurlaubsgesetzes zu beachten sind, z. B.
- Urlaub soll zusammenhängend genommen werden,
- Urlaub dient der Erholung,
- „Schwarzarbeit“ während des Urlaubs ist verboten,
- bei Erkrankung ist dem Arbeitgeber sofort Mitteilung zu machen und der Urlaub endet dann sofort,
- eine eigenmächtige Verlängerung ist nicht zulässig.

zu 13
keine Lösung

zu 14
Wichtige Vorschriften aus dem Jugendarbeitsschutzgesetz sind z. B.
- Arbeitszeit:
  höchstens 8 Stunden pro Tag und 40 Stunden die Woche
- Pausen:
  30 Minuten bei 4,5 – 6 Stunden Arbeitszeit, 60 Minuten bei mehr als 6 Stunden Arbeitszeit
- Schichtzeit:
  maximal 11 Stunden einschließlich der Pausen; Jugendliche ab 16 Jahren dürfen in Mehrschicht-Betrieben bis 23 Uhr beschäftigt werden
- Wochenendarbeitszeit:
  Samstags-, Sonntags- und Nachtarbeit sind zu vermeiden. Ausnahmen: Bäckereien, Einzelhandel, Kfz-Werkstätten. Zwei Samstage pro Monat müssen beschäftigungsfrei bleiben.
- Berufsschule: gilt als Arbeitszeit
  bei Teilzeitunterricht:
  bei mindestens 6 Unterrichtsstunden: Freistellung ganztägig
  bei Blockunterricht:
  bei mindestens 25 Zeitstunden wöchentlich und Unterricht an 5 Tagen: Freistellung für die ganze Woche, aber zusätzlich 2 Stunden die Woche betriebliche Ausbildung möglich

zu 15
Lohntarifvertrag regelt Lohn, Ausbildungsvergütung, Gehälter für Angestellte; Laufzeit meist 1 Jahr
Manteltarifvertrag regelt alle Rahmenbedingungen des Arbeitslebens, z. B. Arbeitszeit, Eingruppierung, Akkordgrundsätze; Laufzeit meist mehrere Jahre

zu 16
a) Schwerpunktstreik: Bestreiken von ausgewählten Betrieben; soll ohne großen Aufwand ganze Wirtschaftszweige stilllegen, z. B. Schwerpunktstreik bei Reifenherstellern trifft die gesamte Pkw-Produktion
b) Sympathiestreik: Streik in einer Branche, in der keine Tarifverhandlungen anstehen; z. B. Streik der Bahnbediensteten, um Tarifverhandlungen in der Luftfahrt zu beschleunigen
c) Warnstreik: kurzer Streik, um die Arbeitgeber von der Ernsthaftigkeit zu überzeugen, selbst einen längeren Streik durchzuführen
d) Aussperrung: Schließen eines Betriebs für alle Beschäftigten, auch für die, die nicht streiken

zu 17
Funktionen von Tarifverträgen sind Friedensfunktion, Ordnungsfunktion, Schutzfunktion.

zu 18
Rechtswidrig ist ein Streik, wenn er nicht nach den Regeln des Tarifvertragsgesetzes oder den Regeln der zuständigen Industriegewerkschaft geführt wird, z. B. ein Streik zur Durchsetzung politischer Ziele oder eine längere Arbeitsniederlegung ohne Urabstimmung.

zu 19
Umverteilung und Ausgleich findet statt durch
a) tarifvertragliche Maßnahmen: Arbeitgeber und Arbeitnehmer teilen sich den erwirtschafteten Wohlstand auf sowie Prämien, Beteiligungslohn.
b) steuerliche Maßnahmen: Der Staat sorgt durch unterschiedliche Steuersätze für einen sozialen Ausgleich sowie durch steuerliche Erleichterungen für Behinderte und bei Naturkatastrophen.
c) sozialpolitische Maßnahmen: Der Staat beugt z. B. durch gesetzliche Pflichtversicherungen sozialer Not vor sowie durch direkte Sozialleistungen wie Bürgergeld, Grundsicherung.

WISO kompakt ISBN: 978-3-582-57481-7

Lösungen zu den Multiple-Choice-Fragen,
Seite 51

1. 5	2. 1	3. 3	4. 3	5. 5
6. 1	7. 4	8. 2	9. 4	10. 4
11. 1	12. 5	13. 5	14. 1	15. 1
16. 3	17. 2	18. 1	19. 1	20. 2
21. 1	22. 2	23. 4	24. 4	25. 1
26. 3	27. 4	28. 5	29. 3	30. 3
31. 1	32. 2	33. 2	34. 3	35. 4
36. 4	37. 5	38. 5	39. 4	40. 1
41. 1	42. 2	43. 4		

Kapitel 4: Prüfungsgebiet *betriebliche Mitbestimmung*

Lösungen zu den offenen Fragen (in Kurzform),
Seite 63

zu 1
Wichtige *Organe der Betriebsverfassung* sind:
- Betriebsversammlung: Versammlung aller Arbeitnehmer, die im Betrieb beschäftigt sind
- Betriebsrat: gewählte Vertreter der Arbeitnehmer
- Jugend- und Auszubildendenvertretung: gewählte Vertreter der Auszubildenden (ohne Altersbegrenzung) und der jugendlichen Arbeitnehmer im Betrieb (bis 18 Jahre)

zu 2
Wahl des Betriebsrats:
- alle vier Jahre
- Listen von Gewerkschaften möglich
- aktives und passives Wahlrecht haben alle Arbeitnehmer, die seit 6 Monaten im Betrieb beschäftigt sind
- Kosten trägt der Arbeitgeber

zu 3
Aufgaben des Betriebsrats sind u. a.
- Arbeitnehmerrechte im Betrieb durchsetzen
  Mittel: z. B. Verhandlungen, Betriebsvereinbarungen
- Tarifverträge im Betrieb umsetzen
  Mittel: z. B. Aufsicht
- Arbeitnehmer beraten
  Mittel: z. B. Sprechstunden abhalten

zu 4
Formvorschriften für Betriebsratssitzungen:
- beruft der Vorsitzende ein
- sie sind nicht öffentlich
- es können teilnehmen: Vertrauensmann der Schwerbehinderten, Jugend- und Auszubildendenvertretung
- Stimmrecht haben nur gewählte Betriebsräte

zu 5
Rechte des Betriebsrats:
- Mitbestimmung in sozialen Angelegenheiten, z. B. Betriebsordnung, Beginn und Ende der täglichen Arbeitszeit
- Mitwirkung in personellen Angelegenheiten, z. B. Beurteilungsgrundsätze, Einstellung und Kündigung von Mitarbeitern
- Informationsrecht in wirtschaftlichen Angelegenheiten, z. B. Planung des Personalbedarfs, Herstellung neuer Produkte

zu 6
Kann sich der Betriebsrat mit dem Arbeitgeber in einer mitbestimmungspflichtigen Angelegenheit nicht einigen (hier: Beginn und Ende der täglichen Arbeitszeit), so kann er das Arbeitsgericht anrufen.

zu 7
Jugend- und Auszubildendenvertretung:
- Sie wird alle 2 Jahre gewählt.
- Passives Wahlrecht haben alle Arbeitnehmer bis zu einem Alter von 25 Jahren.
- Die Kosten trägt der Arbeitgeber.
- Aktives Wahlrecht haben alle Auszubildenden und jugendliche Arbeitnehmer.

zu 8
Eigenständige Rechte der Jugend- und Auszubildendenvertretung (JAV) sind u. a.:
- Die JAV kann Sprechstunden während der Arbeitszeit anbieten.
- Mitglieder der JAV müssen für Schulungs- und Bildungsmaßnahmen freigestellt werden.
- Die JAV hat ein Informationsrecht gegenüber dem Betriebsrat.

Alle diese Rechte der JAV sollen sie befähigen, die Interessen der Jugendlichen und Auszubildenden im Betrieb wirksam zu vertreten.

zu 9
Untersagt der Arbeitgeber der JAV das Abhalten von Sprechstunden während der Arbeitszeit, so verstößt er gegen das Betriebsverfassungsgesetz; die JAV kann sich für eine Vermittlung an den Betriebsrat wenden.

zu 10
Mitbestimmung der Arbeitnehmer im Aufsichtsrat von Unternehmen der Montanindustrie:
Die Mitglieder werden je zur Hälfte von den Arbeitnehmern bzw. den Kapitaleignern gewählt, der Aufsichtsrat wählt mit Mehrheit ein weiteres neutrales Mitglied.
Der Aufsichtsrat beruft den Vorstand, dieser muss nicht paritätisch besetzt sein; es ist aber ein „Vertrauensmann" der Arbeitnehmer im Vorstand vertreten, der sogenannte Arbeitsdirektor.
Paritätisch bedeutet, dass jede Gruppe im Aufsichtsrat gleich stark vertreten ist.

zu 11
Die Arbeitgebervertreter im Aufsichtsrat haben eine 2/3-Mehrheit und können die Arbeitsnehmervertreter in strittigen Fragen immer überstimmen.

Lösungen zu den Multiple-Choice-Fragen,
Seite 64

1. 3	**2.** 4	**3.** 4	**4.** 3	**5.** 5
6. 1	**7.** 3	**8.** 4	**9.** 1	**10.** 2
11. 2	**12.** 5	**13.** 4	**14.** 3	**15.** 3
16. 5	**17.** 4	**18.** 1	**19.** 1	**20.** 2
21. 3	**22.** 2	**23.** 5	**24.** 4	**25.** 3

Kapitel 5: Prüfungsgebiet *Sozialversicherungen*

Lösungen zu den offenen Fragen (in Kurzform),
Seite 74

zu 1
Die „fünf Säulen" der sozialen Sicherung in Deutschland sind
a) gesetzliche Krankenversicherung 1883
b) gesetzliche Unfallversicherung 1884
c) gesetzliche Rentenversicherung 1889
d) Arbeitslosenversicherung 1927
e) Pflegeversicherung 1996

zu 2
Aufgaben in der sozialen Sicherung z. B.
- Alterssicherung
  Träger: gesetzliche Rentenversicherung
- Versorgung bei Krankheit
  Träger: gesetzliche Krankenversicherung
- Arbeitsvermittlung
  Träger: Arbeitslosenversicherung
- Unterstützung bei Pflegebedürftigkeit
  Träger: Pflegeversicherung
- Unterstützung bei Arbeitsunfällen
  Träger: gesetzliche Unfallversicherung

zu 3
Der Generationenvertrag ist eine vom Staat angeregte „stillschweigende" Vereinbarung zwischen den Beitragszahlern und den Rentnern: Die Beitragszahler zahlen die Renten von heute und verzichten auf eine Rücklage.

zu 4
Leistungen der gesetzlichen Krankenversicherung sind z. B.
- Kostenübernahme für Arzt und Zahnarzt (teilweise)
- Vorsorgeuntersuchungen (Altersgrenzen beachten)
- Arzneimittel (jedoch mit Zuzahlung)
- Krankengeld nach Ablauf der Lohnfortzahlung
- Mutterschaftsgeld

zu 5
Leistungseinschränkungen und Zuzahlungen der Versicherten in der gesetzlichen Krankenversicherung wurden notwendig, da
- die Zahl der Versicherten und damit die Beitragseinnahmen wegen der lang anhaltenden Arbeitslosigkeit zurückgingen,
- die Ausgaben aber laufend anstiegen.

zu 6
Leistungen der gesetzlichen Rentenversicherung sind z. B.
- Altersrenten
- Witwen- und Witwerrenten
- Heilbehandlungen und Kuren
- Maßnahmen der Rehabilitation

WISO kompakt ISBN: 978-3-582-57481-7

zu 7

Die Höhe seiner Altersrente kann ein Versicherter beeinflussen durch

- eine hohe Anzahl von Beiträgen, d.h. ein langes Arbeitsleben,
- die Höhe des Einkommens.

zu 8

Zweck der Rehabilitationsleistungen der gesetzlichen Rentenversicherungen:

Damit wird

- ein frühzeitiger Rentenbeginn verhindert,
- der Versicherte wieder arbeitsfähig und damit Beitragszahler und nicht Leistungsempfänger.

zu 9

Leistungen der gesetzlichen Unfallversicherung sind z. B.:

- Maßnahmen der Unfallverhütung
- Linderung von Unfallfolgen
- Heilbehandlungen
- Verletztengeld und -rente

zu 10

Leistungsbereiche der gesetzlichen Unfallversicherung:

- Arbeitsunfälle durch den Erlass von Unfallverhütungsvorschriften verhüten
- Wegeunfälle durch Kampagnen verhindern, z. B. Verzicht auf Alkohol
- Berufskrankheiten vermeiden, z. B. durch Schulung und Aufklärung

zu 11

Die gesetzliche Unfallversicherung will mit dem Erlass von Unfallverhütungsvorschriften die Zahl der Arbeitsunfälle senken und dadurch die Zahl der Leistungsempfänger gering halten.

zu 12

In der Arbeitslosenversicherung sind alle Arbeitnehmer bis zum Renteneintrittsalter unabhängig vom Einkommen versichert.

Nicht versichert sind Beamte, Selbstständige, Studenten und geringfügig Beschäftigte, denn diese Gruppen sind aufgrund ihres Status nicht von Arbeitslosigkeit betroffen.

zu 13

Leistungsbereiche der Arbeitslosenversicherung:

- Leistungen an Arbeitslose:
  Arbeitslosengeld, Arbeitsvermittlung
- Schaffen von Arbeitsplätzen:
  Zuschüsse an Arbeitgeber, Arbeitsbeschaffungsmaßnahmen
- Beschäftigungspolitik:
  Umschulungen, Wiedereingliederungshilfen

zu 14

Arbeitslosengeld I ist eine Versicherungsleistung der Bundesagentur für Arbeit;

Bürgergeld ist eine staatliche Leistung aus Steuermitteln.

Wer keinen Anspruch mehr auf Arbeitlosengeld I hat, erhält Bürgergeld.

zu 15

Einschränkungen, die ein Langzeitarbeitsloser hinnehmen muss:

- längere Fahrzeiten
- niedrigeres Einkommen
- Beschäftigung unter seiner Qualifikation

zu 16

Die Pflegeversicherung wurde eingeführt, weil

- die Menschen immer älter werden,
- immer mehr älter werdende Menschen leichter zu Pflegefällen werden können,
- immer seltener Angehörige vorhanden sind, die Alte im Alter pflegen könnten.

zu 17

Der Sozialversicherungsausweis muss beim Arbeitgeber abgegeben werden und bei wechselnder Beschäftigung immer mitgeführt werden, z. B. auf Baustellen.

zu 18

Durch die längere Lebenserwartung der Versicherten steigt die Zahl der Leistungsempfänger an, während die Zahl der Beitragszahler stagniert oder gar zurückgeht.

zu 19

Eine lang anhaltend hohe Zahl von Arbeitslosen führt zu einer Verringerung der Beitragszahler einerseits und zu einer Erhöhung der Leistungsempfänger andererseits, z. B. in der Arbeitslosenversicherung.

WISO kompakt ISBN: 978-3-582-57481-7

Lösungen zu den Multiple-Choice-Fragen,
Seite 75

1. 2	2. 4	3. 5	4. 1	5. 4
6. 4	7. 3	8. 1	9. 2	10. 2
11. 3	12. 2	13. 1	14. 5	15. 3
16. 3	17. 1	18. 5	19. 4	

Kapitel 6: Prüfungsgebiet *Arbeits- und Sozialgerichtsbarkeit*

Lösungen zu den offenen Fragen (in Kurzform),
Seite 80

zu 1
Arbeitsgericht ist zuständig für alle Streitigkeiten aus Arbeitsverhältnissen, z. B. Kündigungsschutzklagen, Klagen wegen Diskriminierung am Arbeitsplatz usw.
Sozialgericht ist zuständig für Klagen im Zusammenhang mit den gesetzlichen Sozialversicherungen, z. B. Klage auf Übernahme von Reha-Maßnahmen, Klage gegen einen Rentenbescheid usw.

zu 2
Laienrichter an Arbeits- und Sozialgerichten sollen die Berufsrichter beraten und sicherstellen, dass „die Arbeitsrealität und die soziale Realität" bei der Urteilsfindung berücksichtigt werden.

zu 3
Das Güteverfahren bei Arbeitsgerichtsprozessen soll
- eine Verhandlung überflüssig machen und das Verfahren beschleunigen,
- die streitenden Parteien zu einem Kompromiss anregen,
- eine „Verhärtung der Fronten" vermeiden.

zu 4
Der Verzicht auf den Anwaltszwang in der I. Instanz an Arbeits- und Sozialgerichten soll die Kosten für Arbeitnehmer gering halten und Rechtsuchende nicht durch Anwaltsgebühren unnötig belasten.

zu 5
Die Privatrechnung ist nicht zulässig. Sie haben das Recht, einen zweiten Arzt aufzusuchen. Widerspruch ist bei der Krankenkasse möglich, Klage beim zuständigen Sozialgericht.

zu 6
Nein. Die Berufung als ehrenamtlicher Arbeitsrichter ist ein Ehrenamt und kann aus den genannten Gründen nicht abgelehnt werden. Der Arbeitgeber muss Ihren Vater für Verhandlungen bei voller Bezahlung freistellen.

zu 7
Sie müssen die Tätigkeit annehmen, einen Anspruch auf Beschäftigung im erlernten Beruf haben Sie nicht. Sie können innerhalb eines Monats Widerspruch einlegen. Wird dieser jedoch abgelehnt, können Sie innerhalb eines weiteren Monats beim zuständigen Sozialgericht Klage einreichen.

zu 8
Ein Gütetermin soll eine gütliche Einvernahme zwischen Kläger und Beklagtem herbeiführen und das Prozessrisiko mindern. Die drei Instanzen sollen Kläger und Beklagtem den weiteren Rechtsweg offenhalten, wenn sie sich durch ein Urteil im Nachteil fühlen.

Lösungen zu den Multiple-Choice-Fragen,
Seite 81

1. 4	2. 2	3. 3	4. 5	5. 5
6. 1	7. 1	8. 2	9. 4	10. 3
11. 5	12. 2			

Lösung zur Zusatzaufgabe
auf Seite 82

Richtige Reihenfolge der Begriffe:
Kündigung (C) – Firmensitz (B) – Rechtsschutz (D) – Protokoll (G) – Güteverhandlung (A) – Beisitzer (F) – Berufung (E)

WISO kompakt ISBN: 978-3-582-57481-7

Kapitel 7: Prüfungsgebiet *Bürgerliches Recht und Vertragsrecht*

Lösungen zu den offenen Fragen (in Kurzform), Seite 90

zu 1

Rechtsfähigkeit erlaubt dem Menschen, seine Rechte und Pflichten wahrzunehmen, z. B. sein Leben im Rahmen der Gesetze frei zu gestalten.

Geschäftsfähigkeit ist die Fähigkeit, Rechtsgeschäfte wirksam abschließen zu können, z. B. sich als Erwachsener eine neue Kücheneinrichtung auf Abzahlung zu kaufen.

zu 2

a) P b) P c) Ö d) P e) P

zu 3

Der Kauf des Smartphones ist nicht schwebend unwirksam und nicht anfechtbar, da der Kaufpreis in Relation zum Taschengeld angemessen ist.

zu 4

Anfechtbare Rechtsgeschäfte:

- Ein Händler verkauft einen Pkw als fahrbereit, jedoch ohne Motor.
- Ein neuer Laptop ist mit 20 € statt mit 2000 € ausgezeichnet.

Nichtige Rechtsgeschäfte

- Ein Händler verkauft 10 Stangen unverzollte Zigaretten zum Preis von insgesamt 50 €.
- Ein Landwirt kauft eine Wiese gegen Handschlag und 100 € bar.

zu 5

a) Leihvertrag
b) Werklieferungsvertrag
c) Darlehensvertrag
d) Pachtvertrag
e) Arbeitsvertrag bzw. Dienstvertrag
f) Werkvertrag
g) Mietvertrag

zu 6

a) bargeldlos mit Einzugsermächtigung
b) bargeldlos mit Dauerauftrag
c) halbbar mit Nachnahme
d) bargeldlos mit Kreditkarte
e) bar

zu 7

a) Nicht-Rechtzeitig-Zahlung (Zahlungsverzug) durch den Käufer
b) Schlechtleistung (mangelhafte Lieferung) durch den Verkäufer
c) Nicht-Rechtzeitig-Lieferung (Lieferungsverzug) durch den Verkäufer
d) Gläubigerverzug (Annahmeverzug) durch den Käufer

zu 8

a) 3 x 2.500 € = 7.500 € abzüglich 15 % von 7.500 € = 1.125 €,
zu bezahlen sind: 6.375 €
b) 375 € abzüglich 2 % von 375 € = 7,50 € ,
zu bezahlen sind: 367,50 €
c) 40 % von 8.000 € = 3.200 €,
4 Raten zu je 1.050 € = 4.200 €,
Summe: 3.200 € + 4.200 € = 7.400 €

zu 9

Es besteht kein Anspruch auf Nachbesserung, da die gesetzliche Gewährleistungsfrist von zwei Jahren abgelaufen ist.

Das Garantieversprechen ist rechtlich nicht bindend, es ist eine Marketingmaßnahme, die den Kunden primär von der Langlebigkeit eines Tablet-PCs überzeugen soll.

zu 10

Begründungen für Verjährungsfristen:

a) Montage an einer Sache lässt sich z. B. nach vielen Jahren nicht mehr zweifelsfrei nachweisen
b) Verjährungsfristen schützen Verkäufer vor unkalkulierbaren Risiken aus lang zurückliegenden Geschäften

Lösungen zu den Multiple-Choice-Fragen, Seite 91

1. 2	**2.** 3	**3.** 1	**4.** 5	**5.** 4
6. 5	**7.** 3	**8.** 1	**9.** 1	**10.** 1
11. 2	**12.** 5	**13.** 3	**14.** 5	**15.** 2
16. 3	**17.** 1	**18.** 3		

Sachwortverzeichnis

WISO kompakt ISBN: 978-3-582-57481-7

WISO kompakt ISBN: 978-3-582-57481-7